재개발의 정치학

BOOK
JOURNALISM

재개발의 정치학

발행일 ; 제1판 제1쇄 2023년 7월 3일
지은이 ; 김민석 발행인·편집인 ; 이연대
CCO ; 신아람 에디터 ; 이현구
디자인 ; 권순문 지원 ; 유지혜 고문 ; 손현우
펴낸곳 ; ㈜스리체어스 _ 서울시 중구 한강대로 416 13층
전화 ; 02 396 6266 팩스 ; 070 8627 6266
이메일 ; hello@bookjournalism.com
홈페이지 ; www.bookjournalism.com
출판등록 ; 2014년 6월 25일 제300 2014 81호
ISBN ; 979 11 983223 7 1 03300

북저널리즘은 환경 피해를 줄이기 위해
폐지를 배합해 만든 재생 용지 그린라이트를 사용합니다.

BOOK
JOURNALISM

재개발의 정치학

김민석

; 은마아파트가 더 높은 건물을 세우려는 이유는 여기에 있다. 건물 가치가 높아지는 것은 물론, 더 많은 세대에 새로운 층을 분양해 공사비를 충당할 수 있기 때문이다. 높은 층수에 따른 조망권 프리미엄도 노릴 수 있다. 이처럼 재건축은 민간의 이해관계가 직결된 사업이며 공공이 이를 수긍하는지가 핵심인 전장이다.

차례

프롤로그 　　　　도시의 미래는 누가 만드는가

초등학생 때, 미래 도시를 상상해 보라는 그림 숙제를 받았다. 형형색색의 색연필과 크레파스로 하늘을 날아다니는 자동차와 공중 부양 건물, 도시에서 발사되는 우주선을 그렸다. 높은 건물 외벽에는 나무가 자랐다. 건물을 짓는 데 얼마나 들지, 도시에 녹지 공간은 얼마나 필요할지, 지하철 노선은 어떻게 할지 구체적인 계획은 전혀 없었다. 그렇기에 오히려 더 자유롭고 상상력 넘치는 그림을 그릴 수 있었다. 성인이 된 지금, 나만의 도시를 만든다면 어떤 모습일까?

랜드마크를 세우고 공원을 배치하며 다양한 모양의 건물들을 이리저리 놓을 때, 우리 머리는 최고의 유토피아를 상상한다. 하늘을 찌르는 높은 마천루와 비행기보다 빠른 하이퍼루프hyperloop, 도심을 날아다니는 드론 택시, 운전사 없이 움직이는 버스들, 점차 구체화 되어가는 다양한 첨단 기술들을 도시에 그려 넣는다.

그리고 지금 상상이 아닌 현실 속에서 미래 도시를 만들기 위한 각국의 계획이 속속 발표되고 있다. 사우디아라비아에선 비현실적인 유리 장벽의 도시가, 미국의 한 사막에서는 자급자족이 가능한 '15분 도시'가, 도쿄 후지산 기슭에선 차세대 기술이 집약된 실험 도시가 조성될 예정이다. 심지어 서울도 오세훈 시장 아래 대규모 개발 계획을 연이어 내놓고 있다.

각 국가가 사활을 걸고 '도시'에 집중하는 이유는 단순하다. 국가의 막대한 자본과 인구는 대부분 특정 도시에 집중되어 있으며, 도시를 잘 관리하고 성장시키는 것이 곧 국가의 미래와도 직결되기 때문이다. 잘 만들어진 도시는 국격을 높인다.

이 때문에 만들어진 게 '도시 경쟁력'이다. 뉴스에서 "서울의 도시 경쟁력이 세계 10위에 진입했다" 혹은 "세계에서 가장 경쟁력 있는 도시로 뉴욕이 5년 연속 선정됐다"와 같은 헤드라인을 간혹 접해봤을 것이다. 뉴욕, 런던, 도쿄 등 세계적인 도시들은 늘 상위권을 차지한다. 그런데 이것이 너무 당연하게 느껴져 우리가 망각하는 질문이 있다. 과연 평가 기준은 무엇인가? 인구수, 도시 면적, 물가나 소득 수준, 경제 규모, 기업의 수 등 도시를 평가할 수 있는 항목은 수도 없이 많다. 이 항목들 가운데 무엇이 더 중요하고, 무엇이 덜 중요할까.

모든 평가에는 주관이 개입한다. 도시 경쟁력 평가에서 경제가 중요한지 환경이 중요한지에 대한 의견은 분분할 것이다. 하물며 경제를 놓고도 평가 방법은 다양하며, 평가 기관이나 연구자에 따라 서로 다른 방식과 숫자를 사용한다. 말하자면 도시에 본사를 두고 있는 기업의 수를 셀 수도, 근로자의 평균 연봉을 지표로 삼을 수도, 혹은 도시의 GDP를 측정할 수도 있다. 환경도 마찬가지다. 도시 전체의 면적 대비 공원

면적을 측정할 수도 있지만, 도심에서 얼마나 가까이에 공원이 있는지 거리나 접근성을 평가할 수도 있다. 이는 도시 계획자가 무엇을 경쟁력으로 여기고 중시하는지 그 가치관에 따라 우리의 도시가 변할 수 있음을 의미한다.

도시 경쟁력이 주목받는 이유는 크게 두 가지, 노동의 이동과 자본의 이동 때문이다. 전 세계의 주요 선진국은 오랜 시간 저출산·노령화라는 문제에 봉착했다. 경제 활동 인구는 큰 폭으로 감소했고, 동시에 두뇌 유출brain drain이 일어났다. 고학력의 젊은 청년들은 더 좋은 도시를 찾아 세계 각지로 빠져나가갔다. 교육 수준이 높은 이들은 자신이 교육받고 근무할 장소를 찾는 과정에서 국가에 연연하지 않는다. 내가 원하는 기업이 있고 거주하기 좋은 환경과 문화만 있다면, 유럽이든 미국이든 아시아든 상관치 않고 이동한다.

지역과 국경에 연연하지 않은 것은 자본과 기업도 마찬가지다. 20세기 후반을 지나며, 대기업이 다른 나라에 새로운 법인을 차리고 투자를 단행하는 건 일상적인 기업 활동이 됐다. 수백조 원을 들여 공장을 짓는 식의 투자는 어려워도, 특정 국가에 지역 사무소를 낸다거나 연구 개발 인력을 채용하는 일은 흔하다. 국가의 소비 여력이나 GDP도 중요하지만, 영어와 같은 다국적 언어 사용의 용이성, 시민의 교육 수준, 외국인 생활 편의성, 정치적 안정성 등 다양한 요소가 진출의 기준이 된다.

도시 경쟁력이 곧 국가 경쟁력인 시대다. 전체 인구 중 도시에 사는 인구 비율을 의미하는 '도시화율'은 선진국들 기준으로 평균 90퍼센트에 육박한다. 사람도, 기업도 언제든 떠날 수 있기에 도시는 달라져야 한다. 도시 경쟁력을 높이기 위해 어떤 부분에 집중할지, 어떤 방식으로 더 나은 도시를 만들지를 구체화하는 게 바로 '도시 계획'이다.

이 책에서는 서울과 수도권을 중심으로 진행 중인 다양한 도시 계획을 살펴보고 그 속에 담긴 역학을 추적한다. 도심 한복판에서 어떤 이해관계와 가치관, 자본과 기술이 충돌하고 있는지 살핀다. 멋진 마천루 빌딩은 돈만 많다고 지을 수 있는 게 아니다. 앞서 살펴본 미래 도시의 기술들도 그 기술이 도시의 어느 공간을 연결하며 누가 비용을 부담할 것인지 등 결정해야 할 사항이 수두룩하다. 도시 계획이 중요한 이유다. 누가, 왜, 어떤 목표를 달성하기 위해 계획을 세우는지, 대체 도시 계획이란 무엇이며 나의 삶에 어떤 영향을 미치는지 정치와 경제, 사회와 공간을 토대로 알아보자.

1 도시 계획은 정치의 극한이다

심시티와 현실

게임 '심시티'나 '시티즈: 스카이라인'을 해본 적 있는가? 플레이어는 가상의 도시를 이끄는 시장이 되어 주민들이 살기좋은 도시를 만들어야 한다. 범죄나 화재에 대처하기 위해 경찰서와 소방서를 곳곳에 설치해야 하고, 주민들이 사용할 물과 전기를 충분히 공급해야 한다. 주택이 부족하면 도로를 놓아 주거 용지를 추가로 확보해야 하며, 일자리가 부족하면 공장이나 오피스를 지어야 한다. 그게 바로 도시 계획이다. 게임속 모든 선택과 결정은 도시의 효율적인 관리와 성장을 목적으로 한다.

하지만 현실은 게임처럼 호락호락하지 않다. 일단 현실에선 게임 시작 화면 같은 허허벌판이 주어지지 않는다. 대다수 도시엔 켜켜이 쌓인 역사와 문명, 시민의 삶이 있다. 도시는 사람들이 안전한 공간과 거주지를 찾아 자발적으로 모여들어 군집을 이루며 탄생했다. 점점 더 많은 사람이 한곳으로 모여들며 거주지가 넓어지자 그 공간을 관리할 필요성이 대두됐다. 사람들이 사는 구역을 나누고 시장과 같은 주요 거점을 관리하는 게 도시 계획의 시작이었다. 자생적으로 만들어진 도시가 계획적으로 수정되며 발전하는 과정은 게임의 플레이와는 다르다.

갈등의 존재도 현실과 게임의 중요한 차이다. 게임 속

심시티 4 게임 화면 ⓒMisk 유튜브

에서 도로를 놓고 기반 시설을 설치할 때 필요한 것은 돈과 약간의 소요 시간밖에 없다. 건물이나 인프라를 설치하는 데 수년이 걸리는 것도 아니고 의회의 의결이나 주민 공청회 같은 절차도 없다. 예산을 타이밍 좋게 배분하는 것이 전부다.

현실에선 어떨까? 아파트 근처에 쓰레기 소각장을 설치한다고 발표하면, 주민들의 행복도가 감소하는 수준으로 그치지 않는다. 잘못 설치된 도로를 다시 놓기 위해 기존 도로를 철거하면, 그 일대 교통량이 다른 구역으로 몰려 도시 전체의 교통이 마비될 수도 있다. 문제가 심각해지면 국정 감사나 국회 청문회에 출석하고, 시민들 앞에서 대국민 사과를 해야 할 수도 있다. 이처럼 현실은 게임과 비교할 수 없을 정도로

도시 계획의 위계

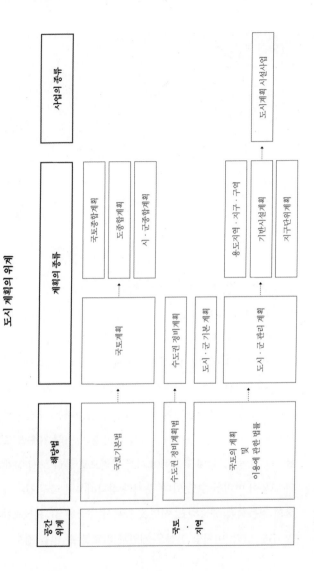

공간 위계	해당법	계획의 종류		사업의 종류
국토 · 지역	국토기본법	국토계획 → 국토종합계획 도종합계획 시·군종합계획		
	수도권 정비계획법	수도권 정비계획		
	국토의 계획 및 이용에 관한 법률	도시·군기본 계획		
		도시·군관리 계획 → 용도지역·지구·구역 기반시설계획 지구단위계획		도시계획 시설사업

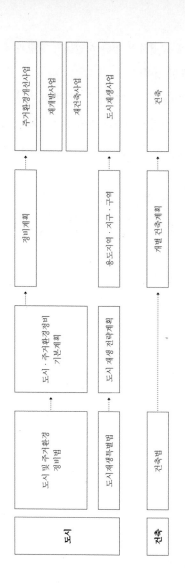

도시 및 주거환경 정비법	도시·주거환경정비 기본계획	정비계획	주거환경개선사업
			재개발사업
			재건축사업
도시재생특별법	도시재생 전략계획	용도지역·지구·구역	도시재생사업
건축법		개별 건축계획	건축

도시

건축

* 출처: 서울 도시계획포털

복잡하다. 이해관계 조정에 실패하면 성난 시민들의 저항과 시위를 도시 전역에서 마주할 것이다.

도시 계획은 강제적이다. 이 강제성에서 갈등이 피어난다. 공공의 이익과 공간의 효율적인 사용을 위해 정부와 지자체는 강제력(법률과 행정 규칙)을 활용해 특정한 장소의 사용목적과 형태를 제한하거나 강제하는 방법을 취한다. 내 땅이라고 무작정 내 마음대로 쓸 수 있는 게 아니다. 국토를 공익의 차원에서 효율적으로 관리하고 발전을 도모하는 일은 헌법에서 정한 정부의 책무다.

이 때문에 정부는 각 분야의 전문가들을 통해 국토 종합 개발 계획이나 도시 계획·지역 계획 등을 세우고 국민에게 공표한다. 전자는 10년에서 20년 단위로 나라 전체의 현황에 맞게끔 장기적인 발전 방향을 세우는 것이고, 후자는 국토 계획을 각 지역이나 도시에 맞게끔 구체화하는 것이다. 그렇게 만들어진 도시 계획은 도시 곳곳의 상황에 맞게끔 세부계획과 지침, 설계 등으로 구체화된다. 국토-도시-건축으로 내려오는 계획의 흐름에 따라 우리가 주변에서 흔히 듣는 재개발이나 재건축, GTX, 신도시 등이 만들어진다. 위계에 따른 세 가지 계획이 바로 현실의 심시티다.

전장의 탄생

분명히 해야 할 점은 이 세 가지 계획이 처음부터 세칙까지 완성된 단일 계획이 아니라는 것이다. 국토 전체를 관리하는 계획을 한 권짜리 보고서로 완성할 수도 없거니와 계획대로 흘러가지도 않는다. 각 계획은 큰 틀만 공유할 뿐이다. 위계의 아래로 갈수록 수많은 세부 계획과 법률, 규칙으로 구성되어 있다. 문제는 이것들이 서로를 보완하기도 하지만 상충하기도 한다는 점이다. 여기서 나타나는 갈등은 주체도, 성격도 다르다.

국토·지역 계획 단계에서 주로 맞불을 놓는 것은 정부의 각 부처다. 계획을 수립하고 변경할 때 부처별로 원하는 바가 다르고 중점적으로 생각하는 목표도 다르기 때문이다. 앞서 이러한 계획의 목표가 '공익'과 '효율'이라고 말했지만, 이는 상당히 포괄적인 표현이다. 대부분의 요소는 공익과 효율로 포장할 수 있다. 국토의 균형과 발전은 물론이고, 인구, 경제, 환경, 교통, 대외 무역 관계까지 각 부처가 도맡는 사항은 모두 공익을 위해 중요하며 효율적으로 관리되어야 한다.

게다가 개별 부처들은 해당 분야의 계획을 독립적으로 세우기 때문에 갈등은 필연적이다. 예를 들어 국토교통부에서 지방 도시의 교통 접근성 향상과 지역 균형 발전을 위해 서해안의 습지 위로 20킬로미터 길이의 교량을 놓는다는 계획을 발표한다. 하지만 환경부에서는 해당 지역의 생태적 보존을 위해 보존 대상 습지 혹은 생태 지구로 지정하고자 하는 계획을 세우고 있었다. 이렇게 되면 어떤 계획이 더 중요한지 국가적·공익적인 판단이 요구된다.

또 다른 갈등의 한 축은 중앙 정부와 지방 자치 단체(지자체) 사이의 갈등이다. 국토 개발에 있어 형평성을 고려하는 것은 중요하지만 중앙 정부는 한정된 자원을 효율적으로 사용하기 위해 지역과 도시마다 우선순위를 두고 계획을 세울 수밖에 없다. 어떤 지역에는 공원을, 또 다른 지역에는 공장과 화력 발전소, 쓰레기 소각장을 지어야 한다. 왜 우리 지역엔 기피 시설을 계획하고 다른 지역엔 문화 관광 자원을 계획하는지 언쟁이 오간다.

국토 계획은 너무도 광역적이고 장기적이라서, 개인의 사유 재산인 부동산에 직접 영향을 주는 경우는 드물다. 개인들이 별다른 관심을 두지 않는 이유다. 그러나 계획이 아래로 내려가고 점차 구체화하면서 갈등은 복잡해지고 심화한다. 이를테면 가장 세부 계획에 해당하는 '건축 계획'은 대부분 사적 영역이다. 건물이 도시의 어떤 지역·구역에 있는지, 누가 어떤 목적으로 건물을 신축하고자 하는지를 다루기 때문이다. 이에 따라 인근 토지 소유주와의 갈등, 세입자와의 갈등과 같이 사인私人들 사이의 갈등이 빈발하고, 건축 인허가권을 가진 공공으로 갈등의 불똥이 튀기도 한다.

가장 논란이 큰 것은 역시 도시 계획이다. 도시 계획은 거대한 국토 계획과 세부적인 건축 계획 사이 어딘가에 있다. 그렇기에 정치적으로 위(중앙 정부)에서의 압력과 아래(지자체)서의 요구 사항이 끊임없이 충돌하고 갈등한다. 동시에 개인들이 가지고 있는 부동산과 사유 재산의 활용을 제한·통제 혹은 촉진하기 때문에 잦은 민원의 대상이 된다. 중앙 정부와 지자체, 사인들의 이해관계가 뒤섞인, 한마디로 전장이다.

도시 계획의 공간적 범위는 해당 도시 전역이다. 개별 건축물에서 끝나는 게 아니라 도로와 철도, 교량, 공항, 항만, 지하의 상하수도와 통신망까지 포괄한다. 계획의 대상에는 국유지나 공유지뿐만 아니라 개인이나 법인, 종중宗中, 종교 단체, 사학 재단 등이 보유한 땅도 포함된다. 물리적 범위가 넓기도 하거니와 계획을 수립하고 실행하는 시간도 장기적이다. 1~2년 수준의 계획은 단기 계획에 속한다. 못해도 5년에서 10년 정도의 계획이 중기 계획이며 20년 이상의 장기 계획으로 도시를 그려 나간다. 국가와 지자체의 공무원이기 때문에 세울 수 있는 계획이다. 이러한 복잡성이 다층적 갈등을 꽃피운다.

도시 계획에서 일어나는 갈등은 실제로 어떤 모습일까? 2020년 서울에서는 축구장 200개 규모의 도시공원이 없어진다는 얘기가 파다했다. 공원 소유자들이 등산로와 출입구를 폐쇄해 해당 공원을 이용하던 주민들이 큰 불편을 겪는다는 보도도 나왔다. 서울 만의 얘기가 아니다. 전국 각지에 있는 공원들이 사라질 수 있다는 이야기는 언론에 잊을 만하면 한 번씩 등장한다. 공원이 갑자기 왜 사라진다는 걸까? 공원은 원래 국공유지 아니었나? 공원 소유자들은 왜 등산객을 막아 섰을까? 뉴스의 헤드라인만 보면 무슨 영문인지 알기 어렵다. 하지만 도시공원 문제는 도시 계획의 대표적 갈등 사례 중 하나다.

사건은 이렇다. 과거 공공은 도시에서 시민들의 쾌적한 삶을 위해 도시공원을 여러 군데 조성했다. 도시공원은 이른 바 '도시 계획 시설' 중 하나였다. 도시 계획 시설이란 사회 기반 시설로 불리는 도로, 상하수도, 녹지, 학교, 폐기물 처리 시설 등이 도시 계획에 법적으로 포함된 상태를 의미한다. 각 도시의 시장은 도시의 장기적인 운영과 공공의 이익을 위해 도시 운영에 필요한 주요 시설을 적절한 위치에 설치하고 운영해야 한다.

해당 위치가 국·공유지면 문제는 단순하다. 시설을 지을 수 있을 때까지 기다렸다가 조성하고 운영하면 된다. 문제는 시설을 짓기 위한 장소가 국공유지가 아닌 사유지일 때 발생한다. 그렇다면 어떻게 사유지를 공공의 마음대로 사용할 수 있을까? 해당 지자체장이 사유지를 '도시 계획 시설'로 지정하면 다른 용도나 목적으로 사용 또는 개발할 수 없게 된다. 그리고는 추후 재정·행정적 여력이 있을 때 해당 사유지를 매입해 시설을 설치하겠다는 계획을 세운다.

하지만 장기적 시각으로 도시 전체를 조율하고 관리해야 하는 공공의 특성상 계획의 실행도 더딜 수밖에 없다. 대개 이러한 계획은 수년에서 수십 년이 지나도록 지지부진한 경우가 다반사다. 그동안 소유자들은 재산권을 마음대로 행사하지 못하고 피해받는 상황이 이어졌다.

토지 소유자들도 가만있을 리 없다. 이들은 불합리함에 대항하기 위해 정부를 상대로 위헌 소송을 건다. 결국 1999년 헌법재판소는 도시계획법 제4조에 대해 위헌 판결을 내리게 된다. 도시계획법 제4조는 도시 계획이 결정된 구역 안에서 토지 소유자가 재산권을 행사하는 것에 제약을 두는 법이었다. 과거 도시화 과정에서 정부의 입맛에 맞게 만들어졌다. 그래서인지 공공이 사업을 계속 실행하지 않아 발생하는 피해에 대해선 뒷전이었다. 이를 구제하기 위한 '손실 보상 규정'이 없던 게 위헌 판단에 결정적이었다. 헌법은 공공의 필요에 의해 사적 재산을 수용하더라도 정당한 보상을 지급할 것을 제23조에 명시하고 있다. 헌법재판소는 도시계획법 제4조가 이에 반한다고 판단했다.

이 재판 결과에 따라 10년 이상 사업이 진행되지 않는 미집행 시설은 지자체가 5년마다 재검토해 불필요한 시설일 경우 도시 계획에서 해제하게 됐다. 향후 결정되는 도시 계획 시설 역시 20년 이상 미집행 시 자동 실효失效되도록 구제 방안이 만들어졌다. 이른바 '장기 미집행 도시 계획 시설에 대한 실효제'다. 상술한 위헌 소송은 사실 성남시에서 학교 부지로 설정된 사유지의 땅 주인들이 제기한 것이다. 신도시 근처다 보니 토지 소유자들의 재산권 행사를 가로막는 제도로 작동한 것이다. 그런데 이 실효제는 사실상 '도시공원 일몰제'로 불렸다. 왜일까?

장기 미집행 도시 계획 시설의 96퍼센트가 도시공원이기 때문이다. 도시공원은 학교나 도로, 상하수도, 철도 등 다른 시설에 비해 중요도가 낮아 우선순위가 뒷전으로 밀리는 일이 부지기수였다. 전국 각지 도시공원이 없어지는 이유는 여기에 있다. 20년간 사업 집행이 없어 도시 계획 구역에서 해제되는 것이다. 결국 판결로부터 20년이 지난 2020년 7월 1일 도시공원 일몰제가 가동됐다. 각 지자체는 세금을 투입해 급하게 토지를 매입하기 시작했다. 도시공원으로 설정된 구역은 대부분 임야라 도심 녹지 조성에도 필요하고 그대로 계획 시설에서 해제되게 놔뒀다간 난개발亂開發이 우려되기 때문이다. 여기서 또 다른 문제가 드러나는데 바로 지자체와 중앙 정부의 갈등이다.

대구시는 지난 2019년 8월 일몰제를 1년 앞두고 토지 보상을 위해 4846억 원의 예산을 책정했다. 지방채 4400억 원도 포함됐다. 웬만한 국책 사업 수준의 대규모 재정이다. 장기 미집행 도시공원의 대부분은 1970년대 중앙 정부가 지정한 도시 계획 시설인데 왜 이제 와서 지자체가 이를 감당해야 하는지 볼멘소리가 나왔다. 정부는 지방채 이자를 일부 지원했지만, 땅값은 꾸준히 상승해 더 많은 매입 비용이 필요했고, 땅 주인이 매각을 거부하는 일도 발생했다. 전국의 지자체에서 토지 보상 문제는 중앙 정부의 외면 아래 더욱 난제가 되어가고 있다.

일몰제가 시행됐다고 해서 토지 보상이 곧장 이뤄지고 공공과 민간의 갈등이 끝나는 것도 아니다. 2020년 박원순 당시 서울시장은 일몰제를 두고 "단 한 뼘의 공원도 포기하지 않겠다"고 밝혔다. 서울시가 사유지인 공원 부지를 한 번에 매입하려면 1년 예산의 40퍼센트를 써야 한다. 어떤 묘수가 있던 걸까? 서울시는 일몰제로 만료된 공원 부지 일부를 매입하고 나머지는 '도시 자연 공원 구역'으로 지정했다. 도시 계획 시설은 아니지만, 개발이 더 강하게 제한되는 '용도 구역'으로 사실상 시간을 끌기 위한 조치였다. 서울시는 2023년 장기 미집행 도시공원 총 30개소를 정비해 생활 밀착형 공원을 조성한다고 밝혔지만, 갈등은 끝나지 않았다. 최종적으로는 지자체에서 민간 개발을 풀어주거나 혹은 세금을 투입해 매입하거나 둘 중 하나를 선택해야 이 싸움이 끝난다.

일몰제가 시행되기까지 20년간 우리의 뇌리에 잊혀 있었지만 도시공원 문제는 땅 주인과 지자체, 중앙 정부 간의 문제를 넘어 자연을 보전하려는 환경 단체, 미집행 도시공원을 등산로로 이용하던 주민들 모두에게 영향을 미치는 사건이다. 기후 변화가 중요한 의제로 떠오르며 '도시 숲 총량제'와 같은 정책 제안도 나오는 마당이라 땅 주인들은 재산권에 더 민감해지고 있다. 도시 숲이 이산화탄소 흡수, 도시 열섬 완화, 생활 환경 개선, 소음 저감, 미세 먼지 문제를 해결할 수 있다는 걸 상기하면 곧 우리 모두의 문제기도 하다. 시작은 도시 계획과 건조한 법 조항이었지만 갈등의 파급력은 엄청나다.

이는 도시 계획 사례 중 하나에 불과하다. 도시 계획은 성격과 종류가 다양하고, 시간적·공간적 범위도 천차만별이다. 민간에서 원하는 도시 계획도 있고 공공이 추진하는 도시 계획도 있다. 당연히 이해관계가 상충하며 영향을 받는 당사자도 다수 있다. 갈등이 심화하는 이유다.

글 서두에 도시 계획에 있어서 현실과 게임의 차이점을 몇 가지 살펴봤다. 이제 현실감을 한층 끌어올려 도시 계획이라는 게임을 생각해 보자. 최초에 국회에서 편성되는 예산안이 있고, 정부에서 세우는 거시적인 계획들이 다시 서울시와 경기도 등 각 지자체로 내려오면서 구체적인 실행 계획으로 만들어진다. 건설사들은 사업을 따내기 위해 치열하게 경쟁하고 개인들은 계획에 찬성파와 반대파로 나뉘어 갈등한다. 언론은 언론대로, 변호사는 변호사대로, 그 외에 다양한 단체와 개인들이 좋든 싫든 도시 계획 게임에 접속하게 된다. 이 게임의 규칙은 무엇이고, 엔딩은 어떨까? 어떤 플레이어들이 있을까?

도시 계획의 플레이어들

도시 계획은 여럿의 명운이 걸린 거대한 게임이다. 플레이어를 파악하는 것은 도시 계획을 둘러싼 갈등 구조를 이해하는 데 가장 효과적이다. 플레이어들은 크게 공공과 민간으로 나눌 수 있지만 이 게임은 단순히 양대 진영으로 나뉘어 싸우는 전장이 아니다. 공공은 다시 관할과 인사에 따라 세분된다. 거기다 공공과 민간에도 속하지 않는 비동맹 영역이 제3지대를 형성한다. 이들은 각자의 영역을 넘어 상대의 영역을 침범하기도 하고, 이해관계에 따라 이합집산을 반복한다. 영원한 친구도 적도 없는, 매우 정치적이고 복잡한 전장인 셈이다.

공공

흔히 공공은 정부와 그 산하의 공공 기관·공기업을 지칭한다. 도, 특별시, 광역시 등의 광역 지방 자치 단체나 시군구와 같은 기초 지방 자치 단체까지 포함한다. 이론적으로 공공은 자기 자신의 고유한 이익이 존재하지 않는다. 국민·국익·국가 발전·공익 등 거시적이고 종합적인 이익을 위해 조직되고 운영된다. 가장 대표적인 공공 진영의 플레이어는 대한민국 정부다. 중앙 정부 산하에 있는 국토교통부는 대한민국 국토 전체를 관장하는 대표적인 정부 부처다. 공공을 구성하는 큰 두 축인 중앙 정부와 지자체는 주로 같은 편에 서지만, 정파적 대립이나 경제적 부담, 계획을 통해 얻고자 하는 이익에 따라 서로에게 총구를 겨누기도 한다. 2010년 국토부가 '도시 계획 결정권'을 지자체에 이양하며 갈등은 더 격화됐다.

　관할 구역별 기관으로 나눠볼 수도 있지만, 그 기관을 이루는 개인들을 살펴보면 흥미로운 지점이 발견된다. 공공 부문에 소속된 개인들의 가장 큰 특징은 정년 보장과 공무원 연금으로 표현되는 안정적 인사에 있다. 국가가 망하거나 본인이 심각한 범죄에 연루되는 게 아닌 이상 공무원은 정년과 연금을 보장받는다. 따라서 공무원들을 이 인사 특징을 누릴 수 있는지 아닌지에 따라 전혀 다른 성격의 집단으로 구분할 수 있다. 하나는 일반직, 하나는 정무직 공무원이다.

일반직 공무원은 고시나 공시 등 시험을 통해 임용된 공무원을 총칭한다. 정확한 법적 용어는 경력직 공무원이지만 이 책에선 이해의 편의상 일반직 공무원이라 부르겠다. 이들은 크게 지방직과 국가직으로 나뉘며, 특정직 공무원으로 분류되는 검사나 법관, 소방관, 경찰관 등을 포함한다. 우리 주변에 가장 쉽게 볼 수 있는 공무원으로, 대부분이 높은 경쟁률의 공개 채용 시험을 통과하여 채용·임용된다. 공무원이 되기 위해 각자의 노력으로 치열한 경쟁을 뚫고 임용된 만큼, 이들의 목적은 명확하다. 무탈하고 무난하게 정년 퇴직해, 공무원 연금을 받으며 안정적인 노후를 즐기는 것이다. 국가와 공익을 위해 봉사하고 대의를 위해 일하는 공무원이지만, 일차적으로 이들은 정책을 입안하거나 법을 만드는 사람이 아닌 행정 실무자다.

정무직 공무원은 우리가 흔히 아는 '정치인'이다. 이들의 힘은 선출직이라는 것에 있다. 시민들이 민주주의 원칙에 따라 직접 투표를 통해 선출하는 '대표'로서 제한된 임기에만 공직을 수행한다. 정무직 공무원의 이해관계는 일반 공무원보다 훨씬 까다롭고 복잡하다. 선거에서 본인이 말한 공약을 달성하면서도 본인을 지지했던 혹은 지지하지 않았던 다양한 이익 집단과 조직, 개인들의 요구와 민원을 해결해야 한다. 본인이 소속된 정당이나 정파도 무시할 수 없다. 그래야만 다음 선거에서 다시금 선출되거나 권력을 유지해, 자리를 유지할 수 있다. 기본적으로 일반직 공무원보다 높은 지위에 있고, 정책을 제안하고 계획을 세우는 책무를 지기 때문에, 일반직 공무원보다 더 많은 것을 할 수 있고 해야만 한다.

인사 성격에 따라 도시 계획에 임하는 자세 역시 달라진다. 일반직 공무원은 실무자다. 이들은 정해진 규칙과 기준을 지키는 게 가장 중요하다. 그게 곧 자신의 자리와 안위를 지키는 방법이기 때문이다. 한편 정무직 공무원은 선출직이고 임기가 존재하다 보니 소속된 정당의 이해관계나 본인이 선출된 지역의 민심에 민감하다. 지역 주민과 정당의 명확한 지지가 있다면 새로운 규칙과 기준을 세우고 계획을 변경해 새로운 사업을 만들 능력이 있다.

무엇보다 그 어떤 공무원이나 정치인도 개인의 배경이나 삶이 없이 홀로 뚝 떨어져나와 초인처럼 존재할 순 없다. 국가와 정부는 국익·공익을 위해 존재하지만, 조직에 소속된 개개인의 공무원은 결국 사람이다. 이들에게는 본인의 삶이 있고 가정이 있다. 동시에 사익이 있다.

민간

공공과 달리 본인이 속한 조직의 고유한 이익이 존재하는 모든 집단을 민간이라 할 수 있다. 도시 계획을 '부동산'이라는 사적 소유물과 시장 논리로 전환하여 이해하는 집단이기도 하다. 여기서 '민간'은 도시 계획의 직접적인 이해관계자로 한정한다. 예컨대 도시공원 문제가 결국 숲을 이용하는 시민 모두의 일이라 하여 '모든 시민'을 민간에 포함하지 않는 것과 같다. 도시 계획의 직접적 이해관계자라면 기업, 금융권, 주택·땅을 가졌거나 소비·구매하려는 개인, 이러한 개인들의 모임인 조합이 있다.

계획은 종이에 쓰인 글자와 그림일 뿐이다. 도시 계획을 현실로 만들어 내는 건 대부분 사기업이다. 토목·건설·부동산 회사들은 정부와 지자체를 대신하는 손과 발이 된다. 사업 규모가 크고 공인된 사업이기에 기업들은 누구라도 도시 계획을 탐낸다. 민간을 움직이는 핵심 동인이 이윤인 만큼 금융 회사의 역할도 빼놓을 수 없다. 금융 회사는 부동산 대출, 금융 상품, 직접 투자 등을 통해 이윤을 추구한다. 부동산에 있어 기업과 개인 모두에 중요한 파트너다. 이들이 제공하는 '부동산 프로젝트파이낸싱PF'이 없다면 첫 삽도 뜨기 어려운 게 우리나라 부동산 사업의 구조다. 금융 회사도 관리하는 돈의 성격에 따라 1·2·3 금융권, 보험 회사, 연·기금 등으로 다양하게 나뉜다.

개인은 도시 계획으로 만들어진 주택을 구매·사용하는 대표적인 최종 소비자이자 투자자다. 이 책의 플레이어 중 가장 다양한 집단이라고 할 수 있다. 각자의 배경과 이익이 다르므로 늘 도시 계획의 핵심 변수가 된다. 개인의 동상이몽은 역설적으로 조합에서 드러난다. 조합은 동질성(재산권)을 가진 개인들의 모임이다. 대표적으로 재건축·재개발 조합, 지역 주택 조합, 상가 세입자 조합 등이 있다. 개인으로는 국가나 기업에 맞서 협상력을 갖추거나 유의미한 의견을 전달하기 어려우니 사업 추진을 위해 뭉친 것이다. 이들은 법률적·행정적 절차에 따라 법인의 지위를 취득할 수 있다. 그런데 사업이 길어지거나 난관에 봉착하면 각자 개인의 이익과 상황에 따라 분열하기도 한다. 조합원과 비조합원 사이의 갈등도 쉽게 발생한다.

제3영역

도시 계획을 한층 더 난전으로 만드는 건 제3영역이다. 공공도 아니고 민간도 아닌 제3의 조직과 단체들을 말한다. 이들은 조직의 고유한 이익이 있는 동시에 사회 전체의 이익 혹은 공정성을 대변하는 역할을 하기도 한다. 주로 연구원 같은 전문가나 시민 단체 등이 그렇다. 먼저 연구원·연구 기관은 도시 계획의 근거를 마련하는 집단으로, 특정 사업의 배경이 되는 통계 자료나 연구 보고서를 작성한다. 국가에 의해 설립된 기관도 있고 민간에 의해 운영되는 기관도 있다. 위 자료를 통해 계획이나 정책이 만들어지면 이를 평가하고 조언하는 것은 학회·대학교다. 주로 대학 교수들이 주축이 되는 전문가 집단으로 학문적 기반을 통해 계획의 방향성을 제시한다.

이들 가운데 가장 힘 있는 것은 위원회다. 도시 계획과 건축, 교통, 환경 등을 심의하는 교수와 공무원, 기타 전문가로 구성된 조직이다. 중앙 정부를 포함하여 각 지자체 산하에도 다양한 위원회가 설치돼 있다. 서울시 전역의 재개발·재건축 계획을 포함한 도시의 큼직한 계획들을 심사·검토하는 서울시 도시계획위원회 등이 대표적이다. 계획의 타당성을 심사하는 사람들에는 국가에서 공인하는 전문직들이 숱하게 개입된다. 주로 도시 계획이나 부동산, 건축과 관련된 전문 직종으로 변호사, 감정 평가사, 공인 중개사, 도시 계획 기술사, 건축사 등이 대표적이다.

리스크 vs 이익

이 단체와 조직을 하나하나 알아야 하는 건 아니다. 핵심은 이들이 어떤 것을 원하는지 그리고 무엇을 두려워하는지 파악하는 것이다. 이익과 리스크 중 그들이 어떤 쪽에 더 민감하게 반응하는지 알 수 있다면 금상첨화다. 가령 일반직 공무원은 이익에 민감한 조직일까 리스크에 민감한 조직일까? 당연히 그들은 사업의 이익보다 리스크를 훨씬 중요하게 생각한다.

그들은 특별한 일이 없으면 평생의 직장이 보장되고 노후에 연금까지 지급된다. 이들이 진짜 두려워하는 것은 올해 성과급을 받지 못하는 것이나 조기 승진에 실패하는 게 아니라 배임이나 횡령, 내부감사 등에 휘말려 징계받거나 인사상 불이익을 받는 것이다.

반면 소규모 시행사는 어떨까? 이들은 오랜 역사와 전통을 자랑하는 대기업이 아니다. 10명도 안 되는 소수의 인력으로 일을 하며, 프로젝트가 바뀌면 회사나 법인을 바꾸는 경우가 흔하다. 이들의 사업적·조직적 특성을 이해한다면 시행사를 설득할 때 리스크를 강조하는 것은 큰 의미가 없다는 걸 알 수 있다. 오히려 사업을 통해 얻을 수 있는 단기적 이익이나 인센티브를 강조하는 게 효과적이다. 도시 계획은 전쟁이기도 하지만 여러 톱니바퀴가 정확히 맞물려 돌아야 작동하는 게임이기도 하다. 각 플레이어의 속성을 잘 파악할수록 도시 계획의 성공률과 속도는 높아진다.

선택하고 분배하라

심시티와 같은 게임이 재미있는 혹은 어려운 이유는 한정된 자원에 대한 선택과 집중, 분배를 꽤 정교하게 반영했기 때문이다. 플레이어는 도시를 가꾸고 관리하기 위해 게임 내 재화와 시간을 전략적으로 써야 한다. 막상 게임을 해보면 눈에 보이지 않는 상·하수도나 전기, 치안 등 도시를 위해 해야 할 게 꽤 많다. 민원을 빨리 해결해 주지 않으면 도시에 대한 불만족도가 높아져 시민들이 떠난다. 게임은 '건설 경영 시뮬레이션'을 표방하고 있지만 사실 게임에서 플레이어의 판단이 현실에선 곧 정치다. 한정된 자원 혹은 자본 앞에서 성장과 분배에 관한 이해관계를 정리하고 결정하는 게 바로 정치이기 때문이다. 민간의 인내심도, 공공의 임기도 유한한 상황에서 결론을 도출해야 하는 게 현실의 도시 계획이다.

　도시 계획은 정치의 극한이다. 유주택자와 무주택자 사이에서 줄타기하는 것이며, 수도권과 비수도권 모두를 고려해야 하는 밸런스 게임이다. 세금은 한정적이지만 이해관계자의 요구는 끝이 없다. '노원구 마을버스 추가 확보', '서부선 경전철 착공', '종합 부동산세 폐지', 'GTX-B 정차역 추가' 등의 문구를 현수막이나 뉴스에서 심심치 않게 볼 수 있다. 이 모든 요구는 자신과 지역의 이익은 높이고 비용 부담은 축소하는 방향을 향한다. 누구도 본인이 세금을 더 내겠다고 발 벗고 나서지 않으며, 도시 인프라가 필요 없다고 사양하지 않는다. 정치인들은 이 불만과 요구를 공약에 담아 전략적으로 지지율을 높이는 도구로 활용하곤 하지만 제한된 시간과 자원 속에서 모든 요구를 전부 이행하는 것은 불가능하다. 정작 도시 계획이 시작되면 더 중요하고 시급한, 즉 정치적으로 더 효과적인 선택을 하게 된다.

시점을 공공에서 민간으로 전환해 보자. 대한민국에서 살아가는 보통의 국민에게 부동산은 본인 재산의 대부분이다. 내 집이 있다는 것만으로 안정감을 느끼며, 무주택자들은 내 집 마련을 위해 저축한다. 부동산 가치가 도시 계획의 영향만 받는 건 아니지만, 모든 부동산 가치를 일차적으로 좌우하는 건 분명 도시 계획이다. 주거 단지 근처의 도서관 신축, 재개발 지연, 기존 버스 노선의 폐선, 신규 철도 노선 발표 등 이모든 것은 부동산에 직접 영향을 주는 계획이다. 도시 계획이우리 자신과 밀접한 이유다.

도시 계획에서 촉발된 갈등은 때론 정쟁보다 격렬하다. 자유나 평등과 같이 추상적 가치가 아니라 당장 내 눈앞의 땅과 공간, 아파트를 중심으로 이해관계가 나뉘기 때문이다. 피아식별은 빠르게 이뤄지며 민간 사이에서도 끊임없이 계산기가 돌아간다. 도시는 시민의 사유 재산(부동산)과 공공이 조성한 수많은 인프라가 뒤섞인 곳이다. 수많은 랜드마크와 공공장소, 주거 지역와 업무·상업 지구가 어우러진 메트로폴리스 metropolis의 풍경을 한 꺼풀 벗겨 내면 무수한 갈등을 마주할 수있다. 모든 도시 계획에는 공간을 둘러싸고 펼쳐지는 만인의정치가 있다.

개중에는 언론을 도배하는 사건들도 있다. 그 갈등의

규모와 여파가 크기 때문이다. 현실을 살아가는 우리 모두에게 영향을 미칠 수 있는 뉴스지만 각각의 배경과 역사, 추진 경위와 갈등 구조를 정확히 알기 전에는 이해가 어려운 게 사실이다. 각 사례의 맥락을 공방전으로 그리면 우리 주변에서 일어나는 수많은 도시 계획과 그 갈등을 쉽게 이해할 수 있다. 앞서 살펴본 플레이어들은 상황이나 장소에 따라 동맹이 되기도 하고 적이 되기도 하는데 "영원한 친구도, 적도 없다"는 영화 〈타짜〉의 명대사를 연상케 한다.

이 책에서는 네 가지의 대표적인 도시 계획 사례를 살펴본다. 첫 번째는 은마아파트 재건축이다. 강남의 대표적인 재건축 단지인 은마아파트를 통해 랜드마크 아파트를 원하는 조합의 목표와 재건축을 둘러싼 복잡한 인허가 문제를 다룰 것이다. 두 번째는 3기 신도시다. 신도시는 한국의 대표적인 주택 공급 정책으로, 분당·일산 등이 1기 신도시, 광교·판교·위례 등이 2기 신도시에 해당한다. 덕양·광명·시흥 등의 3기 신도시를 통해 국가가 신도시를 만들고자 한 이유와 방식을 알아보려 한다.

세 번째는 재개발·재생 사업이다. 서울 강북의 노후 주택 밀집 지역에 일어난 일을 조명한다. 뉴타운, 도시재생, 그리고 다시 재개발로 연결되는 일련의 역사를 간략히 살펴보면서 공공 내부의 충돌과 갈등 그리고 주민들 사이의 내전을 이야기하고자 한다. 마지막은 인프라에 대한 민간 투자 사업이다. 공공의 돈이 아닌 민간의 자본으로 이뤄지는 인프라 사업을 말한다. 민간 투자 사업이 등장하게 된 배경과 사업의 종류, 민간과 공공의 동상이몽을 알아보자. 오세훈 서울시장표 '그레이트 한강 프로젝트' 중 가장 눈에 띄는 '서울링'이 민간 투자 사업으로 진행되는 시나리오 또한 상상해 볼 것이다. 도시 계획과 민간 투자 사업 사이의 미묘한 정치를 그려내려 한다.

자, 이제 브리핑은 끝났다. 각 전투가 펼쳐지는 도시 계획 전쟁에 참전해 보자.

오래된 참호전,
은마아파트 재건축 (1)

100년 후의 강남

부동산에 조금이라도 관심이 있다면 은마아파트에 대해 한 번쯤은 들어봤을 것이다. 대치동 한복판에 위치한 은마아파트는 그 자체로 강남 재건축의 상징이자 강남 8학군 중산층의 표상이다. 수많은 학원에 둘러싸인 입지, 초중고교 어느 하나 뒤처지지 않는 뛰어난 학군, 테헤란로·삼성동 업무 지구와 너무 멀지도 너무 가깝지도 않은 적당한 거리, 4424세대에 달하는 어마어마한 세대 수, 3호선 역세권까지. 강남의 대표 주자가 될 수 있는 조건을 두루 갖췄다. 2023년 6월 기준, 아파트 시가 총액만 무려 9조 8000억 원이다.

은마아파트엔 고도성장을 거쳐 경쟁 사회로 치달은 한국의 근현대사가 고스란히 녹아 있다. 이 때문에 곧잘 국내외 사진가들의 오브제가 된다. 벨기에의 사진가 세바스티앵 쿠벨리에Sebastien Cuvelier는 2015년 9월 2~19일 룩셈부르크에서 'Eunmatown(은마아파트)'라는 이름의 전시를 열기도 했다. 그는 미국 교포인 여자 친구를 만나러 서울에 왔다가 은마아파트를 발견하고 주민의 동의를 얻어 곳곳의 사진을 촬영했다. 한국에 살아본 경험이 없는 외국인의 눈에는 은마아파트의 치열하면서도 처연한 모습이 경이로웠다. 그는 은마아파트가 한국을 상징하는 공간이라고 말한다. 강남의 은빛 말은 강남 부동산 신화의 시작이자 시금석이었다.

시간은 세상의 모든 것들을 낡고 바래게 한다. 1979년 준공된 은마아파트도 시간의 물결을 피해가진 못했다. 수많은 호화 아파트가 들어서며 은마아파트의 위상은 과거만 못하게 되었다. 하지만 늙은 처지라고 꿈조차 초라할까. 마흔 살이 훌쩍 넘어 노년에 접어든 은마아파트는 오히려 더 큰 꿈을 품고 있다. 더 높게, 화려하게, 아름답게 다시 태어나도록 도시 계획을 수립하는 것, 바로 재건축이다. 은마아파트는 49층의 마천루가 되려는 꿈을 안고 있다.

은마의 꿈이 밈meme이 된 것은 재건축이 지연되면서다. 인터넷에 '100년 후 강남'이라는 키워드를 검색해 보면 온라인에 공공연하게 떠도는 사진 한 장을 볼 수 있다. 미래 건축물이 가득한 강남 한복판에 낡은 아파트가 서 있다. 아파트 벽면엔 은빛 말을 의미하는 '은마銀馬'라는 글자가 남루하게 적혀 있다. 100년 후에도 재건축이 이뤄지지 않는 것 아니냐는 웃픈 농담이다. 뉴스 형태로 꾸며진 밈도 있다. "[속보] 은마아파트 드디어 재건축 확정"이라는 제목의 가짜 기사는 조합 설립 80년 후 끝내 재건축에 성공한 은마아파트의 이야기를 단신으로 전한다. 재건축을 끝까지 보지 못하고 명을 달리한 조합원·투자자의 추모 공원 조성과 함께 재건축 기념 디너쇼에 원로 가수 아이유(79)씨가 공연할 예정이라는 내용이다. 기사 발행 연도는 2072년으로 돼 있다. 은마아파트는 어쩌다 조롱거리가 되었을까?

은마아파트가 그토록 원하는 재건축의 정의를 보자. 도시정비법 제2조에 따르면 "정비 기반 시설은 양호하나 노후·불량 건축물에 해당하는 공동 주택이 밀집한 지역에서 주거 환경을 개선하기 위한 사업"이다. 쉽게 말해 '오래된 아파트를 철거하고 새 아파트를 짓는 것'이다. 은마아파트엔 지하 주차장이 없다. 온라인에서 아파트 방문 시의 주차 팁이 돌아다닐 정도다. 엘리베이터 수도 세대에 비해 지나치게 적다. 재건축이 확정되면 해결된다는 소유자들의 믿음으로 2021년까지 지하실에 2300톤의 쓰레기가 쌓여있을 정도로 생활 환경이 열악하다. 40년 넘은 구축舊築아파트를 부수고, 편의 시설이 완비된 살기 좋은 아파트를 새로 짓는다면 아파트의 재산 가치도 높아지고 거주 편의성도 개선된다. 재건축은 은마아파트를 포함해 오래된 아파트 소유자들의 염원이다.

물론 레고 블록과 달리 사람이 사는 아파트를 철거하고 새로 짓는 건 쉬운 일이 아니다. 어떻게 설계하고 누가 지을 것인지, 그 과정에서 필요한 돈은 어떻게 마련하고 낼 것인지에 대한 과제가 산적해 있다. 기본적으로 재건축은 헌 아파트를 가지고 있는 사람들이 모여 조합을 구성하는 것으로 시작한다. 조합원들이 자신이 가지고 있는 아파트(땅)를 내놓으면 그 땅에 건설 회사가 새로운 아파트를 짓는 방식이다. 공사 기간 동안 조합원들은 은행에서 이주비 대출을 받아 3~4년 정도 다른 집에서 지낸다. 공사가 끝나면 꿈에 그리던 새 아파트에 입주할 수 있다.

새로운 건물을 짓는데 필요한 건설 비용과 부대 비용은 새로운 아파트와 상가를 지어 분양하는 매출로 충당한다. 당연히 새로 만들어서 팔 수 있는 세대수가 많을수록 유리할 것이다. 여기서 알아야 하는 게 용적률이다. 건물 각층 면적(바닥 면적)의 합이 땅 면적의 몇 배에 해당하는지 그 비율을 의미한다. 즉, 현재의 용적률이 낮은 단지(땅은 넓고 세대수는 적은 단지)일수록 재건축 사업성이 좋다. 만약 신규 분양(일반 분양) 매출이 부족하다면 기존 조합원들에게 추가 분담금을 거둬 부족한 공사비를 충당해야 한다. 반대로 신규 분양 매출액이 공사 비용보다 많으면 조합원에게 잔여 수익금을 분배하게 된다. 정비 사업이 모두 끝난 뒤 조합이 해산·청산될 때, 매출에서 비용을 뺀 사업 수지는 0원으로 맞추는 게 조합 사업의 핵심이다.

은마아파트가 더 높은 건물을 세우려는 이유는 여기에 있다. 건물 가치가 높아지는 것은 물론, 더 많은 세대에 새로운 층을 분양해 공사비를 충당할 수 있기 때문이다. 높은 층수에 따른 조망권 프리미엄도 충분히 노려볼 수 있다. 이처럼 재건축은 민간의 이해관계가 직결된 사업이며 공공이 이를 수

궁하는지가 핵심인 전장이다. 재건축과 재개발은 전체적으로
비슷하면서도 다른데, 재개발이 하향식이라면 재건축은 상향
식이라는 점이다. 도시 기반 시설이 전반적으로 열악할 때 공
공이 재개발 구역을 지정하고 사업을 진행하는 것과 달리 재
건축은 사업을 요구하는 민간 측에서 주거 환경이 노후하다
는 것을 주장해야 한다. 여기서 떠오르는 것이 바로 인허가다.

도장은 곧 권력이다

앞서 농담조로 소개했지만 당사자들에겐 꽤 심각한 얘기인
것이, 은마아파트는 주요 재건축의 문턱을 제대로 넘어가지
도 못했다. 인허가의 초기 단계에서만 이미 수십 년을 소비했
기 때문이다. 재건축은 인허가를 쟁취하기 위한 토지 소유자
(조합)와 인허가권을 쥔 지자체 사이의 지난한 참호전이다.
한 단계 한 단계 절차를 밟아나가서 사업을 완성해야 하는 아
파트 소유자들은 국토교통부와 서울시, 강남구의 강고한 행
정권 앞에서 번번이 인허가를 통과하지 못하며 지지부진하게
시간을 보낼 수밖에 없었다. 오히려 그 시간 동안 내분만 수차
례 발생해 재건축의 추진 동력을 잃었다는 내외부적 평가도
나온다.

2022년 10월, 은마아파트 재건축 건은 서울시 도시계
획위원회 심의를 통과해 드디어 사업이 본궤도에 오르게 됐

다. 장기간 재건축을 추진하려는 소유주와 재건축을 최대한 미루고자 하던 정부·지자체 사이의 전선이 드디어 다음 단계로 넘어간 것이다. 전장이 변하기까지의 과정을 살펴보기에 앞서 은마아파트 재건축을 장기간 지연시킨 인허가를 살펴보는 게 중요하다. 인허가에 숨은 미묘한 정치적 속성을 파악하면 은마아파트가 왜 인허가 단계에서 발목을 잡혔는지 유추할 수 있기 때문이다.

대한민국의 모든 건축과 부동산 개발에서 인허가는 사업의 진행 수준을 판단하는 기준이다. 어떤 건물도 허가 없이 지어질 수 없으며, 조합이 설립되거나 사업 계획이 승인될 수 없다. 도시 개발과 건축의 모든 업무는 지자체의 관인이 찍힌 허가증이나 고시문이 필요하다. 누구든 어디든 돈이 많든 적든 상관없이 도장 찍힌 고시문 한 장을 위해 서로 다른 부서의 여러 공무원과 공직자들을 쫓아다녀야 한다. 이 과정에서 적게는 수천만 원, 많게는 수억 원에 달하는 설계비와 용역비를 지출하게 된다. 도장의 가격은 저렴하지 않다.

인허가권은 행정 기관의 칼이자 방패다. 인허가권을 무기로 조합이나 사업 시행자에게 요구 사항을 전달할 수도 있고 방패로 삼아 다양한 책임에서 벗어날 수 있다. 인허가에는 불확실함에 대한 절차적 보완이나 공익 보호를 위한 과정이 당연히 포함되지만, 그 외에도 여론과 민원 대응 등 많은 외적 변수가 인허가에 영향을 미친다. 예를 들어서 신축 사업장의 인근 주민들이 소음 공해와 재해 위험, 일조권 침해 등에 대해 다수의 민원을 넣고 시위한다면, 지자체는 인허가권을 무기로 공사를 중지시키거나 현장을 불시 점검할 수 있고 심지어는 사용 승인을 미룰 수 있다. 수천 세대의 주민들이 힘을 모아, 구청장을 향해 '다음 선거 때 심판하겠다'라고 탄원서를 넣는다면, 아무리 법·제도적으로 문제없는 사업이라 해도 여론의 영향을 받는다.

여기엔 구조적 문제점이 한몫한다. 도시 계획이란 게 애초에 광범위한 시간적·공간적 범위를 다루다 보니 인허가가 담당자의 재량에 의해 다뤄지는 경우도 왕왕 있기 때문이다. 세상의 모든 일이나 민원이 법제화될 수는 없고, 당장에 인허가가 필요한 사업장은 많다. 그렇기에 특별한 사례나 법의 사각지대에 해당하는 부분은 인허가권자(혹은 실무 책임자)의 재량에 맡겨지는 것이다.

예를 들어 오세훈 시장은 2023년 서울시의 건축 층고 제한을 풀며 "구체적인 층수는 개별 정비 계획에 대한 위원회 심의에서 지역 여건을 고려해 결정한다"라고 덧붙였다. 이 말은 곧 개별 사업을 심의하는 데 있어, 정해진 규정이 아닌 위원회 심의에 따라 인허가를 진행하겠다는 의미다. 그렇기에 위원회의 판단과 기준이 다른 무엇보다 훨씬 중요해졌다. 그렇다면 일반적인 정비 사업의 절차에서 과연 몇 개의 인허가 가 단계가 존재할까?

정비 사업의 절차

① 정비 기본 계획 수립

② 건축물 안전 진단

③ 정비구역 지정

④ 추진 위원회 구성

⑤ 조합설립인가

⑥ 사업시행인가

⑦ 관리처분인가

⑧ 철거 및 착공

⑨ 준공 및 입주

⑩ 조합 청산

절차를 보면 우리가 상상하듯 '부수고 짓는' 물리적 재 건축은 사실상 후반부의 과정임을 알 수 있다. 상술한 것을 종 합하자면 인허가의 벽은 매우 공고하고 절차 외의 변수가 많 으며 담당자의 재량에 좌우되는 경향이 있다. 은마아파트의 재건축은 위 절차와 똑같은 흐름으로 진행되지는 않았지만 큰 틀에서는 유사하다. 이제 은마아파트 재건축의 중요한 변곡점이 된 사건들을 시간 순서로 살펴보자.

진격의 추진위 vs 거인 정부

1996년 은마아파트의 소유자들은 재건축의 문을 두드리기 시작한다. 준공 이후 17년, 재건축의 꿈이 한데 모인 것이다. 1988년부터 재건축 사업을 꿈꿔오던 소유자들은 도시 계획이라는 거대하고 복잡한 게임에 참전하고자 힘과 뜻을 모은다. 이들이 상대하거나 협력해야 할 플레이어가 하나같이 만만치 않은 대상이기 때문이다. 공공성을 지닌 정부와 지자체, 자본이 막강한 민간 기업, 건축·설계나 도시 계획의 전문가들에 비해 소유자 개개인이 가지는 힘과 전문성은 보잘것없다. 도시 계획의 플레이어로 우뚝 서려면 대표성을 가진 집단, 즉 조합을 구성할 필요가 있었다.

조합의 탄생

물론 조합을 만드는 건 생각처럼 쉬운 일이 아니다. 정식 조합을 설립하려면 아파트 소유자의 75퍼센트, 소유 면적의 50퍼센트에 해당하는 이들이 동의해야 한다. 이에 재건축에 뜻이 있던 개인들은 조합을 만들기 위한 사전 단계, '조합 추진 위원회(추진위)'를 설립한다. 추진위는 정식 조합과 달리 아파트 소유자의 과반수만 동의해도 만들 수 있다. 단어 그대로 재건축 사업 진행을 위한 조합을 만드는 것이 추진위의 목적이다. 그렇다고 추진위가 아무런 힘도 없는 건 아니다. 공통의 목적을 위시한 채 내는 하나의 목소리는 실제 조합의 지위에 버금가는 힘이 있다. 2001년 구성된 은마아파트 재건축 조합 추진위는 2002년에 최초 설립된다.

2002년 당시 추진위는 주민 총회를 거쳐 시공사까지 선정을 마친다. 시공 사업단으로 삼성물산 51퍼센트, LG건설(현 GS건설) 49퍼센트로 컨소시엄이 구성되기도 했다. 2003년 12월, 추진위는 주거정비법에 의해 서울시로부터 조합 추진 위원회 정식 인가를 획득한다. 당시엔 지금과 달리 안전 진단을 통과하기 전에도 위원회 설립이 가능해 추진위를 인가받는 것은 수월했다. 은마아파트 재건축의 첫 도약은 순조로운 듯 보였다.

1차전 ; 안전 진단

은마아파트 참호전의 진짜 시작은 '건축물 안전 진단'이었다. 쉽게 말해 재건축의 명분을 찾는 것이다. 앞서 살펴보았듯 아무리 사유 재산이라도 무작정 자기 마음대로 재건축하거나 용도를 바꿀 수 없다. 건물이 오래돼서 무너질 위험이 있다거나, 생활에 너무나 불편하다거나 하는 명확한 이유를 제시해야 한다. 이를 증명하기 위한 단계가 바로 건축물 안전 진단이다. 재건축 가능 여부를 가려주는 핵심 단계다. 은마아파트 재건축 추진위가 내건 명분은 '극심한 주차 문제', '노후화된 배관과 주거 시설물' 등이었다.

주차 문제가 얼마나 대수냐고 할 수 있지만, 노후 아파트 단지에서 주차 문제는 주민들 사이에 멱살을 잡을 만큼 심각한 사안이다. 준공이 이뤄진 1979년 당시엔 국내에 자동차 보급이 많지 않았지만 1980년대부터 대대적 보급이 이뤄지며 엄청난 주차난이 발생하게 된다. 주차장 확장 이전 은마아파트의 세대당 주차 가능 대수는 0.7대였다.

순항하는 줄 알았던 재건축에서 안전 진단은 통곡의 벽이었다. 추진위는 2002년부터 안전 진단을 요청해 왔지만 번번이 고배를 마셨다. 그 과정에서 플레이어들의 이해관계는 다양한 형태로 충돌했다. 먼저 재건축이 쉽지 않겠다고 판단해 리모델링을 주장하는 소유자와 원래대로 재건축을 원하는 소유자가 부딪혀 내분이 생겼다. 거기에 강남 대치동의 대표 재건축 단지에 대한 언론과 정치인들의 우려 섞인 목소리도 가세했다. 재건축이라는 호재를 타고 집값 상승이 유도될 가능성이 있었기 때문이다. 마침내 네 차례의 도전 끝에 2010년 3월 은마아파트는 안전 진단에서 D등급, 조건부 통과를 받아낸다. 지난한 과정이었지만 준공 30년 차임을 고려하면 그럭저럭 쾌거였다.

은마아파트가 안전 진단 통과를 수차례 낙마한 이유를 구조적으로 살펴보자. 안전 진단은 재건축 단지에 대한 사업 정당성과 필요성을 평가하는 단계다. 단순히 생각하면 건축물이 충분히 노후화하지 않아서겠지만 그 속엔 공공의 정치적 계산이 깔려있다. 안전 진단에는 인허가 단계에서 가장 중요한 '가치 판단'이 작용한다. 인허가 과정에는 생각지 못한, 혹은 법제화되지 않은 다양한 변수가 나타날 수 있는데, 이는 공공을 보수적으로 만든다. 게다가 민간 주도의 상향식 사업이다 보니 공공 입장에선 이익보다 리스크에 더 민감해지기 쉽다.

통일된 공공의 결정 뒤에 미묘한 정치가 개입되기도 한다. 민간 진영이 그랬듯 공공 진영도 안전 진단 단계에서 반목하는 경우가 생긴다. 표면적으로 사업의 허가권자는 지자체장이며 안전 진단을 입안하고 인허가를 내주는 곳 역시 지자체다. 하지만 안전 진단의 평가 요소들을 결정하는 것은 국토교통부, 즉 중앙 정부다. 안전 진단 절차와 기준을 정부에서 강화하면 은마아파트뿐만 아니라 비슷한 조건에 있는 다른 재건축 대상 아파트들도 모두 영향을 받기에 중앙 정부는 신중할 수밖에 없다.

허가를 내주는 곳과 기준을 만드는 곳이 다르다 보니 지자체와 중앙 정부의 당파적 이해관계가 다르거나 소속된

재건축 안전 진단 기준의 정부별 변동 사항

항목	주요 내용	2006 노무현	2009 이명박	2015 박근혜	2018 문재인	2022 윤석열
구조 안전성	건물 기울기, 침하, 내하력, 내구성 등	50	40	20	50	30
주거 환경	미관, 소방 용이성, 침수 가능성, 주차 대수, 생활 환경 등	10	15	40	15	30
건축 마감 및 설비 노후도	지붕, 외벽, 난방, 급수, 도시가스, 통신 등 노후도	30	30	30	25	30
경제성	개 · 보수 vs 재건축 비용 비교	10	15	10	10	10

* 출처: 국토교통부

56

정당이 다를 경우, 미묘한 긴장이 발생하기도 한다. 어떤 재건축 사례가 있을 때 안전 진단 기준을 살펴보면 어느 정당이 재건축에 긍정적이며 어느 정당이 부정적인지를 단편적으로 알 수 있다.

칼날의 향방

2023년에 들어 윤석열 정부 아래 재건축 안전 진단 기준이 재건축에 유리한 방향으로 변경됐다. 시계를 2년 앞으로 돌려 보자. 허가권자인 2021년 오세훈 서울시장은 국토교통부에 재건축 규제 완화를 위해 구조 안전성 항목의 축소와 주거 환경 및 노후도 항목의 비중 상승을 요청한 바 있다. 그 후 2022년 지금의 윤석열 정부가 출범함에 따라 같은 해 12월 〈재건축 안전 진단 합리화 방안〉이 발표됐고 2023년 1월 5일부터 변경된 기준이 적용됐다. 정파적 이해관계가 합치하면 이처럼 기준을 만드는 중앙 정부와 기준을 적용하는 지자체의 티키타카가 이뤄진다.

그렇다면 오세훈 서울시장이 요청하고 윤석열 정부가 수락한 내용은 무엇일까? 다음 표를 보면 안전 진단 기준의 주요 내용을 알 수 있다. 항목별 점수에서 엿볼 수 있는 각 정부의 생각이나 관점이 특히 흥미롭다.

안전 진단의 평가 항목은 크게 네 가지로 정부의 부동

산 정책 변화에 따라 비중이 변해왔다. 물론, 기준이 꼭 양당에 따라 이분화되는 건 아니다. 대표적으로 지난 20대 대선에서 두 양강 후보의 정비 사업 공약을 보면 윤석열 당시 국민의힘 대선 후보는 '준공 30년 이상 재건축 대상물에 대한 안전 진단 면제'를 이재명 더불어민주당 대선 후보도 '구조 안정성 비중 하향'을 내걸었다. 안전 진단의 기준을 낮춘다는 점에서 두 후보의 공약은 결이 같다. 층수 제한을 완화한다는 방침도 함께 했다. 다시 말해 모든 사항이 당리당략에 따라 정해진다기보다는 당시 부동산 상황에 대한 고려도 함께 이뤄짐을 염두에 둘 필요가 있다.

위 항목 중 첫 번째, 구조 안전성은 문자 그대로 건물 자체의 안전을 판단하는 기준이다. 건물이 정말로 무너질 위험성이 없는지 검사하는 것으로, 해당 비율이 높을수록 안전 진단 문턱이 높아진다. 꽤 낡은 건물이라 해도 물리적으로 문제가 생기는 경우는 많지 않기 때문이다. 보통 흔하게 발생하는 문제는 마감재가 풍화되거나 상하수도와 전기·통신 배선이 노후화되는 경우, 주차장 부족 등이다. 건물이 기울어진다거나 지반 침하와 같은 구조적인 문제는 외부적 요인이 있지 않고서야 30~40년 사이 자연스레 일어나긴 쉽지 않다.

그렇기에 재건축을 바라는 주민들이나 건설 회사, 민간 단체 등은 정부에 구조 안전성 비율을 낮추길 요구해 왔다. 재건축을 활성화하는 가장 손쉬운 방법이기 때문이다. 건설사를 비롯한 설계·구조·정비·신탁 등 재건축에 이해관계가 걸린 많은 회사는 이번 안전 진단 기준 변경을 통해 먹거리가 많아지고 부동산 경기가 회복될 것을 주민들만큼이나 기대하고 있다. 은마아파트와 같이 안전 진단에 막혀 재건축이 지지부진했던 아파트는 이번 기준 변경으로 인한 수혜가 크다.

그렇다면 은마아파트가 통과했다는 D등급의 조건부 통과란 뭘까? 안전 진단은 위 항목에 따라 건축물을 심사한 후 A~E등급으로 나누는데 E등급은 매우 위험한 상태의 건축물로 바로 재건축이 가능하고, A~C등급은 유지·보수만 가능하다. 은마아파트가 받은 D등급이 바로 조건부 재건축이다. 안전 진단에서 D등급을 받으면 이후 적정성 검토를 거쳐 그 결과에 따라 유지·보수인지 재건축인지 여부가 최종 결정된다. 윤석열 정부의 〈재건축 안전 진단 합리화 방안〉은 평가 항목 배점 기준을 표와 같이 개선하고 '조건부 재건축' 범위를 축소, 적정성 검토를 개선하는 것 등을 골자로 하고 있다. 즉, 조건부 재건축보다 바로 재건축으로 직행할 수 있는 범위를 확장하고 적정성 검토 또한 중복 검사임을 고려해 완화하겠다는 것이다.

2차전 ; 정비 구역 지정

2010년 안전 진단에서 상처 가득한 승리를 얻어낸 은마아파트의 다음 전장은 정비 구역 지정이었다. 재건축할 명분은 인정받았으니 이제 땅과 건물을 어떻게 재건축할지 계획서를 내고 허가를 받아내는 절차다. 재건축 단지의 정확한 면적을 측량하고, 재건축이 일어난 이후 교통·환경·주거·교육 등에 어떤 영향이 있을지 종합적으로 평가해 구체적인 도시 계획을 세우는 단계다. 정비 계획을 통해 해당 주거 단지에 대한 재건축이 적합함이 증명되면 비로소 정비 구역 지정이 이뤄지며, 전체 세대수와 용적률, 건폐율, 층수, 임대 주택의 비율 등 주요 사항이 고시문을 통해 공표된다.

안전 진단을 통과한 은마아파트는 대대적으로 재건축의 청사진을 그리기 시작한다. 추진위 측이 계획안을 작성하면 강남구청에서 이를 확인하고 최종적으로 서울시의 허가를 받는 절차다. 그리고 여기서 은마아파트는 또 다른 강적을 만나게 된다. 속칭 '도계위'로 불리는 '도시계획위원회'다. 이들은 앞서 언급한 인허가 그 자체를 상징한다. 제3영역인 위원회의 진가가 여기서 나온다. 공공 진영의 무기인 인허가의 근거를 마련해주기 때문이다. 은마아파트 참호전에서 제3영역이 새로이 참전하는 순간이다.

물론 도시계획위원회는 공공의 칼이 되기 위해서만 존

재하는 조직은 아니다. 설립 근거와 취지를 보면 이들은 명백한 독립 기관이다. '국토의 계획 및 이용에 관한 법률'은 중앙 정부와 모든 지자체가 각각 시·도 단위의 도시계획위원회를 운영하도록 규정한다. 위원회는 관련 분야의 교수들과 상급 공무원, 엔지니어링 회사, 변호사, 지자체를 감시하는 시·구 의원 등 약 30명 규모로 구성되어 있으며 매월 1회씩 정기 회의를 개최한다. 위원들의 임기는 2년으로, 연임이 가능하다. 다양한 분야에 대한 전문 지식과 풍부한 경험, 다양한 의견 등을 반영하여 도시 계획의 적합성과 공정성을 판단하기 위해 전문가 집단을 심의와 자문에 활용하자는 취지다.

은마아파트는 수차례 도계위에 안건을 상정했지만 오래도록 통과되지 못하고 패전을 거듭한다. 복잡한 정치 공학이 작용했다. 위원회는 지자체 공무원 조직과 별도로 독립적으로 운영되어야 하지만, 실질적으론 지자체장과 여론, 내외부적 이슈에 얽매여 있다. 위원을 선임하는 건 지자체장이며, 위원회에서 다룰 안건을 결정하는 것도, 위원장과 간사를 맡는 것도 해당 위원회에 포함된 고위 공무원이기 때문이다.

특히 도계위의 존재는 공공의 부서장이나 지자체장의 책임 회피에 좋은 구실이 된다. 특정 사업에 대한 진행 여부를 선출직 공무원(지자체장)이 단독으로 결정하는 것은 정치적 무리수가 될 수 있다. 절차적으로 정당하거나 최선의 결정이라고 하더라도 결국 결정권자가 오롯이 책임을 져야 하기 때문이다. 중앙 정부와 지자체는 위원회 임명권과 운영권을 손에 쥔 채, 위원회에게 도시 계획을 심의하여 계획의 가부를 결정하게끔 한다. 임명권과 운영권은 이처럼 인허가를 칼과 방패로 담금질하는 화로다.

결국 은마아파트의 재건축 계획안은 2022년 10월 19일, 서울시 도시계획위원회를 통과한다. 가결된 계획안에 따르면 은마아파트는 기존의 14층·28동·4424가구에서 35층·33동·5778가구로 다시 태어난다. 재건축의 공익성을 위하여 전체 가구 중 678가구가 공공 주택으로 구성되며, 자동차 혼용 도로와 근린공원, 문화 공원도 함께 조성된다. 주민 공고·공람 절차를 거친 이후, 2023년 2월 16일 서울시는 드디어 은마아파트를 재건축 정비 구역으로 지정하고 계획과 도면 등을 확정 고시한다.

오랜 전투 끝에 일궈낸 승리인 만큼 민간 진영이 받은 내상은 만만치 않았다. 특히 도계위의 벽 앞에 기나긴 암투가 벌어져 추진위는 내분을 거듭했다. 안전 진단이 재건축의 필요성을 입증하는 것이라면 정비 구역 지정 단계는 구체적으로 새 아파트를 어떻게 그리느냐의 문제다. 본격적으로 추진위 내 갈등과 정치가 벌어지기 좋은 단계이며, 실제로 기존 추진위를 대체하려는 대항군이 조직되기도 했다. 주민과 소유자, 추진위와 대항 세력의 동상이몽은 참호전을 더욱 고되고 더디게 만들었다. 가장 대표적인 갈등이 바로 '층수 갈등'이다.

오래된 참호전,
은마아파트 재건축 (2)

49층의 꿈

하늘을 찌르는 마천루와 펜트하우스, 높은 공간에서 도시의 야경을 내려다보며 마시는 커피 한 잔의 여유, 도로를 가득 채운 차와 북적거리는 사람들에서 멀찍이 떨어져 도시를 내려다보는 모습은 많은 사람이 바라는 중산층의 모습이다. 은마아파트 주민들은 20년 전부터 이 모습에 본인을 대입하며 사업을 추진해 왔다. 기다림이 길어질수록 은마의 꿈도 높아졌다. 그러기엔 35층은 너무 낮다.

은마아파트는 49층의 꿈을 꾸고 있다. 심지어 소유자 중 일부는 50층 이상으로 재건축하여 강남의 명실상부 최고급 프리미엄 주거 단지로 거듭나야 한다고 주장한다. 생각 같아서는 롯데타워만큼 높은 100층 아파트로 도약해 은빛 갈기를 휘날리고 싶을 것이다. 하지만 현실은 녹록지 않다. 49층으로 짓는 것만 해도 30~40층 수준의 아파트에 비해 훨씬 높은 공사비를 지급해야 한다. 그렇다면 왜 하필 '49층'일까?

국내 건축법 시행령 제2조에서는 초고층 건축물을 50층 이상 또는 200미터 이상으로 규정한다. 초고층 건축물은 사용자의 안전을 위해 일반 건축물보다 훨씬 까다로운 기준을 적용받는다. 30층마다 피난 구역을 설치하는 것은 기본이고, 소방 성능 심의, 건축물 안전 영향 평가, 재난·환경·교통 영향 평가, 심지어는 승강기 설치 기준까지 별도로 지정되어 있다. 지진이나 테러, 해일에 관한 심의까지 도합 30~40개가 넘는 심의와 유관 부서 의견 청취를 끝마치려면 더 오랜 기다림이 불가피하다.

높게 지어 올리려면 '종상향'도 필요하다. 국토법은 땅의 용도를 다양하게 분류하고 있는데 그 중 주거 지역은 '전용 주거 지역'과 '일반 주거 지역', '준주거 지역'으로 나뉜다. 전용 주거 지역은 보통 단독 주택을 위한 구역이다. 흔히 주변에서 보이는 아파트 단지는 대부분 일반 주거 지역에 위치해 있다. 일반 주거 지역은 세 가지 종으로 다시 분류되는데 1종에서 3종으로 높아질수록 건폐율과 용적률, 층수의 상한이 늘어난다. 만약 주거와 상업이 모두 가능한 준주거 지역이 되면 건폐율과 용적률이 늘어나는 폭이 훨씬 크다.

물론 세상에 공짜는 없다. 종상향이 있다면, 그에 걸맞은 공공 기여가 동반돼야 한다. 더 많은 임대 주택 확보, 공원 조성 이후 기부 채납 등이 대표적이다. 이렇게 종상향에 따른 이익과 공공 기여에 따른 손해를 계산하는 게 조합에겐 핵심적인 일이다.

법·제도적 규제뿐만 아니라 기술·물리적 문제도 초고층 건축물 건설을 어렵게 만든다. 높이에 따른 무거운 하중을 버티기 위해 더 깊게 기초를 타설해야 하며 마찬가지 이유로 기둥과 내력벽의 두께도 더 두꺼워져야 한다. 고층에서 발생하는 풍압도 상당하다. 이를 견디기 위해 더 두꺼운 창문과 고성능 창틀이 요구된다. 50층이 넘으니 빠른 수직 이동을 위한 초고속 승강기가 필요하고 고층에서 수압을 유지하기 위한 가압 장치도 필요하다. 건축물을 만드는 비용뿐만 아니라 유지·관리하기 위한 비용까지 고려한다면 득보다 실이 더 클 수 있다.

공사비는 결국 조합원 혹은 수분양자가 부담해야 할 비용이다. 추가로 확보되는 세대에 따른 일반 분양 수익과 집값, 층수에 따른 공사·유지비, 재건축 초과 이익 환수제까지 고려하여 기적의 사업성을 구현해야 한다. 일각에선 굳이 높은 건물을 고집하지 말고 적당한 높이로 타협하자는 의견도 나온다. 하지만 다수의 조합원은 더 높은 아파트를 주장한다. 이들에게 비싼 공사비와 유지비는 일종의 투자다. 사업 비용이 증가하더라도 재건축이 끝난 뒤 더 높은 가격에 거래될 수 있다면, 충분히 남는 장사가 될 공산이 크다. 부동산은 장밋빛 미래를 먹고 자라기 때문이다.

현재 은마아파트는 35층 이하(118.4미터 이하)로 계획돼 있다. 이 높이 계획을 바꾸기 위해선 지금의 정비 계획을 변경해 재심의를 통과해야 한다. 5퍼센트 내외의 변동은 법적으로 경미한 변동으로 인정되어 담당 과장이나 국장 수준의 결제만으로 변경되기도 하지만, 50층을 원하는 은마아파트는 이에 해당하지 않을 가능성이 크다. 즉, 추진위에게 악몽과도 같던 도시계획위원회의 심의를 다시 받아야 하는 것이다. 이처럼 정비 계획을 크게 변경하면 다시 주민 공람·공고가 진행되고 서울시와 강남구 각각의 유관 부서에 대한 의견 청취가 이뤄진다. 계획의 적법성·합리성 판단이 마무리되면 최종적으로 다시 도계위에서 재심의를 통해 해당 계획이 고시되는 절차다. 은마아파트가 치러야 할 후반전이다.

새로운 복병도 등장한다. 인근 아파트 주민과 근린 생활 시설의 소유자들이다. 높은 건물은 긴 그림자를 만든다. 건축법 제61조에서는 일조 등의 확보를 위해 건축물의 높이 제한을 규정하고 있다. 은마아파트가 높아질수록 아파트 뒤(북측)에 있는 주택과 건축물의 일조량은 줄어든다. 건물이 높아지면 상대적으로 건물이 얇아지기에 장시간 그늘져있진 않겠지만, 그만큼 더 먼 거리까지 영향을 준다. 일조권과 조망권 침해로 주변 주민들까지 참전하면 재건축 사업은 한층 더 난전의 양상을 띨 수밖에 없다.

원래 추진위가 35층으로 계획서를 제출한 것에는 서울시의 영향이 있다. 정비 계획 수립이 한창이던 2010년대는 35~37대까지 3선 역임을 달성한 박원순 서울시장의 시기였다. 국토법에 의거 서울 도시 기본 계획은 5년마다 재정비된다. 박 전 시장은 이에 따라 2014년 도시 기본 계획이자 서울시 최상위 계획인 〈서울플랜 2030〉을 공개했는데 여기에 이른바 '35층 룰'이 있었다. 일반 주거 지역 내 최고 층수를 35층으로 제한하는 게 골자다. 49층을 가정하고 세운 추진위의 정비 계획이 번번이 도계위를 넘지 못하고 내분으로 이어졌던 이유 중 하나다.

49층의 꿈은 오세훈 시장 당선 이후 다시 꿈틀대고 있다. 오 시장이 박 전 시장의 〈서울플랜 2030〉을 〈2040 서울 도시기본계획〉으로 갱신하면서다. 계획에는 다양한 내용이 담겨있지만, 일반 주거 지역 내 최고 층수 35층 제한을 폐지한 부분이 가장 주목받았다. 대신 연면적과 용적률은 기존처럼 유지해 건물을 높이 올릴수록 얇아지도록 했다. 그렇게 되면 조망을 확보할 수 있는 공간을 의미하는 '통경축'이 더 많이 확보된다는 취지다.

흥미로운 건 층수 제한을 35층으로 제한한 박 전 시장의 논리와 35층 룰을 폐기한 오 시장의 논리가 둘 다 '스카이라인 다양화'로 같다는 점이다. 박 전 시장은 서울의 사대문 안의 내사산內四山이라 불리는 낙산(동), 인왕산(서), 남산(남), 북악산(북) 중 가장 낮은 125미터의 낙산 고도를 기준으로 서울 경관을 살리고자 했다. 아파트 35층의 높이가 대략 100~120미터에 달해 규제 근거로 35층 룰이 마련됐다. 오 시장은 일괄적인 높이 규제가 이른바 '성냥갑 아파트'를 양산한다고 보고 규제를 풀어 건물 높이가 다양한 서울 경관을 만들고자 한다. 두 시장이 생각하는 서울시의 다양한 스카이라인은 머릿속으로 그려봐도 꽤 다르다.

두 도시 계획은 "서울의 높이는 무엇을 위한 것인가?" 란 질문을 던진다. 박 전 시장은 '미래 세대와 서울 시민 전체' 라고 답한다. 35층 룰에 이목이 집중됐지만 그의 〈서울플랜 2030〉은 서울 전체를 지리적·문화적·역사적 관점으로 해석하며 후대로 보존할 수 있는 것을 최대한 남기고자 했다. 내사산을 중심으로 역사 자원과 자연 조경을 중시한 이유다. 그는 적절한 도시의 높이와 자연 경관으로 역사적·지리적 특성이 드러나는 도시 공간 구조를 지키는 것이 곧 서울의 경쟁력이라고 판단했다.

반면 오 시장은 서울의 높이가 '도시 경쟁력과 시민들의 삶의 질'을 위한 것이라 말한다. 굵직하게 발표하는 랜드마크 계획과 여의도·용산의 도시 계획에서 알 수 있듯이, 그의 〈2040 서울도시기본계획〉은 높은 밀도의 도시 환경과 경제적 효율성, 다양한 주택 공급이 서울에 필요하다고 역설한다. 노후화된 도심을 정비하고 유휴 공간을 개발하여 주거의 질을 향상하고 업무 중심성을 강화하는 것, 기술 혁신 등을 통해 도시 경쟁력을 높이는 게 그의 도시 철학이다. 무엇이 올바른 방향인지 판단하는 것은 시민의 몫이다.

이처럼 은마아파트의 높이는 은마아파트만의 것이 아니다. 서울시의 도시 철학이 녹아든 문제다. 아무리 35층 룰이 폐지됐다고 해도 서울시가 넙죽 49층 계획을 허가해 주는 것은 아니다. 도시 경관과 스카이라인 등 전체적인 그림에 맞지 않으면 허가는 요원하다. 공정한 업무와 합리적 행정을 제1원칙으로 삼는 행정 기관으로서의 특성도 있기에, 형평성 문제도 불거질 수 있다. 은마아파트는 허가하고 다른 단지는 불허하는 것은 사리에 맞지 않기 때문이다. 어떤 아파트라도 49층의 꿈을 꾸려면 아파트 소유자들의 재산권과 수익성 문제를 넘어서는 사고가 필요하다.

시공사 간택전

은마아파트 재건축은 이제 시작이다. 새로운 계획으로 재심의를 받든 현재 계획에서 만족하든 지금까지 아직 첫 삽도 뜨지 못했다. 인허가를 마무리 짓고 추진위가 조합이 되면 또 다른 치열한 전투가 기다리고 있다. 민간 진영 내분의 1등 공신, '시공사 간택전'이다. 도시 계획이 만인의 정치임이 여기서 극단적으로 드러난다.

시공사 선정엔 생각보다 많은 것이 걸렸다. 어떤 건설사에 시공을 맡기는지에 따라 단지의 이름이 결정된다. 현대건설의 힐스테이트와 디에이치, DL E&C(구 대림산업)의 아크로와 e편한세상, 삼성물산의 래미안, 대우건설의 푸르지오 등등 아파트 브랜드는 건설사를 따른다. 아파트를 분양받을 때 건물을 누가 설계했는지는 대부분 관심 두지 않지만, 아파트 브랜드만큼은 따지고 또 따진다. 시공사 선정은 즉 아파트의 가치와 브랜드를 결정짓는 문제다.

바로 이때, 민간 진영의 또 다른 플레이어인 건설사들의 게임이 시작된다. 조합으로부터 선택받기 위해 치열한 구애의 열전을 펼치는 것이다. 지방의 애매한 사업장 열 개보다 서울 핵심 입지의 한두 개 사업장에 자신의 상표를 거는 것이 훨씬 유의미하게 브랜드 파워를 증명하는 길이다. 고급 아파트를 위한 높은 공사비가 고스란히 매출 실적으로 연결되는 건 덤이다. 그렇기에 건설사들은 다양한 혜택과 파격적인 설계·지원책을 제시하며 타 건설사와 경쟁한다. 최고급 인테리어 무상 제공, 조합원의 이사비·이주비 무이자 지원, 특화 조경, 인피티니 풀Infinity Pool을 포함한 최고급 커뮤니티 시설, 단지 상업 시설로 백화점 유치 등 열거도 어렵다.

그렇다면 재건축이 건설사에 오로지 이득이기만 할까? 과도한 경쟁으로 따낸 무리한 조건의 재개발·재건축 시공권은 '독이 든 성배'일 수 있다. 도급 계약부터 단지가 준공될 때까지 짧게는 2년에서 길게는 4~5년이 걸린다. 그 시간 동안 대내외적 조건과 국내 경제 상황, 주택 가격, 건설사의 재무

상태는 변한다. 사업 초기에 합의했던 약속과 계약이 반드시 지켜지리란 보장은 없다. 특히 러시아-우크라이나 전쟁 같은 특수한 사건들은 세계적인 원자재 비용 급등을 유발했고, 조합-시공사 사이의 분쟁으로 귀결되고 있다.

초기 시공 계약 금액을 초과하는 투입 공사비를 받아내기 위해 조합과 갈등을 빚는 일은 빈번하다. 분양이 완판되는 호황기라면 그래도 다행이지만, 미분양이 속출하고 신저가를 갱신하는 불황기라면 갈등은 더 첨예해진다. 못 받은 공사비를 받기 위해 법원에 소를 제기해도 결과를 장담할 순 없다. 승소하여 소송 가액, 즉 소로 얻어내려 한 액수를 전액 인정받아도 조합에 돈이 없다면 미분양 아파트를 떠안는 것밖에 되지 않는다. 돈만큼 치명적인 것은 언론의 보도다. 조합과의 공사비 갈등이 대대적으로 보도되면 브랜드 가치가 손상되고 다른 재건축 현장에서 수주가 어려워질 수도 있다.

억지스러운 이야기로 보인다면 오산이다. 조합과 건설사는 "서울을 대표하는 최고급 랜드마크 아파트 단지 준공"이라는 공동의 목표를 위한 동맹으로 원팀이 되어 움직이는 것처럼 보이지만, 사실 이 연합은 애초에 동상이몽인 경우가 많다. 재건축을 통해 돈 버는 방식이 다르기 때문이다. 시공사는 공사를 수행하며 공정 진행률에 따라 공사비를 받는다. 받은 공사비(매출)에서, 회사가 투입한 인건비와 원자잿값을 제외하면 영업 이익이 남는다. 반면 조합은 최종적으로 완성된 건물을 사용하거나 분양함으로써 이익을 얻는다. 아파트가 완성되어서 시장에서 거래가 될 때 혹은 준공 전에 조합원 입주권이 거래될 때가 이들의 순간이다. 정확히는 시장 가치가 정해질 때 재건축에 따른 이익을 실현하거나 평가받는다고 볼 수 있다. 이익을 취하는 방식과 시점의 차이는 시공사-조합 사이의 가장 큰 갈등 요인이다.

시공사는 계약과 설계 도면에 따라 건물을 준공시킬 의무만 있을 뿐, 준공 이후 발생하는 문제나 이슈에 대해서는 법적인 하자 보수를 제외하곤 책임지지 않는다. 예를 들어 5성급 호텔처럼 값비싼 대리석을 아파트 로비에 시공하는 것으로 조합과 건설사가 계약했다고 가정해 보자. 건설사는 대리석이 얼마나 미끄럽고 깨지기 쉬운지 알면서도 일단 계약대로 시공한다. 괜히 미리 문제를 제기하여 상대적으로 저렴한 바닥재로 바꿀 경우, 계약 단가가 낮아져 이익이 감소할 수 있기 때문이다. 심지어는 다른 현장에서 남은 대리석 자재를 소모할 좋은 기회라고 생각할 수도 있다. 즉, 건설사가 비용 절감이나 공사 기간 단축, 준공 이후 예상 문제점을 사전에 인지하더라도 이를 얼마든 모르는 체할 수 있다. 계약한 공사 원가가 줄어들거나 공사 기간이 바뀐다면 현장의 매출이나 이익에 타격이 간다. 무엇보다 건설사는 조합보다 공사 방식이나

공사 현장, 원가 관리에 대한 경험이 많고 전문성이 높으므로
유리한 고지를 점할 수 있다.

재건축이 동상이몽이 되는 또 다른 이유는 조합원과 조
합(조합장) 사이에 발생하는 괴리 때문이다. 재건축 조합은 주
식회사와 달리 대주주가 존재할 수 없고, 조합원이 한두 채의
아파트로 대부분 균일한 지분을 가지고 있다. 이익도, 비용도
조합원 전원이 균일하게 분담한다. 하지만 비리와 배임, 횡령
을 통한 이익은 특정 개인에게 사유화된다. 조합장에 대한 불
신이 쉽게 피어날 수 있는 구조다.

실제로 재건축의 수많은 업무에서 조합장과 대의원들
은 건설 회사와 기타 용역 회사와의 유착관계를 통해 횡령이
나 배임의 유혹에 쉽게 노출된다. 어차피 해야 할 업무라면 본
인 회사에 용역을 달라는 청탁부터, 공사 납품 업체 요청, 중
도금 대출 알선, 보존 등기 법무사 선정까지 그 범위는 실로
다양하다. 물론 주요 계약은 대의원회나 조합총회 등을 통해
투표로 결정되며, 대부분의 계약을 경쟁 입찰을 통해 선정하
게끔 서울시와 국토부에서 규정하고 있지만, 빈틈은 언제나
있기 마련이다. 재개발·재건축의 조합 비리가 뉴스와 언론에
보도되는 사이, 사업은 멈추고 조합원은 쪼개진다.

가령 10억 원이 적정 비용인 조경 공사에 대해 15억 원
짜리 계약서를 쓰고 실제 공사는 10억 원 수준에 맞게 진행한

다고 가정해 보자. 여기서 발생하는 5억 원의 차익은 조합장 등 해당 계약을 담당한 임원, 그리고 조경업체가 반씩 나눠 갖는다. 일반 조합원들은 건축·조경 전문가가 아니기에 아파트 조경이 10억 원짜리인지 15억 원짜리인지 알 길이 없다. 이미 업체와 누군가의 호주머니로 들어간 초과 공사 비용 5억 원은 5000명의 조합원이 10만 원씩 분담하게 된다. 부당하게 챙길 수 있는 2억 5000만 원의 이익이 공사마다 널린 것이다.

이처럼 누군가에게 무언갈 위임할 때 위임받은 대리인이 자신의 이익을 더 생각하게 되는 '본인-대리인 문제Principal-agent problem'는 재개발·재건축 현장의 고질병이다. 시공사 선정 이후엔 건설 회사가, 상존하는 조합 업무에 있어서는 담당 임원이 유사한 문제를 일으킬 수 있다. 이제 정비 구역 지정이 완료되어 시공사를 정해야 하는 은마아파트가 시공사 간택전을 성공적으로 치를 수 있을지가 관전 포인트다.

은마의 고삐를 조이는 것

은마는 과연 앞으로 나아갈 수 있을까? 시공사 선정 이외에도 은마아파트는 굵직한 전투를 앞두고 있다. 대표적으로 소송과 부동산 PF는 은마의 고삐를 쥘 수 있는 핵심 변수다. 이 재건축 전쟁의 새로운 플레이어들이 과연 추진위의 우군이 될까? 은마아파트의 남은 과제를 살펴보자.

먼저 소송전이다. 몇십 년 동안 사업이 추진되며 커진 내부의 파열음은 조합 설립을 앞두고 격화하고 있다. 돈이 모이는 곳에 사람이 모이고, 사람이 모이는 곳엔 갈등이 생기게 마련이니 예견된 잡음이라 하겠다. 돈의 액수가 적다고 갈등이 작은 건 아니지만, 거대한 돈이 오가는 재건축 판에서 사소하게 취급되는 갈등은 없다. 한 가구당 수십억에 달하는 아파트의 운명이 좌우되는 일이기에 재건축 사업이 구체화 될수록 내분은 늘어난다. 조합장과 대의원회를 구성하는 문제부터 시공사 선정, GTX-C의 은마아파트 지하 관통 이슈, 최고 층수와 임대 주택 비율 등 조합원이 다툴 일은 많다. 그럴수록 웃는 것은 법률 시장이다. 19세기 미국의 골드러시에서 금을 직접 캐는 광부보다, 곡괭이를 팔던 상인들이 더 큰 돈을 벌었던 사례가 겹쳐 보인다. 법률 시장은 갈등과 분쟁을 먹고 자란다.

법치주의 사회에서 갈등을 해결하는 방법은 두 가지뿐이다. 당사자 간의 적정한 합의가 도출되거나, 제삼자의 판정을 받거나. 후자가 우리가 흔히 아는 법원에 의한 판결과 조정이다. 법원을 좋아하는 사람은 없다. 소를 제기하고 법원에 출석하며, 증거 자료를 제출하는 법률 절차가 번거로운 것은 당연지사다. 양 당사자 모두에게 발생하는 법률 비용이 막대할 뿐더러 판결까지의 소요 시간도 길다. 그럼에도 본인의 이권을 지키기 위해, 혹은 당면한 문제를 공권력과 강제력으로 해결하기 위해 조합원은 기꺼이 법원의 문을 두드린다.

은마아파트에는 추진위 외에 이권 다툼으로 생긴 비상대책 위원회(비대위)가 둘이나 있다. 은마반상회와 은마소유주협회(은소협)가 그것이다. 이들은 위원장 부정 선거 및 비리 의혹, 입주자 회의 장악 등 그간 추진위의 의혹들을 지적하며 탄생했다. 수천억 원의 사업비 중 조합 업무 추진에 관련된 비용을 0.1퍼센트만 잡아도 수억 원을 가뿐히 넘는다. 일반적으로 정비 사업에 조합 운영비가 전체 사업비의 1퍼센트 내외인 것을 고려한다면, 왜 수많은 재건축·재개발 사업이 조합 내부 갈등과 임원들의 비리로 얼룩지는지 짐작할 수 있다.

소송전은 조합 내부에서만 일어나는 게 아니다. 행정 기관인 강남구청 및 서울시를 향하기도 한다. 행정 기관이 인허가를 접수하고 절차를 진행하는 과정에 소극적으로 임할 여지가 많기 때문이다. 추진위 내부에 갈등과 이견이 뻔히 보이는 상황에서, 특정 집단이 주도하는 재건축을 적극적으로 지원하면 반대편의 공격을 올곧이 받아내야 한다. 설상가상으로 구청장과 서울시장의 생각이 다르다면 더더욱 교착 상태가 길어진다. 이 과정에서 각종 보완 사항을 요구하는 행정 기관과 빠른 처리를 원하는 추진위 사이의 행정 소송이 발생한다.

이렇게 소송이 많다 보니 법무법인 대부분은 항상 정비 사업 전문 변호사들을 준비하고 있다. 심지어 먼저 조합 측에 연락해 대리인을 자처하기도 한다. 한 건의 소송을 잘 해결해 주면, 다른 비슷한 문제를 겪고 있는 조합이나 아파트 단지에서 연속적으로 수임할 수 있다. 개인 변호사들에게도 재건축·재개발과 같은 정비 사업은 본인의 법률 지식을 발휘하여 스타 변호사로 이름을 떨칠 좋은 기회다. 아무리 서울 변두리의 조그마한 아파트도 수억 원에 달하는 재산이다. 조합원과 비조합원, 조합은 수억 원짜리 재산을 지키기 위해 수백만 원의 착수금을 아쉬워하지 않는다. 더욱이 수백 세대 이상이 모여 사는 아파트는 각 소유자의 재산과 소득이 비슷한 편이라 일단 수임하기 시작하면 옆집, 아랫집, 건너 동까지 한 번에 줄줄이 묶어 소송에 착수할 수 있다. 좋게 보면 법조인들이 반사이익을 누리는 것이고 나쁘게 보면 사법 자원 낭비다.

하지만 소송전의 파고는 지금부터 이야기할 '진짜 돈'에 비하면 사소한 수준이다. 천문학적인 공사비만큼 큼직한 것이 또 남았다. 철거·이주 단계에서 지출되는 '이주비'다. 재건축을 시작하려면 기존 아파트를 철거해야 하니 주민들은 잠시 다른 곳으로 나가 있어야 하는데, 이때부터 본격적으로 많은 돈이 오고 간다. 조합원에게는 이사비와 함께 임시 거처를 마련하기 위한 보증금인 이주비가 지원된다. 이를 위한 대출을 한 세대당 평균 5억 원으로 잡고 조합원 중 절반인 2000 세대가 대출을 받는다고 가정해 보자. 전체 대출 규모는 1조 원을 넘어간다.

문제는 이 돈이 대치동이나 일원동 등 그 일대에 전세 보증금으로 사용되어 전셋값 상승의 요인이 될 수 있다는 점이다. 실제로 2012년 송파구 가락시영아파트(현 헬리오시티), 2021년 서초구 반포주공1단지와 같은 대단지 아파트의 철거·이주는 인근 지역의 임대 시세를 크게 흔들어놓았다. 수천억 원의 이주비 대출은 전세 보증금으로 사용됐고, 이 돈은 돌고 돌아 임대인의 새로운 부동산 투자 자금으로 사용되기도 했다. 지자체에서 이주와 철거 단계를 주의 깊게 살펴보는 이유다.

그렇다면 이 돈은 어떻게 마련될까? 조합은 해당 아파트를 가지고 있는 소유자들의 모임이다. 정비 사업은 조합원이 가진 '땅'을 기반으로 새로운 아파트를 짓는 것이다. 즉, 조합원들은 아파트(토지)를 가진 사람들이지, 현금을 가진 기업은 아니다. 강남 아파트를 가지고 있는 사람이라면 여유 자금이 어느 정도는 있겠지만, 그렇다 하더라도 재건축 사업비 전액을 조합원 출자로 진행할 수는 없다.

그래서 필요한 파트너가 건설사다. 정비 사업에서 시공사의 역할은 아파트를 건설하는 물리적인 일 뿐만이 아니다.

훌륭한 시공 능력만큼 정비 사업에 필요한 다양한 비용을 저렴하게 조달할 수 있는지가 중요하다. 많은 조합에서 1군 시공사와 사업을 하고자 하는 이유는 누구나 들으면 알 수 있는 브랜드를 통해 재산 가치를 최대화하고 싶은 점도 있지만, 1군 시공사의 신용도와 현금 동원력, 재무 상황을 활용해 이주비 대출을 포함한 다양한 금융 비용을 최소화하기 위함이다.

금융 기관을 통해 조달해야 하는 돈을 상세히 뜯어 보면 1조 원에 달하는 이주비에 더해 초기 사업 추진을 위한 설계·부대 용역비, 철거비, 세입자 이주 보상금, 일반 분양 전까지 필요한 건설 비용 등이 포함된다. 흔히 PF 대출이라 부르는 이 대출금은 해당 사업에 참여하는 건설 회사의 신용(연대 보증, 채무 인수, 책임 준공 등)에 직접적인 영향을 받는다. 신용도 좋은 건설 회사가 보증을 선다면, 조합은 그만큼 대출 이자를 줄임과 동시에 충분한 대출을 받을 수 있다. 반면 신용도 문제로 대출 금리가 0.5퍼센트포인트만 상승하더라도 조합원이 지출해야 하는 이자는 매년 수백억 원씩 상승한다.

부동산 호황기에 재건축 PF를 취급하는 은행과 금융 기관은 가만히 앉아서 돈을 긁어모았다. 높은 금리는 아니었지만, 안정적인 사업성과 낮은 위험성을 근거로 수천억 원에서 수조 원에 이르는 다량의 자금이 부동산으로 흘러 들어갔고 이자와 원금으로 회수됐다. 서울 내 주요 재건축 단지에서 대규모 미분양이 발생할 가능성은 없었고, 대출받은 조합원들이 입주를 포기하거나 시공사가 공사를 멈추는 것은 결코 상상할 수 없는 상황이었다. 건설사의 사업 담당 임원과 금융기관 PF팀은 수억 원에 달하는 성과급을 받았으며, 돈을 빌려주고 싶은 은행들은 건설사와 조합 앞에 번호표를 뽑고 줄을 설 정도였다.

하지만 영원히 오를 것 같았던 부동산 가격은 점차 거래가 줄어들더니 천장에 부딪혔다. 2021년 말과 2022년 초반, 산 정상에 올랐던 가격은 마침내 주저앉았다. 거래는 사라졌고 대구·울산으로 대표되는 지방 시장을 중심으로 미분양이 속출했다. 위기를 감지한 여의도 증권 업계는 거의 모든 부동산 대출과 금융 주선을 중단했고 은행은 시장에 풀린 부동산 대출을 회수하기 위해 안간힘을 썼다. 아파트 가격 하락은 분양 시장에 대한 냉각으로 번졌고, 입주 지연과 계약 해지 요청을 불러왔다. 지방의 미분양은 서울의 대형 단지까지 위협했고, 둔촌주공 재건축과 같은 우량한 사업에 대해서도 8000억 원의 조합 대출 회수를 단행했다. 축제가 끝났다.

10년 후의 은마

은마아파트는 어떤 모습으로, 어떤 브랜드로 재건축될까? 조합의 희망대로 49층 랜드마크 아파트로 재건축될 수 있을까?

재건축 과정에서 대출과 분양은 문제없이 진행될까? 이 모든 것은 언제 끝날까? 10년 뒤에는 재건축이 끝나있을지 아니면 조합 내분과 인허가에 발목 잡혀 여전히 현재 모습 그대로 남아있을지는 알 수 없는 일이다. 아마 서울시장이나 국토부 장관, 대통령도 단언할 수 없을 것이다. 하지만 20년간 추진해 온 역사와 기록, 현재 상황, 그리고 몇몇 가정을 섞으면 어느 정도 현실감 있는 소설을 써볼 수 있다. 미래를 상상해 보자.

먼저 49층은 가능해 보인다. 서울 도시 기본 계획이 갱신되면서 35층 규제는 없어졌다. 박원순 전 시장의 도시 계획을 지지했던 시민들에겐 뼈아픈 일이겠지만 이를 오세훈 시장만의 독단적 결정이라 보는 것도 경계해야 한다. 오 시장이 생각하는 도시에 대한 철학과 생각, 정책이 그를 시장으로 만든 것이고 그게 서울 시민들의 공감을 받은 것이기 때문이다. 고밀 도시, 직주 근접, 적극적인 정비 사업과 주택 공급은 오 시장 재임 이래 서울시의 흐름이다. 보존과 조화, 규제보다는 개발과 발전, 자율로 도시 계획의 방향이 바뀌고 있다. 그 대표적인 사례로 은마아파트 재건축의 계획 변경을 허가해줄 가능성을 충분히 생각할 수 있다.

어떤 건설사가 은마아파트 재건축을 하게 될지는 단정하기 어렵다. 러시아-우크라이나 전쟁으로 본격화된 경기 침체와 부동산 가격의 불안정은 건설비 상승과 함께 큰 불안 요소기 때문이다. 대치동과 같은 핵심 입지의 재건축이라 해도 미분양 리스크와 그에 따른 공사 비용 손실 등이 상당해 어떤 건설사도 참가를 결심하기 쉽지 않다. 그러나 지금보다 경제의 불확실성이 줄어들고 부동산 가격 변동이 어느 정도 진정된다면 상황은 급변할 것이다. 은마아파트급의 강남 대규모 단지는 시공사가 원하는 가장 대표적인 수주 사업이기 때문이다. 다만 국제 정세와 거시 환경은 기업이나 조합이 관리할 수 없는 문제이며 때를 기다려야 한다. 그보다 중요한 사항은 지금보다 부동산·건설 시장이 개선되어 사업이 본궤도에 올라오는 시점에 이를 내부에서 힘있게 추진할 수 있을 것이냐다. 진짜 문제는 조합 외부보단 내부에 있다.

정비 사업이 오래 걸리는 가장 큰 까닭은 결정권자가 결단을 내려야 할 때, 결정하지 못하고 판단을 미루기 때문이다. 농구나 축구를 생각해 보자. 최고의 퍼포먼스를 내는 팀은 한 선수가 공을 혼자 가지고 있지 않는다. 끊임없이 공을 패스하며 그사이 다음 전략을 준비하기 위해 달려간다. 사업도 마찬가지다. 본인이 해야 할 일을 끝내면 그 즉시 다음 플레이어에게 패를 넘겨 인허가를 받고, 공사를 준비해야 한다. 공을 전달받은 사람이 결정을 못 하거나 안 하고 시간을 허비하게 되면 다음 단계와 결정이 연달아서 지연되고, 마지막에 이르러서는 처음 허비한 시간의 몇 배에 달하는 시간이 흘러가 버린다. 다수가 함께하는 정비 사업은 주요한 사항을 조합총회나 대의원회 승인받아야 하지만, 이 회의를 소집하는데 최소 일주일 길게는 한 달 이상이 걸리게 되고, 그때도 안건이 100퍼센트 통과되리란 보장은 없다.

예를 들어 49층 설계 변경을 몇 달에 걸친 회의와 조합총회 끝에 통과시켜서 강남구청에 안건을 접수했다고 가정해보자. 조합의 염원과 다르게 강남구청이 여러 이유를 들어 49층이 아닌 46층을 요구한다면 어떻게 해야 할까? 조합장이 임의로 '이 정도면 조합원들도 동의할 겁니다'라고 말하며 46층으로 빨리 통과시켜 달라고 해야 할까. 혹은 '49층이 아니면 절대 안 됩니다, 결코 물러설 수 없습니다' 하면서 강경하게 나서야 할까. 이도 저도 아니라면 대의원과 조합원을 소집해 상황을 설명한 후 안건에 대해 투표해야 할지도 모른다. 그리고 그전까지 49층 계획을 46층으로 변경하는 건축 설계를 다시 해야 한다. 협상과 타협의 연속인 인허가에서 내부의 의견 통일과 빠른 의사 결정은 파워 게임의 가장 큰 강점이다. 4500여 명의 서로 다른 개인들로 구성된 조합은 이 무기를 쥘 수 없다.

"내 집은 어디 안간다." 이 문장은 조합원에게 가장 안정감을 주는 문장일 것이다. 어떻게 지지고 볶더라도 대한민국에서 강남 아파트를 강제로 빼앗을 수 있는 경우는 거의 없다. 고율의 세금을 부과하고 재건축을 지연시키거나 심지어는 무산시킬 수는 있어도, 소유권을 강제로 이전하진 못한다. 진보에서 보수로, 보수에서 다시 진보로 정권은 계속 바뀔 수 있고 그때그때 부동산값은 요동치겠지만 내 이름으로 되어있는 아파트는 든든한 보호막이 된다.

하지만 그 보호막은 깊은 참호와 같다. 깊고 넓은 참호는 적군이 내 영토를 침범하지 못하게끔 지켜주지만, 자신이 그 참호를 넘어가기 위해서도 큰 용기와 결단이 필요하다. 인허가가 통과되든 안 되든, 사업이 언제 삽을 뜨든 '내 집 어디 안 간다'라는 명제는 변함이 없다. 실제로 재건축 현장에선 최선의 결과가 아니면 받아들일 수 없다는 생각으로 사업 진행이 차일피일 늦어지는 게 다반사다. 정치인도 정해진 임기가 있고, 시공사 임원들도 매년 성과를 증명해야 하지만 소유권은 만기가 없으며, 조합원도 지정된 해촉 일자가 없다. 10년은 절대 짧지 않은 시간이지만, 재건축이 완성되기 넉넉한 시간이 아니다. 은마는 과연 100년 후의 강남에 남루하게 남겨진 이권 다툼의 상징물이 될 것인가, 10년 후 새로운 강남의 랜드마크가 될 것인가. 이 답은 소유자들의 의지에 달렸다.

4

신도시를 향한
정부의 대개척 시대

정부의 빅 픽처

"말을 키우려면 제주로 보내고 사람을 키우려면 서울로 보내라"라는 말이 있다. 정치와 경제, 문화, 기술, 자본까지. 모든 것은 서울로 모여들고 집중된다. 서울은 명실상부 대한민국의 수도이자 모든 것의 중심지다. 그간 대한민국의 성장은 서울의 성장과 동의어였다. 성장을 위한 기업, 높은 임금을 위한 근로자, 더 나은 교육을 위한 학생, 상급 병원의 진료를 찾는 환자들까지, 밀려드는 사람들로 서울은 항상 비싼 주거 비용과 집값에 시달린다. 30년 전에도 집은 부족하고 비쌌으며, 지금도 여전하다. 정부는 서울에 집중된 인구와 기업, 시설들을 분산시킴과 동시에 만성적인 주택 부족을 해결할 목적으로 획기적인 방법을 고민할 수밖에 없었다. 새로운 도시, 신도시다.

오랜 기간 국가의 수도였던 서울을 통째로 갈아엎는 것은 힘든 일이다. 좁고 빽빽한 이 도시를 물리적으로 뜯어고치는 건 엄청난 비용이 들뿐만 아니라 다양한 사회적 갈등을 유발하고, 장시간이 소요되는 일이다. 서울은 해방 전부터 수십 년 혹은 수백 년의 이해관계가 얽혀있다. 소유권이 복잡할 뿐 아니라 임대차, 영업 보상, 지적 불일치, 문화재 조사 등 어려운 문제들이 수없이 산적해 있다. 어떤 단어들인지 몰라도 좋다. 각각을 해결하는 데 엄청난 시간과 비용이 든다는 것이 중요하다. 다 차치하더라도 땅값이 너무 비싸다. 임기 중에 성과를 내서 다음 선거 때 재신임을 받아야 하는 민주주의 정치에서 십여 년에 걸쳐 고작 수천 세대가 증가하는 재개발은 시쳇말로 "가성비 떨어지는 일"이다.

그렇기에 정부는 값비싸고, 보는 눈이 많은 서울을 벗어나 경기도 논밭을 새로운 도시로 만들 계획을 세운다. 금을 찾아 서부 개척을 시도한 미국 이민자들과 같이, 정부는 도시가 될만한 땅을 수용하며 경기도를 개척해 나갔다. 그렇게 진행된 것이 80년대 후반 1기 신도시 다섯 개, 2000년대 초반 2기 신도시 13개, 그리고 2018년 발표된 3기 신도시 다섯 개다. 계획은 현재 진행형이다.

큰 사업엔 큰 비용이 든다. 그리고 강렬한 빛 뒤로는 그만큼 어두운 그림자가 진다. 신도시 사업은 늘 숱한 파열음과 논란을 동반했고, 개인적 이해득실에 따른 거래가 오갔다. 도시 계획과 기본 구상, 세부 설계, 토지 보상, 완성된 신도시를 다시 분양하는 단계까지 신도시가 만들어지는 십여 년의 시간에 조용한 날은 없었다. 하얀 도화지에 쭉쭉 선을 긋고 색칠해 저렴한 주택과 기반 시설을 공급하고 자급자족 도시를 만들겠다는 정부의 계획은 내·외부로부터 공격의 대상이 됐다. 어떤 계획은 추진 주체 내부의 비리로, 또 다른 건은 토지 수용 절차와 정당성에 대한 문제로 흔들렸다.

발표 직후보단 조용해졌지만, 간간이 언론을 통해 3기 신도시 소식이 들린다. 예상보다 계획이 많이 늦어져 최소 2년에서 많게는 5년 이상 입주가 늦어질 거란 소식도 있고, 여전히 많은 토지 보상이 이루어지지 않고 있다는 점도 이야기된다. 물론 빠르게 진행되는 곳도 있다. 하남 교산, 고양 창릉 등이 그렇다. 하지만 대부분 지역에서 실제 입주는 요원하다. 2021년 8월 첫 사전 청약을 시작으로 2023년 3월까지 약 네 차례 사전 청약을 진행하고 있지만, 토지 소유자들 사이에선 반대 목소리가 여전히 불거진다. 무엇이 그들을 그렇게 화나게 했을까. 신도시 계획의 구조를 따라가다 보면 왜 신도시 정책이 발표될 때마다 '결사반대', '백지화', '무효' 등이 적힌 피켓을 들고 시위하는지 알 수 있다.

개척의 신호탄

계획은 위에서부터 내려온다. 전쟁을 결정하는 게 국가 원수이듯 이 계획은 실무진의 아이디어가 아닌 정치인의 구상에서 출발한다. 담당 부처는 선전 포고를 앞두고 분주하다. 1기 신도시부터 3기까지 여러 정부를 거치면서 국토건설부에서 국토해양부로, 다시 국토교통부로 이름과 업무 범위는 조금씩 바뀌었지만 언제나 이들이 신도시의 작전 사령부였다. 대규모 전투를 앞두고 뚜렷한 명분도 필수다. 재건축에서 '건축물 안전 진단'이 그랬듯 신도시에선 집값을 안정화하기 위한 대규모 주택 공급이라든지, 과밀화된 서울의 인구 분산 대책이라든지 하는 확고한 이유가 필요하다. 신도시는 그야말로 정부의 '궁극기'에 가깝기 때문이다.

준비가 끝나면 드디어 개척의 신호탄이 오른다. 신도시 계획의 발표는 최소한 국토부 장관이나 국무총리, 시기와 상황에 따라서는 대통령이 직접 기자들 앞에 설 정도의 중대한 사안이다. 십여 년에 걸쳐 수백만 평의 새로운 도시들을 만들어 내겠다는 발표가 전국에 선포된다. 광활한 토지를 수용해 기반 시설을 조성하고 수만 명이 사는 주거 단지를 계획하며 철도와 도로를 놓아 서울로 연결하는 작업이 시작되는 것이다. 이 모든 것을 가능케 하는 정부의 무기는 바로 인허가권과 토지 수용권이다. 30년 전부터 주택 문제가 심각해질 때마다 정부가 주택 공급을 위해 꺼내든 무기다.

정부군의 신호탄에 덩달아 호각을 울리는 건 지자체들이다. 지자체들이 1기 신도시 때부터 적극적인 역할을 한 건 아니다. 당시엔 지방 자치 제도 자체가 확립되지 않아, 지자체가 어떤 역할을 해야 하는지 모두가 모르는 상황이었다. 하지만 1기 신도시가 조성되고 도시가 성장하는 과정에서 지자체들은 개척 시대의 새로운 플레이어로 떠오르게 된다.

지자체의 힘이 성장한 것은 인구의 변화로도 알 수 있

신도시 계획 전후 전국 · 서울 · 경기도의 인구 변화 추이

	1980년	1990년	2000년	2010년	2020년
전국	37,436,315	43,410,899	46,136,101	48,580,293	51,829,023
증감률(5년)	-	16.0%	6.3%	5.3%	6.7%
서울시	8,364,379	10,612,577	9,895,217	9,794,304	9,668,465
증감률(5년)	-	26.9%	-6.8%	-1.0%	-1.3%
경기도	3,703,761	6,050,943	8,984,134	11,379,459	13,427,014
증감률(5년)	-	63.4%	48.5%	26.7%	18.0%
서울시+경기도	12,068,140	16,663,520	18,879,351	21,173,763	23,095,479
증감률(5년)		38.08%	13.30%	12.15%	9.08%

* 출처: 국가통계포털, 단위: 명

다. 사는 사람이 많아지면 목소리가 커지게 마련이다. 1기 신도시가 추진되기 전인 1980년 경기도 인구는 고작 370만 명에 지나지 않았지만 1기 신도시가 완성된 2000년엔 그 인구가 900만 명으로 약 2.4배 늘었다. 2010년도에 들어서면 경기도의 인구는 서울을 넘어서게 된다. 2023년 5월, 경기도 인구는 1400만 명을 돌파했다. 그만큼 많은 목소리와 민심, 세금, 행정력이 경기도의 지자체에 실리게 된 것이다.

경기도와 달리 서울의 인구는 1990년 1000만 명에 도달한 이후, 꾸준히 감소하고 있다. 사실 1000만 인구 서울은 90년도 이후 존재한 적이 없다. 그렇다면 서울 공화국이 저물어가는 것일까? 전혀 그렇지 않다. 서울시 자체의 인구수는 감소할지라도 서울의 인프라와 경제력, 일자리, 교육을 누리기 위해 모여드는 수도권 인구는 전혀 감소하지 않았다. 경기도가 서울 인구를 추월한 지 20년이 되어가지만, 경기도의 높은 인구 증가율은 서울에서 생존하기 위한 혹은 서울에서 멀어지지 않기 위한 시민들의 몸부림이었다. 화성 동탄 신도시와 삼성전자 평택 사업장 등의 예외적인 사례를 제외하면 경기도 신도시는 결국 서울에 종속될 수밖에 없다는 태생적 한계를 갖는다.

그럼에도 정부의 개척은 계속된다. 더 많은 도시가 경기도에 만들어지고 시민이 이주하면서 군수는 시장이 되었고, 이장은 시·도의원이 되었다. 개척과 토벌의 끝에 이들에게 돌아갈 영광도 커졌다. 정부에서 일방적으로 내려준 계획대로 도시를 만들던 지자체들은 이제 본인들의 고유한 개발 사업을 수행하고 계획을 수립한다. 이를 위한 준비 단계로 지자체 산하에 출연 연구원(경기연구원 등)을 두고 지자체만의 도시 개발 공사(경기주택도시공사, 성남도시개발공사 등)를 설립한다. 국토부의 지시나 요청에 좌우되는 게 아니라 지역의 필요에 맞는 개발 사업이나 도시 계획을 진행할 수 있게 됐기 때문이다. 3기 신도시에도 지자체의 손과 발이 될 조직이 이미 갖춰져 있는 상태다.

LH와 사공들

중앙이냐 지방이냐의 차이는 있지만 결국 국토교통부나 지자체는 행정 기관이다. 기업이나 회사가 아니다. 기자들 앞에서 브리핑하거나 대국민 담화를 하기엔 적절할지 몰라도, 땅 주인과 협상하고 보상비를 집행하며, 건설 회사와 계약하는 실질적 전투를 치르기엔 그림이 적절하지 않다. 계획을 집행하는 공기업을 세우는 이유는 이 때문이다. 국가는 이 공기업을 선봉에 세워 업무를 지시하고 정책을 실현한다. 그게 국토교통부 산하의 LH공사, 지자체가 설립한 개발 공사들이다.

LH공사의 전신은 대한주택공사와 한국토지공사다. 전자는 70~80년대 국민을 위한 아파트를 건설하는 곳이었고 후자는 주택 용지를 개발·공급하는 곳이었다. 서로 다른 역할을 하며 나뉘어 있던 두 기업은 2003년 LH공사로 통합됐다. 그때나 지금이나 회사의 이름만 바뀌었을 뿐 하는 일은 같다. 국토부의 지시에 따라 신도시를 만든 후 민간 회사에 주택 용지를 공급하는 일이다.

LH의 일은 국토교통부가 계획 발표보다 먼저 시작된

다. 경기도 곳곳에 신도시가 될만한 부지들을 사전 검토하는 것을 포함하여, 신도시의 세부 설계로 개척을 구체화하는 것은 물론 토지주들을 만나 토지를 수용하고 보상하는 절차까지 도맡는다. 보상이 마무리되면 국토부에서는 실시 계획을 인가한다. 이때부터 본격적으로 LH는 토목·건설 회사를 불러 도시를 조성한다. 중앙 정부가 계획과 인허가를 담당하는 브레인이라면 LH나 지자체의 개발 공사는 손발인 셈이다. 우두머리보다 행동 대장이 무섭듯 세부 설계와 땅에 관한 시시비비를 맡는 이들은 신도시 개발에서 지대한 역할을 수행한다.

그렇다면 이 회사에는 누가 있을까? LH는 공기업이지만 사장과 임원, 부장부터 사원까지 민간 기업과 비슷한 형태의 조직도를 가진다. 약 9000명의 임직원들이 속해있는 LH에는 각각 다른 업무를 수행하는 다양한 부서와 팀이 있고 내부 연구 조직도 갖추고 있다. 그러나 국가와 정부가 해야 할 일을 대신 수행하는 공기업이기에 국토부 장관의 추천과 입김으로 사장이 선출되고 해임된다는 점이 다르다. 국토부가 원하는 일을 성공적으로 완수하는 사장은 더 높은 자리로 올라갈 기회를 얻으며, 회사에서 중대한 문제가 생기면 사장이 해임된다. 이 구도는 LH와 국토부 관계뿐 아니라 SH와 서울시, 각 지자체 개발 공사와 지자체 사이에도 똑같이 적용된다.

같은 시스템으로 움직이고 이해관계를 공유하니 어쩌면 당연한 일이다. LH 사장에서 국토부 장관으로, SH 사장에서 서울시장으로 영전하기 위해 이들의 계획은 한층 더 과감해진다.

하지만 과감한 사업을 할 수 없는 태초의 한계가 공기업에는 동시에 존재한다. 공기업은 법률에 근거해 세금으로 설립됐고 업무의 범위가 규정에 따라 명확하게 정해져 있다. 돈이 된다면 주주의 이익을 위하여 이것저것 다 할 수 있는 민간 기업과 달리, 공기업은 할 수 있는 일이 법으로 정해져 있다. 기업 운영 대부분이 지자체·중앙 정부의 지시로 진행되기 때문에 직원들은 비교적 책임에서 자유롭다. 직원의 중대한 비리나 과실이 없으면 정년이 보장되고, 경영상의 이유로 해고되거나 회사가 파산하는 일도 극히 드무니 소위 말하는 '철밥통'이라 하겠다. 이는 직원들의 동기와 능률을 낮추고 책임감을 분산시키는 여파를 낳는다. 국가를 등에 업고 강력한 권한을 휘두르지만, 조직 문화와 인사 시스템이 초래하는 비효율, 정해진 일만 할 수 있는 수동적인 업무 범위, 정부에서 내려오는 낙하산 사장은 공기업 특유의 문화를 만든다.

무엇보다 LH 등 개발 공사는 그들이 상대하는 토지 소유자뿐만 아니라 국민적으로도 쉽게 지탄받는다. 공기업 중 최대 규모의 부채 때문이다. 공익을 위해 국가에 의해 설립된 기업이기에 국정 감사나 청문회, 각종 언론 보도 등을 피할 수 없다. 기업의 부채와 재무제표, 영업 손실 등이 꾸준히 문제로 제기되면서 이들은 경영 효율화를 요구받는다. 방만 경영과 비리, 갑질 관행 역시 국감에서 꾸준히 지적되는 문제 중 하나다.

물론 안정적인 공기업이라는 이유로 발생하는 비효율적인 경영이나, 무리한 사업 확장으로 과도한 빚이 쌓이는 건 분명 문제다. 하지만 이들의 부채가 무작정 부실 경영의 탓은 아니다. 수십만 가구가 생활할 도시를 조성하는 과정에서 수천억의 부채와 채무는 필연적으로 발생한다. 공기업이 진행하는 사업의 많은 부분은 사실 국가가 해야 할 일을 기업의 이름으로 대신하는 것이다. 복지엔 당연지사 돈이 들고, 주거 복지는 달성하기에 가장 비싼 과제다. 국가가 부담해야할, 즉 국민의 세금이 투입되어야 할 빚을 대신 짊어진 게 LH고 SH다. 이들이 빚을 떠안고 있지 않으면 주거 안정을 위한 복지의 구상도, 어떤 신도시도 운을 뗄 수 없다.

공기업의 특수성에 더해 늘어나는 사공들도 문제로 지적된다. 개발 정보는 더 많은 사람의 손을 탈수록 유출 가능성이 커진다. 국토부에서 소수의 인원만 해당 정보를 가지고 있다 하더라도, LH와 협업하는 과정, 다시 설계 사무소나 엔지니어링사로 도면 작업이나 정보 조사 용역이 발주되는 과정에서 더 많은 사람에게 정보가 공유된다. 각종 자문 위원회나 심의 위원에게 계획을 검토받는 절차도 있어 정보가 새어 나갈 구석이 많다. 계획에 참여하는 사람들에게 비밀 유지 서약서나 보안 각서를 쓰지만, 최초 구상부터 계획이 전 국민에게 공표되기까지 수능 출제 위원처럼 마냥 가둬놓을 수는 없는 노릇이다.

오히려 1970~1980년대 권위주의 통치가 이루어지던 시절은 정보 유출의 우려가 적었다. 소수의 계획자와 정치인만이 정보를 독점했고 빠르고 신속한 하향식 지시로 개발이 진행됐기 때문이다. 사전에 정보가 외부로 유출되어 투기꾼이 몰려들거나 언론에 대서특필되는 일은 거의 없었다. 당연하게도 민주적 절차나 형평성, 사업 대상지의 현황은 무시됐다. 그림을 그리는 대로 도시를 만들 수 있었기 때문에, 민주적 절차와 정보 공유는 나중 일이었고 오직 계획의 목표 달성에만 집중하면 됐다.

천문학적인 돈이 오가는 사업이다 보니 어느 쪽으로든 문제가 터져 나오지만 늘어나는 사공에 의한 정보 유출, 그리고 LH 직원들의 투기 사건을 보노라면 차라리 신도시 계획만큼은 권위주의 시절에 준하는 행정력이 필요한 게 아닌가 착시가 일어날 정도다. 주거 복지를 달성하려면 추진력이 필요하고, 공기업 특유의 책임감 결여를 방지하려면 구조 개혁만한 게 없기 때문이다. 하지만 그때든 지금이든 실무진을 비롯한 몇몇 내부자들이 개발 정보와 도시 계획을 활용해 차명 재산을 축적하는 사례는 존재했다. 사회적 비용은 모두가 부담하고, 개발 이익은 소수의 개인이 혼자 얻게 되는 문제는 예나 지금이나 마찬가지다.

　도시 계획의 본질을 떠올려 보자. 국민이 피와 땀으로 일구어낸 사유 재산을 국가가 통제하는 과정이다. 대규모 토지를 수용해야 하는 신도시에서는 더더욱 그렇다. 30~40년 전처럼 국가와 정부가 선을 긋는 대로 개인의 사유 재산을 무조건 수용하며 굴착기와 불도저를 앞세워 도시를 만들 수 있는 시절은 지났다. 밀실에서 소수가 임의대로 도시 계획을 세우는 방식은 아무리 그들이 공익을 위해 투철한 사명감에 가득 찼다고 해도 정당화될 수 없다. 오히려 민주적이고 개방적인 절차를 통해 전 과정의 정보가 투명하게 공유되어야 한다. 그 과정에서 정보를 활용한 투기를 방지하고 토지비 상승을 억제하는 구조적인 방법을 찾아내는 게 도시 계획가와 행정 기관, 입법부가 해결해야 할 과제다.

수용과 보상의 줄다리기

본격적인 개척 시나리오와 현장의 전투를 살펴보자. 신도시의 목적은 싸고 빠르게 대량의 주택을 공급하는 것이다. 높은 수준의 공원과 녹지, 대중교통 편의성은 부가적 요소일 뿐이다. 국토부는 계획을 세울 때부터 비용 절감과 사업 기간 단축을 위해 기존 시가지와 같이 비싼 보상비와 토지비를 지급해야 하는 지역을 의도적으로 배제하며 신도시를 계획한다. 논과 밭, 과수원, 창고 등이 위치한 평야를 중심으로 신도시가 설계되는 까닭이다.

30년 전 진행된 1기 신도시부터 현재 진행 중인 3기 신도시까지, 모든 신도시는 토지를 전면적으로 확보해야만 사업이 진행될 수 있게끔 기획된다. 전체 구역 중에서 일부가 반대한다고 해서 그 구역을 빼거나 제외한 채로 구멍 난 신도시를 만들 수는 없는 노릇이다. 마찬가지로 땅 주인이 팔기 싫다고, 계속 농사를 짓거나 기존 주택에서 살고 싶다고 해서 소수를 무한정 배려하는 것 또한 불가능하다. 국가가 그린 큰 그림 속에 포함된다면 법적으로 무조건 따를 수밖에 없다. 언제 수용되느냐, 보상금을 얼마나 받느냐의 소소한 차이만 있을 뿐이다.

무리한 일처럼 보이지만 신도시는 엄연히 주택을 공급하기 위한 공익 사업이다. 게다가 수용에 대한 정당한 보상은 헌법 제23조에도 원칙으로서 정의돼 있다. 공익 사업을 위한 사유 재산의 침해는 반드시 법률에 따라야 하며, 보상 금액도 최대한 합리적이고 공정하게 산정한다. 법에 따라 공정한 보상을 받는데 왜 수용 과정에서 잡음이 날까? '(미래)개발 이익에 의한 시세 차익'은 보상 금액에서 배제되기 때문이다. 즉, 신도시 계획이 발표됨으로써 발생하는 토지 가격의 상승은 배제하고, 그 전에 거래되는 가격을 기준으로 보상하는 게 제1원칙이다.

국가에선 신도시 계획이 발표되는 시점을 기준으로 해당 지역을 토지 거래 허가 구역으로 전면 지정한다. 거래를 허가한다는 뜻이 아니라 거래를 하려면 허가를 받아야 한다는 뜻이다. 사망이나 이민 등 아주 특별한 사유를 제외하고는 소유권 이전을 금지해, 신도시 계획 발표에 따른 투기를 막고, 토지 가격을 통제하려는 것으로, 건물의 신축 등도 금지된다. 땅값이 올라가면 국가는 비싼 돈을 치러가며 신도시를 조성해야 하고 이는 곧 세금 낭비가 되기 때문이다. 안 그래도 막대한 부채를 짊어지고 있는 LH에게는 민감한 문제다. 허가 구역이 지정되면 영업권이나 농작물 보상 등도 계산된다. 이를 정확히 계산하기 위해 국토부는 항공 사진이나 위성 사진, 현황 측량 등을 동원한다. 현황 측량은 말 그대로 지상 구조물이나 지형지물이 어디 있는지 현황을 측량하는 것인데, 핵심은 계획 발표 시점 전에 이뤄진 촬영 혹은 측량이어야 한다는 점이다. 발표 이후 추가된 물건들은 보상하지 않는다.

본격적인 갈등은 보상 단계에서 시작한다. 보상 금액과

방식은 신도시의 가장 큰 분쟁 요소다. 은마아파트에서 소유자들이 재건축이라는 공통적인 목표를 가지고 있는 것과 달리 신도시는 토지 소유자가 두 부류다. 시세 차익·보상금을 위해 땅을 산 투자자와 애초에 땅을 가지고 있던 원주민이다. 이들은 전혀 다른 목표를 가지고 있다. 투자자는 토지 수용을 통해 보상금을 받거나 적정한 타이밍에 더 비싼 가격에 땅을 팔아 이익을 챙기는 게 목적이다. 반면 원주민은 토지를 경작하고 지역에서 사업을 영위하기 위해 일차적으로 땅을 지키려 한다.

땅을 소유한 목적이 다르니 이해득실도 같을 수가 없다. 투자자는 신도시 계획이 속도감 있게 진행되어 보상금을 빠르게 받아 투자 이익을 회수하는 게 이득이다. 내가 받는 보상금이 투자 비용보다 크기만 하면 절반은 성공한 것이다. 반면 원주민들은 다른 곳에서 적절하게 거주할 수 있는 대체 부지를 받거나 생업을 이어갈 수 있는 부지를 확보하는 게 중요하다. 원주민 중 일부는 대체 부지와 보상 자체를 거부하며 현상 그대로 유지해 달라고 주장하기도 한다.

수천만 원에서 수십억 원의 돈이 걸려있으니 모두가 날카로워지는 건 당연지사다. 최소 수백 명에서 수천 명에 이르는 토지주와 세입자, 지역의 농민과 노동자 모두를 만족시키는 해답은 없다. 신도시 계획은 거대하고 획일적인 공공 사업이기에 개별 토지주 한 사람 한 사람의 이해관계와 득실을 따지지 않는다. 결국 국가와 공기업은 가장 빠르고 합리적인 방법으로 과거 신도시를 만들 때 사용한 법과 제도를 만지작거리게 된다. 정해진 법률과 규정에 따라 기계적으로 보상하고 수용하게 되는 것이다. 민간의 개발 사업은 인허가를 획득하기 전까지는 개별적인 협의·협상을 통해 토지주가 만족할 만한 가격을 제시해야 한다. 수용권을 통해 강제로 소유권을 이전하는 게 거의 불가능하기 때문이다. 그러나 공공에 의한 신도시 사업은 그럴 당위성도, 필요도 없다. 과거부터 지금까지 신도시와 택지 지구에서 잡음과 갈등이 멈추지 않는 가장 큰 이유다.

수용과 보상이 고된 힘겨루기가 된 이유에는 토지비 보상 원칙이 현실과 동떨어져 있기 때문이다. 일단 토지를 수용하는 과정에서는 개개인의 토지 소유권에 대한 보상과 땅과 관련된 영업권, 농작물, 시설물 등에 대한 보상이 각각 발생한다. 소유권에 대한 보상은 원칙적으로 개발 이익을 반영하지 않은 감정 평가액으로 치르는 것이 원칙이지만 현실적으로 개발 이익이 완전히 배제될 수는 없다. 강제로 대상지 전역의 땅을 사들여야 하는데, 일반적인 시세보다 조금이라도 비싸게 쳐줘야 그나마 일이 수월해지고 민원이 줄기 때문이다.

문제는 신도시 계획에 따른 토지 거래 제한 시점부터 토지 보상까지 최소 1년에서 많게는 3년 이상 시간이 걸리고, 그 사이 주변의 땅값은 더 많이 오른다는 점이다. 앞서 말한 개발 이익 즉 신도시 개발에 따른 토지 가격 상승분은 보상 금액에 포함되지 않는데, 신도시 인근의 이주할 만한 다른 지역은 해당 신도시 계획으로 이미 땅값이 올라가 있다. 시세 차익이 아닌 경작과 영업, 거주를 목적으로 하는 소유자들에겐 불리할 수밖에 없다.

한편 각종 암투와 눈속임도 횡행한다. 소유권 이외의 권리는 내부 기준에 따라 일괄적인 보상을 하는데 보상 업무를 잘 알고 있는 일부 LH 직원들이 이를 악용해 논란이 됐다. 내부 정보와 노하우를 이용해 개발 예정 구역에 땅을 차명으로 매입하는 것도 모자라 땅 위에 빽빽하게 나무 모종을 심어 놓거나, 텅 빈 비닐하우스를 몇 동씩 지어놓는 사례들이 발생한 것이다. 획일적인 영업 보상 제도를 사적으로 악용한 사례는 신도시 계획마다 터져 나오는 단골 비리다.

토건 세력의 정치학

토지 보상보다 국민의 이목을 끄는 것은 토건 비리다. 본격적으로 건설사가 신도시의 주택 용지에 입찰하고 분양받는 과정이 신도시의 2차전인데, 여기서 우리가 흔히 접하는 비리가 가장 많이 발생한다. 신도시는 그저 건설 회사의 축제인 걸까? 이를 방지하기 위한 제도적 노력은 없었나? 우리가 뉴스에서 접하는 비리 문제는 왜 생길까? 우리나라의 개척 시대를 톺아보면 그 미묘한 정치를 읽을 수 있다.

개척 시대의 MVP

신도시 계획을 세우고 실행하는 건 중앙 정부와 공공 기관의 역할이지만, 도시를 채워나가는 것은 민간 기업과 주민들이다. 해방 이후 우리나라는 민간 기업 중심의 주택 시장이 형성됐다. 주택 건설까지 국가가 할 역량과 자본이 없었기 때문에 몇몇 토목·건설 회사를 중심으로 많은 수의 주택이 공급됐다. 아파트가 본격적으로 도입된 70년대 이후, 지역을 불문하고 똑같은 형태의 아파트 단지가 복사되면서 대량의 주택이 찍혀 나왔다. 주택 보급률을 끌어올리기 위해 국가와 지자체들은 아파트를 지을 수 있는 땅인 주택 용지를 만들어 적절한 가격에 건설사에 매각했다. 주택 용지의 일부는 LH(당시는 대한주택공사)가 직접 시행해 서민을 위한 임대·분양 아파트를 만들기도 했지만, 대부분은 민간 건설사가 주택 사업의 주체였다.

　　LH가 직접 아파트를 짓지 않은 이유는 단순하다. 돈 때문이다. 신도시를 위해 토지를 수용하는 과정에서 이미 엄청난 자본이 투입된다. 100만 평의 땅을 한 평당 100만 원에 일괄적으로 매입한다고 해도 매입 비용만 1조 원이다. 도로와 상하수도, 전기 등의 기반 시설을 조성하는 비용까지 고려한다면 수천억 원이 추가된다. 신도시 조성은 수년에 걸쳐 여러 종류의 토목 사업이 동시에 진행되는 사업이다. 아무리 국가가 보증하는 공기업이라 할지라도 이 비용들이 막대한 부채임은 틀림없다.

그렇기에 LH는 신도시로 만들어질 땅을 민간에 선분양한다. 가령 토지를 수용하는 과정에서 주택 용지 20개를 각각 500억 원에 민간 건설사에 판다면 토지비 1조 원을 빠르게 회수할 수 있다. 아파트 선분양과 마찬가지로 토지의 선분양 또한 사업자의 금융 비용을 최소화하는 가장 좋은 방식이다.

신도시에서 민간 회사에 의해 주택 공급을 할 때는 크게 두 가지 특징이 있다. 첫 번째는 추첨을 통해 적격한 건설 회사에 해당 주택 용지(공공 택지)를 조성 원가 수준의 금액에 매각한다는 점이다. 경매처럼 가장 높은 금액을 제시한 회사에 파는 게 아니라 신도시를 조성하는 데 들어간 비용에 조금의 프리미엄을 얹어 민간 기업에 임의 추첨으로 공급한다는 의미다. 두 번째 특징은 이렇게 민간이 사간 땅에 지어지는 아파트는 분양가 상한제를 적용받는다는 점이다. 민간 회사가 정부와 공공의 도움을 받아 저렴한 가격에 토지를 확보했으니 분양 사업을 통한 민간 이익에 제한을 두어야 한다는 배경에서 분양가 상한제가 도입됐다.

추첨을 통해 무작위로 건설사를 선정하고, 매각도 적정선에서 진행하고, 다 만들어진 주택을 무턱대고 비싸게 팔 수 없게 상한제까지 적용하는데도 공공 택지 공급과 건설 회사에 대한 특혜 논란은 수십 년간 끊이지 않았다. 왜일까? 실제로 다수의 공공 택지 분양을 통해 급속도로 성장한 건설사들이 있었다. 임의 추첨을 통한 택지 공급과 분양가 상한제가 적용된 사업임에도 불구하고 어떻게 그게 가능했는지 많은 논란이 생겼다. 건설 회사가 두 가지 규제를 회피하는 방법은 생각보다 단순하다.

분양가 상한제에 대한 대응은 매우 단순하다. 그냥 사업을 하면 된다. 주택 가격을 적정한 수준으로 관리하기 위한 분양가 상한제는 부동산 상승기에 오히려 좋은 기회로 탈바꿈한다. 나라에서 공인한 저렴한 아파트라는 인식으로 대부분 분양 완판을 보장받을 수 있고, 막대한 이익은 아니지만 낮은 위험으로 꾸준한 매출과 영업 이익이 보장됐기 때문이다. 물론 여기에 약간의 옵션 장사를 더하면 금상첨화다. 아파트 발코니의 확장 비용, 각종 가전제품과 빌트인 가구 옵션 등을 끼워 팔면 시행사·건설사 입장에서 아쉬운 분양가를 조금 더 끌어올릴 수 있다. 이러한 옵션은 아파트와는 무관한 상품이기 때문에 각종 분양가 규제에서 상대적으로 자유로운 것도 큰 장점이다.

안정적인 수주 먹거리가 있다는 게 건설 회사에 얼마나 대단한 요소인지는 건설과 같은 산업의 비즈니스 모델을 보면 알 수 있다. 건설 회사에 가장 큰 위험은 수주에 있다. 국가든, 민간 시행사든, 중동 오일머니든, 지어달라고 하는 발주처의 요청이 있어야만 매출을 올릴 수 있다. 수주 산업은 사업이 없거나 혹은 과도한 경쟁으로 도급 원가 이하의 무리한 계약을 하게 될 때 재무적 위험에 노출된다. 공공 택지는 되기만 한다면 수주 리스크가 없는 사업이다. 국가가 보장해 주는 땅에서 적정한 이윤을 챙기기만 하면 된다. 게다가 수도권을 포함한 전국 곳곳에 택지 지구는 상당히 많다.

임의 추첨은 확률 게임이다. 그만큼 많은 회사를 동원하여 추첨 확률을 높이면 된다. 방식도 간편하다. 먼저 회사 내부의 현금을 외부로 돌려 다수의 회사를 설립, 택지 추첨에 지원한다. 계열사 간의 자금 흐름이 훨씬 자유로운 중소기업 규모의 비상장 회사가 하기 좋은 일이다. 추첨에서 낙찰받을 경우, 해당 회사를 인수·합병하여 토지와 사업권을 확보한다. 소위 말하는 '벌떼 입찰'이다. 이 방법으로 특정 회사가 수십 개의 관계 회사를 동원해 공공 택지를 쓸어가는 일들이 비일비재하다.

위 문제를 해결하고자 정부에서는 '민간 공모' 방식을

통한 주택 용지 공급을 확대하고 있다. 신도시의 일부 주택 용지를 임의 추첨으로 매각하는 게 아닌, 민간 사업 공모를 열어 가장 우수한 설계·사업 계획을 제시한 업체(혹은 컨소시엄)에게 매각하는 방식이다. 천편일률적인 아파트 단지가 아니라 조화롭고 독특한, 특별한 아이디어가 반영된 공동 주택을 선정하여 도시를 좀 더 다채롭게 만들고자 하는 취지도 있다.

물론 공모 방식도 완벽한 해결책은 아니다. 불확실한 사업 기회를 위해 기획 설계·사업 계획을 작성해야 해서, 투입 비용을 감당할 수 있는 대형 건설사나 자본력 있는 회사만 공모에 참여할 수 있다. 여기에 발주처와 공모 사업자 간에 소위 '짜고 치는 고스톱'이 발생하는 것도 무시할 수 없다. 하지만 임의 추첨 제도의 악용을 막을 수 있으며 똑같이 생긴 성냥갑 아파트를 줄일 수 있다는 점, 경쟁을 통해 특화 설계가 발전한다는 점, 품질 등을 미리 개선할 수 있다는 장점이 있어 점차 많은 지역에서 도입되고 있다.

비리 불감증 사회

그러나 제도적 진통과 별개로 비리는 계속됐다. 정부와 집권 정당이 바뀔 때마다 다수의 정치인을 검찰 포토라인에 세운 것은 기존 정권에서 진행했던 주요 건설·토목 사업이다. 택지 공급에 대한 계약 방식과 계약 금액, 사업의 정당성, 민간 사업권은 특혜 의혹과 뇌물 수수로 번져 논란을 만들었다. 진실과 의혹을 둘러싼 영혼의 한판 승부가 여야 사이에 벌어진다.

가장 대표적인 게 2022년 대통령 선거부터 지금까지 정치권을 뒤흔들고 있는 성남시 대장 지구 개발 사업이다. 개발 계획부터 사업 주체 선정, 개발 이익 환수, 정치권과 연루된 인허가 비리와 뇌물 수수 협의까지 대대적인 언론 보도와 검찰 수사가 계속되고 있다. 대장동 이외에도 사건은 넘쳐난다. 부산 해운대의 초고층 빌딩 엘시티, 호반·중흥건설 등의 중견 건설사의 택지 지구 벌떼 입찰, 광명·시흥 신도시 관련 LH 직원의 사전 투기 등도 언론에 대대적으로 보도된 사례들이다. 우리가 언론을 통해 알게 된 보도들이 진실이든 루머든, 건설 회사와 정부, 정치권을 둘러싼 논란이 항상 반복되는 이유는 단순하다.

첫째로 매출액과 사업 이익 규모가 막대하기 때문이다. 언론과 세간의 주목을 받기 쉽다. 수백억 규모의 매출은 소소한 수준이다. 수천억 원에서 수조 원의 사업비도 심심치 않게 발견할 수 있다. 평범한 직장인 연봉의 수백 수천 배 이상이 기본이다. 큰 규모의 배임·횡령 사건보다도 '0'이 한두 개쯤은 더 붙어있다.

소재의 상징성도 논란의 이유 중 하나다. 부동산은 국

민의 가장 큰 재산이자 경제 활동의 최종 목표다. 일상적인 소재이기도 하다. 집도시 계획과 부동산에 대한 몇 가지 단어나 법적 용어들을 알아놓을 필요는 있지만 그렇다고 어려운 과학·기술을 알아야 하는 것도 아니고, 별다른 선행 지식이나 특별한 학습이 요구되지 않는다. 부동산은 정치권에서 논의하는 수많은 문제에 비하면 상당히 단순하고 직관적이며 시민들에게 친숙한 그리고 관심받는 소재다.

마지막으로 공공과의 연관성 때문이다. 물건을 만들어 파는 제조업이나 개인을 대상으로 하는 서비스업과 다르게 부동산 개발 사업은 공공과의 지속적 교류가 필수적이다. 택지 지구든 신도시든 혹은 재개발·재건축이든, 모든 개발 사업은 국가와 지자체의 법률과 규칙, 도시 계획에 따른 인허가가 언제나 필요하다. 하지만 법과 규정은 급변하는 시장의 모든 상황과 조건을 세세하게 다루지 못한다. 공공과 긴밀한 혹은 강요된 협업 과정에서 공무원과 공공 기관, 인허가권자의 입김과 재량이 크든 작든 반영되기 마련이다. 그게 각종 의혹과 추측을 동반한다.

여당과 야당, 진보와 보수를 가리지 않고 잊을 만하면 터져 나오는 부동산과 관련된 뉴스들은 그저 '또 정치인이 크게 한몫해 먹었구나' 하고 넘어갈 일이 아니다. 쏟아져 나오는 자극적인 기사들과 사실 관계를 곡해하는 뉴스들은 부동산 문제를 정쟁화한다. 그럴수록 진짜 문제는 흐려진다. 보도되는 것들을 스스로 판단하고 정제하지 않으면 일련의 비리는 우리가 모르는 새 시스템화되어 계속된다. 해당 지역의 개발 사업이 왜 필요한지, 누가 사업을 주도했는지, 어떤 방식으로 진행되었는지를 알아야 앞으로 이어질 개척 시대에 유권자로서 올바른 정치적 선택을 할 수 있을 것이다.

이는 금융 문해력과 마찬가지로 우리 삶에 필수적인 부동산 문해력을 높이는 데도 도움이 된다. 개발 사업의 큰 맥락을 이해하며 객관적인 데이터와 주관적인 판단 기준을 가지고 해석할 수 있다면 내가 살 집이나 분양받는 아파트, 혹은 지역과 도시에 대해서 더 나은 판단을 할 수 있다. 토건 비리는 오늘도 정치에 대한 혐오와 불신을 키우며 피로감을 자아낸다. 그러나 정부가 휘두르는 칼과 기업의 잇속 사이 내 부동산 가치를 지킬 수 있는 건 나 자신뿐이다.

개척 시대는 끝났는가

전 국민 90퍼센트가 도시에 사는 나라, 그중에서 서울을 중심으로 한 수도권에 인구 절반이 모여 사는 나라. 땅을 새롭게 만들 수도 없고, 시민들을 강제로 이주시킬 수도 없다. 국토의 70퍼센트가 산이기 때문에 거주에 적합한 지역은 한정돼 있다. 수도권의 크기엔 한계가 있지만 일자리와 학교, 꿈을 찾아 사람들은 서울로 계속 올라온다. 신도시는 정치인에겐 표심을 얻을 공략 사업으로, 대중들에겐 크고 작은 비리와 저렴한 내 집 마련의 기회로, 투자자들에겐 투자처로, 원주민에겐 이주와 폭력으로 인식된다.

하지만 신도시 구상의 첫 삽은 그렇지 않았다. 정책의 원래 목적에 맞게 수십만 호의 주택을 일시에 공급해 수도권 주택을 단기간에 증가시켰고 서울의 주택 가격을 꽤 안정시킨 바 있다. 서울보다 더 나은 환경을 목표로 공원과 광장, 다양한 인구 밀도의 도시를 만든 것은 분명한 신도시의 공로다.

물론 신도시는 강제 수용을 통한 개척 사업이고 개척자의 손은 깨끗하진 않았다. 다양한 비리와 의혹, 부정부패 중에선 신도시의 공로를 빛 바래게 할 정도로 굵직한 것도 있었다. 공익의 이름으로 수용권과 인허가권을 앞세워 빠르게 도시를 만들 순 있었으나, 그만큼 더 많은 원주민이 더 먼 곳으로 밀려났다. 개척 시대의 빛과 그림자. 2023년 현재 세 번째 신도시가 조성되고 있고 그 역사는 반복되는 중이다.

얼룩진 오해와 얽힌 이해관계는 사회 갈등의 조정자, 정치가 해소해야 할 문제다. 경기도 시골의 한구석에서 대대손손 내려온 논과 밭, 과수원을 경작해온 원주민의 생활 터전이 중요할까, 혹은 조금 더 나은 연봉과 근무 환경을 찾아 지방에서 서울로 올라온 청년들의 주거 공간이 중요할까. 정부의 선택지는 가혹하고 엄중하다. 무엇을 택하든 그 선택이 10년 뒤에도 적절한 선택이었다고 평가받으려면 사회 변화에 주목해야 하고 새로운 생각을 수혈할 필요가 있다. 다가올 시대에 걸맞은 해법은 뭘까?

확실한 건 인구 성장은 끝났다는 점이다. 2020년 인구를 정점으로 대한민국 인구는 순감소에 접어들었다. 절대적인 주택 부족은 1기 신도시를 비롯한 대규모 주택 공급 사업으로 많은 부분은 해소됐고, 주택 보급률 또한 전국을 기준으로 100퍼센트를 넘어섰다.

20~30년 전처럼 획일적인 줄긋기와 천편일률적인 토지 수용, 단순한 도시 계획으로 도시가 만들어지는 시대는 끝났다. 30년 전처럼 절대적으로 살 집이 부족한 것도 아니고, 똑같이 생긴 아파트를 찍어내듯 만들면 날개 돋친 듯 팔려나가는 시절도 아니다. 소비자들은 전보다 현명해졌고 다양한 조건과 요소들을 따지면서 집을 산다. 침실에 알파룸이나 드레스룸이 함께 있는지, 화장실의 크기와 개수는 적절한지, 아파트 동간 간격과 단지 내 조경은 어느 정도의 수준인지 끊임없이 비교한다.

그들이 원하는 도시도 마찬가지다. 공원이 많고 도로가 넓다고 좋은 도시가 되는 시절이 아니다. 서울까지 통근 시간, 대중교통 수단은 기본이고 도시 내 문화 시설이나 도서관, 주말에 가족과 놀러 다닐 만한 장소들, 도시 인근의 유해 시설까지 살펴본다. 어딜 가든 똑같은 모양의 신도시는 저렴한 가격에 시민들의 내 집 마련을 가능하게 해줬지만, 텅텅 빈 상가와 부족한 여가·문화 시설 때문에 재미없는 베드타운으로 전락한 경우가 부지기수다. 신도시들이 계획되고 설계되는 지역에 맞게끔 여전히 더 구체적이고 섬세한 계획이 필요하다. 양보다 질인 셈이다.

중앙 정부와 LH는 신도시 전반의 계획을 지시하고 총괄할 수는 있지만 각 지역에 맞는 디테일을 챙길 역량은 부족하다. 실제로 2기 신도시 중 하나였던 검단2 신도시의 경우, 금융 위기 이후 얼어붙은 부동산 시장과 인천 지역에서 진행된 다른 대규모 개발 사업 때문에 토지 보상이 지연되며 난항에 부딪혔다. 대규모 주택 공급에 따른 부동산 가격 하락을 걱정하는 인천 시민들의 우려와 재산권 행사가 불가능했던 해당 지역 토지주들의 반발이 거셌기 때문이다. 결국 검단2 신도시는 2010년 택지 개발 지구 지정 이후 3년만인 2013년, 개발 지구에서 전면 해제되기에 이른다. 이를 보완하려면 여전히 민간의 역할이 중요하다.

도시에 대한 물리적 공간 설계와 기능에 집중하여 흔히 간과하지만, 도시 계획에서 중요한 변수는 바로 시간이다. 내년이 아닌 10년 뒤, 30년 뒤의 도시를 생각해야 하고, 당장의 인구 구조와 생활 환경, 거주 스타일뿐만 아니라 미래를 예측하고 고려해야 한다. 도시는 시간을 먹고 자라나기 때문이다. 감소 추세의 인구수, 가구 분화로 인해 증가하는 세대수, 낮은 출산율에 따른 보육 시설과 학교의 재배치, 줄어드는 자영업자와 늘어나는 배송 서비스 등은 계획과 설계 단계에서 고려해야 할 미래의 조건이다. 무턱대고 새집을 지어 올리는 게 아니라 삶의 터전으로서 주민들의 생애 주기와 시간의 흐름을 고려해야 한다.

30년 전, 1기 신도시 일산과 분당에서 태어난 갓난아기는 대학교까지 졸업하고 한 명의 어엿한 사회인이 됐다. 이젠 결혼하고 신혼집 위치를 고민할 나이다. 2기 신도시인 동탄과 광교 아이들은 이제 초등학교에 다니거나 중학교를 준비하고 있을 것이다. 이들이 성장하면서 경험한 신도시는 어떤 모습이었으며, 서울에서 나고 자란 시민들과 어떤 경험의 차이가 있을까. 신도시를 고향으로 성장한 아이들이 다 커서, 직장과 거주지를 선택할 기회가 왔을 때 어떤 도시를 선택하게 될까.

5

도심의 내전,
재개발과 도시재생

도시의 역설

도시를 걷다 보면 '왜 여긴 아직도 재개발이 안 됐을까?', '이렇게 노후화한 건물을 왜 새로 짓지 않고 있을까'와 같은 생각이 드는 골목이나 건물이 있다. 서울만 해도 역세권 근처 후줄근한 외관의 건물이나 무너질 것 같은 빌라촌이 많다. 바로 근처에 멋진 오피스 건물이 있고, 한 골목만 지나면 값비싼 아파트가 한가득한데 왜 특정 지역만 개발되지 않은 상태로 남아있을까?

사실 도시가 낡고 노후화되는 건 당연한 일이다. 도로 포장은 벗겨지고 건물 외벽의 색도 바라며 지하철도 자주 고장 난다. 도시가 성장하고 경제가 발전하면서 도시의 범위는 점차 넓어진다. 1970~1980년대 서울에도 엄청난 인구가 몰려들면서 강남과 잠실 일대를 대규모로 개발한 역사가 있다. 그 과정에서 도시의 중심축 역시 이동한다. 새로운 투자와 개발이 새로운 지역에 집중되는 사이, 구도심은 낡고 슬럼화된다. 1960~1970년대에 지어진 을지로와 종로의 4~5층 건물들은 당시 기준으로는 꽤 높은 건물이었을지 몰라도 지금 기준에서 보면 작고 낡은 건물일 뿐이다.

다행인 것은 도시의 물리적 요소들은 교체할 수 있다는 점이다. 적정한 시기마다 도로를 재포장하고 지하철 열차를 교체하며 오래된 건물을 철거하고 다시 지으면 된다. 이처럼 도시가 전반적으로 더 나은 상태를 유지하게끔 만드는 게 도시 계획의 주요한 역할이다. 낡고 오래된 도시를 다시 건강하고 활기차게 바꾸기 위한 계획에는 크게 재개발과 도시재생이 있다. 큰 틀에서 목표가 비슷해 보이는 두 계획은 접근법과 뉘앙스에서 큰 차이가 있다.

재개발은 노후화된 도시 구역을 재건하는 사업이다. 앞서 은마아파트를 통해 살펴본 재건축과 비슷하지만, 사업의 물리적 대상이 다르다. 가장 큰 차이점은 기반 시설의 유무다. 재건축은 양호한 기반 시설(대표적으로 도로)을 갖춘 상태에서 오래된 건물만 다시 짓는 것이다. 보통 다시 짓는 건물은 아파트다.

반면 재개발은 열악한 기반 시설을 포함하여 해당 구역 전체에 대해 도시를 다시 만드는 것에 가깝다. 재개발이 시작되면 오래된 단독 주택과 빌라만 철거되는 게 아니다. 차 한 대 겨우 지나갈 수 있는 골목길부터 복잡하게 얽힌 전신주와 가로등, 막다른 길과 가파른 계단이 난무하는 미로 같은 노후 도심지가 통째로 철거된다. 그리고 번듯한 도로와 아파트 단지, 근린 생활 시설, 동사무소 등이 들어선다.

도시재생은 좀 더 포괄적이다. 사회·경제·문화적으로 침체한 도시 지역을 다방면으로 활성화하기 위한 사업을 일컫는다. 그래서 '도시 활성화 사업'으로도 불린다. 흔히 골목길 벽화 그리기나 마을 협동조합 지원과 같은 개별적인 사업으로 인식되지만, 도시재생의 사업 범위는 꽤 광범위하다. 도시재생법 제2조 7항은 도시재생을 재개발과 재건축, 재래시장과 항만 재개발까지 광역적으로 정의하고 있다. 이 책에서는 사람들의 통념에 부합하는 노후 주거 지역의 소규모 재생 사업을 도시재생으로 설정하겠다.

지역마다 필요한 해법은 모두 다르다. 어떤 곳은 재개발이, 어떤 곳은 도시재생이 필요할 수도 있다. 그러나 이 두 사업에는 자주 정치적이고 당파적인 가치가 개입하곤 한다. 대중들의 인식 속 재개발과 재건축 사업의 핵심은 부동산의 '개발 이익'이다. 반면 도시재생은 지역의 사회적·기능적 성장에 방점이 찍혀 있어 지역 주민의 '생활 안정성'이 핵심으로 인식된다. 이 때문에 도시재생과 재개발은 서로 대립·상충하는 사업이란 통념이 강하다. 이는 우리나라의 이분법적 정치 논리와 당파 갈등에서 비롯된다. 대상 지역의 주민 갈등 위로 정치의 그림자가 드리워지는 것이다. 그런 점에서 두 도시 계획은 내전과 닮았다.

내전의 본질은 내분이다. 국가 내의 갈등이 전쟁으로 비화한 형태다. 내전에는 특징이 있다. 대부분 국지전의 형태를 띠고, 많은 경우 분쟁 주체들에겐 배후가 있다는 점이다. 양차 세계 대전 이후 선진국 간 전쟁은 크게 줄어들었지만, 아프리카와 중동 등에서 내전은 급격히 증가했다. 열강의 군사적 힘겨루기는 사라지지 않았다. 오늘날 벌어지는 많은 내전은 힘의 논리가 작용하는 대리전proxy war이다. 정부군과 반군, 반군 세력과 또 다른 민간 세력이 다투고, 각 세력을 지원하는 또 다른 배후가 각자의 실리와 가치를 내세워 분쟁에 개입하는 형국이다. 노후한 도심을 중심으로 펼쳐지는 갈등의 구조와도 같다.

다시 처음 이야기로 돌아가 보자. 똑같이 낡고 노후화한 구역이지만, 왜 어떤 지역은 이미 재개발이 끝나 수십억 원짜리 아파트 단지가 되었고, 또 다른 구역은 아직도 낡은 건물과 좁은 도로를 남겨둔 채 지지부진하게 시간만 지나가고 있을까? 도시재생에 집중하느라 재개발이 중단된 것일까? 특정 정치인이 재개발보다 도시재생을 하고 싶어서 그런 걸까? 이와 같은 이분법적 접근으로는 올바른 답을 내릴 수 없다.

재개발과 도시재생엔 복잡다단한 이해관계가 얽혀있다. 지역 사회에서 어떤 갈등이 있는지, 누가 재개발을, 누가 도시재생을 주장했는지, 어떤 법과 규정, 지자체 조례가 개정되며 사업이 지연되었는지, 그리고 법의 개정은 누가 무슨 의도로 추진했는지 살펴봐야 도시의 역설을 이해할 수 있다. 이를 다루기에 앞서 꼭 알아야 할 것은 땅값의 속성이다. 흔히 재개발은 땅값이 오르니 민간이 반기는 사업, 도시재생은 수익성이 낮아 민간의 선호도가 낮은 사업으로 인식되곤 하지만 이 같은 이분법이 늘 통하는 건 아니다.

앞서 말했듯 재개발은 낡고 오래된 지역을 전면 철거하고 신축하는 정비 사업이다. 재건축과 마찬가지로 해당 구역의 토지와 건물을 가지고 있는 사람들이 조합을 결성해 진행하는 민간 사업인 경우가 많다. 이들은 재개발을 통해 더 높은 부동산 가치를 얻으려 한다. 수년 이상이 소요되는 재개발의 기회비용과 시간을 고려하면 합당한 욕구다. 문제는 내가 가지고 있는 땅의 가치가 얼마로 평가되는지다.

좋은 위치지만 낙후된 동네, 즉 역세권이나 유동 인구가 많은 지역은 비록 건물이 낡았을지라도 가치 있는 위치로서 부동산 시장에서 비싼 가격에 거래된다. 건물주는 재개발 이후 건물 가치가 최소한 현재 거래되고 있는 가격보단 높아야 한다고 생각한다. 이미 충분한 임대료를 받고 있고 현 상태로 매각해도 비싼 가격에 부동산을 팔 수 있다면, 오랜 시간이 걸리는 재개발을 적극적으로 추진할 동기가 낮아진다.

같은 인기 지역 내에서도 악마의 디테일이 있다. 좋은 위치에 있을수록 작은 차이에 따라 땅의 가치가 크게 달라지기 때문이다. 대로변 사거리 코너에 위치한 100평짜리 부동산이 100억 원에 거래되었다고 가정하자. 10미터 떨어진 바로 뒤편 골목에 있는 부동산도 평당 1억 원을 받을 수 있을

126

까? 똑같이 대로변에 있지만 두 면이 아니라 한 면만 접하고 있는 작은 건물은 어떨까? 대로변에 접해 있는 토지인지 아닌지, 도로에 접한 면이 몇 개인지, 토지형상(직사각형, 정사각형, 비정형 등)이 어떤가에 따라 가격은 천차만별이다. 재개발이 진행될 시 소유자 혹은 조합원 사이에 보상 가격과 분양권, 사업 이익을 두고 벌어지는 갈등이 클 수밖에 없다.

반면 비슷하게 노후화되고 낙후된 지역인데, 위치조차 좋지 않은 지역을 상상해 보자. 언덕배기에 위치해 유동 인구도 적고, 지하철역과도 멀리 떨어져 있다. 상가는 거의 없고 있다고 해도 언덕까지 올라오는 사람이 없어 파리만 날리기 일쑤다. 이런 곳에 있는 건물은 임대 수익도 낮고, 팔려고 내놓아도 잘 팔리지 않거나 원하는 가격을 받기 어렵다. 어쩌면 월세가 몇 달째 밀리고 있을 수도 있다. 그렇다면 시간이 좀 걸리더라도 차라리 재개발 사업을 통해 재산 가치를 높이는 게 유리하다. 이는 같은 지역 내 앞집도, 뒷집도 마찬가지다. 역세권 사례와 반대다.

이처럼 현재 부동산의 가격이 낮고, 시간이 지나도 지금 가격에서 크게 달라질 것을 기대하기 어려운 경우 재개발 동인이 크다. 물론 이러한 경우라도 막상 재개발이 시작되면 이런저런 이견과 갈등이 생기는 건 필연이지만, 그 갈등이 사업 자체를 반대하거나 중단시킬 만큼 크진 않다. 소유자 모두에게 '재개발이 아니면 안 된다'라는 공통된 의견이 있고, 재개발의 완성이 그들 사이의 '공익'이기 때문이다.

부동산의 3요소는 입지, 입지, 입지라는 말이 있다. 아무리 비싼 자재로 고급 건물을 지어도 그 위치를 바꿀 수는 없는 노릇이기에 그렇다. 도로나 지하철 노선과 같은 인프라도 대개 수십 년간 그대로 유지되기에 입지의 중요성은 더 크다. 좋은 입지의 땅은 재개발이 무산되더라도 대안이 많다. 정비 구역에서 해제되면 독립적으로 개발할 수도 있고, 건물을 리모델링해 임대로 줄 수도 있으며, 이도 저도 아니고 애매할 때는 팝업 스토어나 재고 떨이, 창고 대방출과 같은 단기 임대라도 급한 대로 끼워 맞출 수 있다. 재개발이 절실하지 않아 역세권 구도심이 낡은 상태로 유지되는 사이, 상대적으로 입지가 열악한 구역들은 재개발에 착수해 깔끔한 도시로 재탄생한다.

낡은 구도심을 두고 펼쳐지는 내전, 입지와 개발에 따른 부동산 가치의 차이는 주민 간의 수 싸움을 만들고, 사업 방식에 따른 정치적 이해관계는 정쟁을 만든다. 이 복잡한 실타래가 풀릴 수 있을지, 어쩌다 이렇게 엉켰는지 고개를 절레절레 흔들게 되지만, 책 서두에 말했듯 모든 도시 계획은 갈등이다. 미-중 갈등이 멈춰야 대한민국에 안정이 찾아오듯 이 내전의 배후에 있는 자들의 생각은 무엇인지, 그렇게 주장하는 논리는 무엇인지 알아보고자 한다.

재개발의 배후

먼저 재개발이다. 재개발은 기본적으로 개인이 가지고 있는 토지를 개발하는 민간 사업이다. 실질적인 사업을 추진하는 주체는 조합이다. 정비 구역 내에 땅과 건물을 가지고 있는 사람들, 즉 '토지등소유자'가 재개발에 동의하는 사람들을 모아 동의서를 걷어 조합을 만들어야 한다. 75퍼센트 이상의 동의를 얻으면 정식으로 조합이 설립된다. 이후 세부적인 건축 계획을 세우고 시공사를 선정해 사업을 진행할 수 있다.

주요 절차마다 지자체의 인허가를 받아야 하는 것 역시 재건축과 같다. 시공사 선정, 분양 가격 등과 같은 주요 내용은 조합총회를 거쳐 결정해야 한다. 재개발 정비 구역 지정으로 지정되면 해당 구역 전체에 대해서 건물 신축이 불가능해지고 토지 분할이나 지목 변경과 같은 행위가 일절 금지된다. 임의로 조합원의 숫자를 늘리거나 노후도에 문제를 줄 수 있는 행위를 막아 원활한 사업 추진을 유도하는 것이다.

재개발은 주민들의 제안 혹은 지자체장의 지시로 시작된다. 낡은 마을의 주민들이 구청에 민원을 넣어 자신들이 거주하는 곳을 재개발 구역으로 지정해 달라고 요청할 수 있지만 대부분 재개발의 선봉에 서는 것은 그 지역의 정치인인 지자체장이다. 그는 재개발에 대한 여론을 수집·수렴하고 주민 설명회와 도시계획위원회의 인허가 절차 등을 거쳐 재개발 구역 지정을 진행한다. 제도적으로도 지자체장이 재개발에 가장 큰 권한을 행사하는 게 당연하지만, 이들이 사업을 적극적으로 추진할 수 있는 이유는 따로 있다. 지방 선거 당시 주요한 공약 사항으로 지역의 재개발을 통한 환경 개선(좀 더 노골적으로 표현하면 재산 가치 상승)을 내걸고 표를 얻었기 때문이다.

재개발 사업을 적극적으로 추진하는 정치인은 흔히 보수 계열로 분류되는 정치인인 경우가 많다. 특히 2000년대 이후 서울로 시간과 공간을 한정하면 정치적 이념과 재개발에 관한 정책 방향이 대부분 일치한다. 그들은 왜 재개발을 원할까?

논리는 이렇다. 현대사를 돌아보면 서울을 비롯한 대부분 도시가 발전한 역사는 명확하다. "오래된 것을 부수고, 더 크고 높은 건물을 짓는 것." 보수 계열 정치인이 도시를 바라보는 관점도 이와 같다. 그들이 보기에 이 역사적 흐름을 반대하는 사람들은 자연스러운 시장 논리에 반기를 드는 불순한 세력이다. 그러니 재개발이 아닌 다른 사업에 대해선 다음과 같은 생각이 들 수밖에 없다. "이게 얼마나 편리한데 굳이 어려운 길과 낯선 길을 찾아가야 할까?"

역사와 전통을 자랑하는 도시 개발 메커니즘은 멀쩡하게 잘 작동한다. 물론 소수의 '불행한 사례'가 있었지만, 이는 과격분자의 격렬한 반대와 몇 가지 불운 그리고 좋지 않은 타이밍이 겹쳐서 일어난 안타까운 일일 뿐, 패러다임을 바꿀만한 일은 아니다. 재개발에 반대하는 이들은 그저 발전을 모르고 고집만 부리는 보수적인 소수 집단일 뿐이다. 그마저도 진짜 속내는 다를 것이다. 더 많은 보상금이나 이익을 취하려는 욕심쟁이들일지도 모른다. 혹은 불순한 의도를 가진 외부세력이 개입한 것일 수도 있다. 지금까지 도시를 완성해 온 큼직한 사업들은 모두 재개발과 재건축, 뉴타운, 정비 사업이었다. 재개발의 고통을 잠시 겪고 나면 도시는 더 크고 화려한 모습으로 다시 태어날 것이며, 그때가 되면 반대하던 시민들도 결국 인정하고 박수치게 될 것이다.

이명박과 오세훈으로 대표되는 보수 계열 서울시장은 강북을 대상으로 하는 뉴타운 정책을 적극 추진한다. 1만 평 규모의 노후 주거 단지를 중심으로 전면 재개발을 단행해 대단지 아파트로 탈바꿈하려는 도시 계획을 짠 것이다. 동시에 서울 중심부에 위치한 종로구, 중구, 용산구에 대규모 업무 시설과 상업 시설, 복합 공간 등을 계획하여 '아시아 중심 도시 서울'을 달성코자 했다. 이 계획은 오랜 기간 순항했다. 성북구와 은평구, 서대문구, 마포구 등에 지정된 뉴타운은 우여곡

절 끝에 착공에 성공해 번듯한 대규모 아파트 단지로 탈바꿈했다.

이들에게 재개발은 도시의 가치와 경쟁력을 높이는 대의다. 중산층을 위한 양질의 주택을 대량으로 공급하고 기업을 위한 업무 지구를 조성해 도시 경제를 활성화하는 것은 자유 시장주의의 논리다. 그들이 추구하는 경제·정치관에 잘 부합한다. 이와 같은 관점으로 도시를 바라보고 진단하면 해야 할 일은 명확하다. 비효율적으로 사용되고 있는 낡은 도심을 갈아엎는 재개발이다. 좋은 입지의 역세권과 도심 지구가 고작 2~3층짜리 건물들로 가득 차 있으면 도시 경쟁력이 떨어지고 공간 효율도 좋지 않다. 게다가 재개발은 표가 된다. 부동산 가치를 올리는 데 제격이기 때문이다. 가시적인 성과물이 생기니 정치적 성과를 홍보하기도 좋다.

지금 서울을 채운 넓은 도로, 높은 아파트, 좋은 학군과 깨끗한 생활 환경, 쌈지공원과 새로운 주민센터는 모두 재개발의 공이다. 세계 무대를 종횡무진으로 누비는 국내 유수의 건설사들이 언제든 개발에 뛰어들 준비를 하고 있고, 은행들은 사업비와 건설비를 손쉽게 대출해 준다. 설계사무소, 감정평가법인, 법무법인, 인테리어 회사와 분양 대행사 심지어는 동네 복덕방까지 모든 부동산 관련 종사자들이 재개발에 뛰어들 준비가 되어있다. 이 완벽한 생태계를 포기할 이유는 없다.

조감도와 이미지만 본다면 대부분의 재개발은 훌륭한 계획이다. 하지만 그림은 그림일 뿐이고, 계획은 계획일 뿐이다. 이를 현실로 옮겨오는 과정은 우여곡절과 다사다난한 갈등의 연속이다. 수백 년의 오래된 도시를 이상적인 도시로 탈바꿈하기 위해서는 현실에 놓인 많은 제약 사항을 무시할 수밖에 없다. 한 사람 한 사람의 이해관계를 따지면서 어떤 건물이 역사적 가치가 있고 어느 골목이 보존할 만한 지역인지 고려하기 시작하면, 제대로 된 대규모 계획을 세울 수 없다. 이 가운데 무시되어서는 안 될 요소도 분명히 있다.

　　보수주의 철학의 기본은 개인의 자유에 대한 존중이다. 하지만 재개발 과정에서 보이는 이들의 행동은 개인의 선택에 대한 존중이나 자율성·다양성보다는 공공의 이익이나 대의, 도시 전체의 효용을 더 중요시하는 경향이 있다. 노후화된 빌라촌에 거주하는 100명의 세입자와 주민들보다는 재개발 이후 아파트에 입주할 중산층 50가구가 경제적 측면과 정치적 이해관계, 도시의 이미지 모든 측면에서 더 나은 방향이라 판단하는 것이다. 민주주의에서 발생하는 딜레마, 즉 대의를 위해 소수의 피해를 감수해야만 하는 상황이 재개발 과정에서는 숱하게 만들어진다. 이를 정치인이 스스로 밀어붙이게 되는 꼴이다. 진보 언론은 이러한 희생과 더불어 부동산 투기를 부추긴다는 점을 들어 명분이 부족한 재개발 정책을 비판하기도 한다.

사업 과정에서 발생하는 강제 이주·철거 문제는 다수의 철거민과 경찰이 희생되는 참사까지 만들어 냈다. 대표적으로 2009년에 있던 용산 4구역 철거 현장에서 일어난 비극이 있다. 2006년 용산역 앞의 용산 4구역에서 추진된 재개발 사업으로 세입자와 상인들의 반발이 있었고, 보상 내용에 반발한 상가 세입자 26세대가 철거 대책 위원회를 구성해 대치하다 발생한 사건이다. 무장한 철거민들과 진압 경찰의 극한 대치 속 건물 옥상에선 화재가 발생했고 철거민과 경찰을 포함해 여섯 명이 사망하고 23명이 다치는 참사가 일어났다. 2010년 11월, 대법원에서 고등법원 판결을 확정하며, 철거 농성자에 대해 2년에서 5년까지 징역형이 확정됐다. 10년이 지난 2019년, 경찰의 진상 조사 위원회에서는 경찰의 과잉 진압에 대해 인정하고 검찰 또한 경찰의 편파 수사가 있었음을 확인했다. 십여 년의 시간이 흘러 참사가 발생한 구역에는 높은 주상 복합 건물이 완성되었지만, 아직도 당시의 사건은 재개발의 아픈 상흔이자 부작용으로 남아 있다.

이외에도 개발 업자와 정치인 사이의 유착관계, 조합장의 횡령과 비리, 불법 행위는 잊을 만하면 한 번씩 터져 나와 뉴스를 장식한다. 이는 재개발 사업이 결국 돈과 엮인 문제라는 인식을 대중에 심어주기에 충분했다. 이권 다툼에 사업이 수년씩 지연된 경우도 다수 있고, 도시의 모습을 획일적이고 개성 없는 아파트 중심으로 만든다는 비판도 있다. 이는 재개발의 필요성을 옹호하는 정치인에게 큰 골칫거리가 된다.

도시재생의 논리

수백 채의 빌라와 단독 주택, 수천 평의 구역을 전면 철거하고 아파트를 짓는 일은 크든 작든 반대를 동반한다. 이유도 다양하다. 보상금이 부족하거나 세입자 대책이 부적절한 경우, 혹은 선대부터 내려온 집을 보존하기 위해서일 수도 있다. 이유가 무엇이든지 수백 명이 함께하는 사업에 반대가 없을 수는 없다. 특히 부동산 경기가 침체하는 국면에선 시공사도 사업 참여에 있어 보수적으로 움츠러든다. 동시에 개발에 필요한 PF 조달도 어렵기 때문에 사업은 더욱 난항을 겪는다.

　　재건축과 마찬가지로 재개발은 조합원 아파트와 비조합원 아파트·근린 생활 시설을 분양하며 발생한 매출로 사업이 진행된다. 새로 건물을 짓는 비용뿐만 아니라 도로·기반 시설을 조성하는 비용, 건축 및 설계비, 세입자 보상 비용, 전신주와 횡단보도, 신호등까지 모든 비용은 분양 매출을 통해 충당된다. 문제는 분양 가격이 인근 주택 가격보다 크게 높아지면, 사업을 추진할 동력이 급격하게 떨어진다는 점이다. 이미 완성된 아파트를 구입하면 되는데, 굳이 오랜 시간이 걸리는 재개발 단지를 분양받을 이유가 없기 때문이다. 조합원이 부담해야 할 분담금이 커지고, 부동산 가격이 하락하기 시작하면 조합 내부에서 분열이 시작되고 사업이 장기화한다. 특히 앞서 말한 '좋은 입지'에 위치한 재개발 구역은 더더욱 그렇다.

이 틈을 치고 들어온 건 진보 계열 정치인이다. 보수 계열 정치인과 차별화되는 정책과 공약, 서로 다른 지지층을 확고히 하기 위해 이들은 전면 재개발이 아닌 다른 정책을 찾기 시작한다. 바로 도시재생이다.

그들에게 도시재생은 훌륭한 묘수였다. 기존 거주민과 경제적 약자들을 내쫓으며 약자들을 약탈하는 방식으로 구성되어 온 도시 개발의 역사를 바꿀 수 있는 정책으로 보였다. 진보 계열 정치인들은 뉴타운으로 대표되는 재개발 과정에서 쫓겨나는 세입자와 소유자들을 주목했다. 재개발 구역에 원래 거주하던 원주민이 재개발이 끝난 이후 해당 단지에 그대로 거주하는 비율인 '재정착률'은 서울시 기준 25퍼센트 수준이다. 난곡이나 길음 뉴타운처럼 가난한 동네의 경우 재정착률이 8~9퍼센트에 불과하다. 다섯 명의 주민 중 최소 네 명이 쫓겨나는 재개발은 약자들에겐 정당하지 못한 사업이었다. 이들을 위한 정책이 필요했다.

이들이 도시재생에 매료된 또 한 가지 이유는 해외의 선진 사례다. 뉴욕의 오래된 철길을 재생한 '하이 라인High Line', 스페인의 오래된 공업 도시를 예술·관광 도시로 탈바꿈시킨 '빌바오 구겐하임 미술관', 영국의 낡은 항만을 다시 활성화한 '리버풀Liverpool'의 사례까지 도시재생의 성공 사례는 충분했다. 수많은 나라에서 서로 다른 방식으로 진행 중이었고, 다양성과 환경, 소외 계층까지 포함할 수 있는 좋은 정책으로 보였다.

도시의 수많은 개발 사업은 외부인 즉 구매자를 위한 사업이 대부분이고, 내부자를 위한 사업은 매우 드물다. 무주택자든 유주택자든 결국 새로운 수분양자에게 주택을 팔기 위한 사업인 것이다. 오피스텔, 생활형 숙박시설, 지식산업센터 또한 수요자만 조금 다를 뿐 마찬가지다. 신도시 조성 또한 토지를 수용당한 토지주들에게 아파트를 공급하려는 목적이 아니라 훨씬 넓은 지역의 무주택자에게 주택을 공급하려는 목적이다.

반례를 찾자면 아파트 재건축 사업 정도다. 소유자들이 자기 집을 개량하기 위한 사업이기 때문이다. 하지만 여기에도 추가적인 일반 분양이 곁들여진다. 그 외에 내가 살 집을 짓는 단독 주택 개발, 회사 사옥 건설 정도가 본인의 필요를 위한 사업이라고 할 수 있다. 다만 이 경우 노후 주택을 재생하는 것과는 이미지가 다른 게 사실이다.

물론 사업에는 돈이 필요하다. 사회적 약자와 빈곤층을 위한 공익 사업도 마찬가지다. 이들이 거주하는 열악한 주거 환경을 개선하기 위해선 큰돈이 필요했지만 재개발처럼 일반 분양이 없는 사업에 비용을 투자할 건설사나 금융 기관은 없었다. 어려움이 있는 건 사실이지만, 도시재생을 추구하는 정치인들이 보기엔 이제 서울에도 내부자 즉 주민을 위한 사업이 필요한 시기였다.

도시재생은 투기의 이미지로 퇴색된 재개발과 달리 쇠퇴하고 노후화된 지역을 재건하고 활성화하기 위하여 본래 도시의 기능을 되살리는 데 그 목적이 있다. 주거 지역에서 진행되는 도시재생의 실제 사업 내용을 보면 이를 알 수 있다. 자치회나 주민총회 등을 통해 주민 사이의 커뮤니티와 공동체 의식을 강화하고 집 수선 프로그램 등을 통해 거주의 질을 향상하고자 한다. 사회적 기업이나 마을 기업, 협동조합을 중심으로 새로운 일자리를 만드는 것도 도시재생의 중요한 목적이다.

오래된 골목에 벽화를 그린다거나 지역성에 맞는 커뮤니티 시설을 만드는 일들은 모두 거주민들의 삶을 개선하는 취지에서 비롯된 사업이다. 물론 외부 관광객 유입을 통해 마을 경제를 활성화하고 명소로 만들겠다는 계획도 종종 등장하지만 이는 주민의 삶을 개선시키기 위한 수단이나 방법의 일환으로 제시된다. 사업의 목표가 내부를 향하고 있고 그에 따라 사업의 계획과 프로그램이 구성되기 때문에 '지역 거주 민을 위해'라는 대의는 변하지 않는다. 외부인이 보기에 도시 재생 사업이 별거 없어 보이는 이유가 바로 그것이다.

취지만 보면 완벽하지만, 도시재생은 만병통치약이 아 니다. 도시재생을 옹호하는 정치인들은 크게 두 가지를 간과 했다. 도시재생이 아주 오래 걸리는 장기전이라는 점, 외부로 부터의 지지를 얻기 어려운 정책이라는 점이다.

특히 우리나라에서 진행된 도시재생은 앞서 언급한 해 외 사례와 달리, 대부분 노후 주거 지역을 중심으로 펼쳐졌다. 하이 라인은 뉴욕 맨해튼의 로어 웨스트 사이드에서 운행됐 던 2.3킬로미터의 고가 화물철도 노선을 철거해 공원으로 재 탄생시킨 사례다. 빌바오는 20세기 초 철강, 화학, 조선 산업 등이 들어선 산업 도시였으나 70년대 중공업 경제 위기로 실 업률이 35퍼센트까지 치솟으며 인구 급감과 낙후로 고생하던 지역이었다. 산업 및 항만 폐부지로 고생하던 빌바오에 유려 한 디자인의 미술관을 지으며 이른바 '빌바오 효과Bilbao Effect' 를 만들어 낸 것이 먹혀들었다.

리버풀 역시 무역항이던 산업 도시에 단계적 도시재생 을 실행해 문화 도시로 탈바꿈한 사례다. 지역성을 살린다는 취지를 일반적 노후 주거 지역에 모두 적용키는 어렵다.

게다가 주민을 위한 사업과 정책은 당사자가 아닌 이상 관심 갖기도 어렵고 효용을 체감하기도 힘들다. 즉, 사업의 동력이 쉽게 떨어진다. 또한 대규모 물리적 환경 변화가 수반되지 않기 때문에, 도시 인프라에 대해선 함구할 수밖에 없다. 소방차 진입 도로를 확보하거나 가파른 언덕길과 계단, 심각한 주차난을 개선하긴 힘들다.

한국의 도시재생은 서울을 중심으로 발생한 주택의 공급 부족에 대한 이슈에도 대응하기 힘들었다. 고소득층의 도시, 자본의 도시인 서울에서 아무리 단칸방의 거주 환경이 좋아지고 골목길 가로등이 밝아졌다 하더라도 그건 지역 주민이 좋아할 일이지, 지방에서 상경한 무주택자가 반길 일은 아니다. 값비싼 월세를 내고 살아야 하는 이들이 보기에, 서울의 좋은 위치에 재개발이 무산되는 이유는 세상 물정 모르는 이상적인 정치인이 밀어붙인 도시재생 때문이다.

도시재생이 공격받는 가장 큰 근거는 바로 데이터다. 도시재생의 효과는 정확히 측정이 어렵다. 앞선 사례들을 참고로 제시할 수 있을 뿐이다. 명확한 대답의 부재는 도시재생을 이상주의자의 낙관으로 만들었다. 재개발은 숫자로 증명된다. 빌라촌이 얼마나 비싼 아파트로 탈바꿈되었는지, 재산 가치가 얼마인지, 재개발 전후를 비교해서 세대수는 어떻게 바뀌었는지, 도로 폭과 기반 시설은 얼마나 확충되었는지 등

등 조금만 검색해 보면 재개발의 효과를 알 수 있는 수많은 데이터가 인터넷에 넘쳐난다. 하지만 도시재생은 애매하다. 주민 삶의 질이나 거주 만족성 등은 계량화되기 어려우며 이는 곧 도시재생의 약점으로 드러난다.

심지어 도시재생은 재개발과 달리 공공의 자금이 투입되는 사업이다. 수십억 원을 들여 마을 커뮤니티 센터 혹은 거점 시설을 조성하고 주민 행사와 활동가를 지원하기 위해 다시 수억 원을 인건비로 지급해야 한다. 지역 재생을 위해 소위 말하는 '마중물'을 해당 지역에 쏟아붓는 것이다. 하지만 세금의 효과가 늘 숫자와 데이터로 증명되는 건 아니다. 도시재생은 주민의 '삶의 질 개선과 지속 가능한 마을'을 위한 사업이지 '재산 가치 상승'을 위한 사업이 아니기 때문이다. 도시재생을 통해 전보다 활력 넘치고 살기 좋은 지역이 되었다고 하더라도 '삶의 질'은 언제나 '부동산 가격'보다 숫자로 표현하기 어렵다.

이처럼 재개발과 도시재생은 구역 내 주민 간의 싸움이자 그 배후를 둘러싼 정치인들 간의 충돌이다. 내전에 대한 효과적 해법에 학자들의 생각이 다르듯 노후 지역에서 벌어지는 싸움도 마찬가지다. 무엇이 맞고 무엇이 틀린 지 정답은 없다. 두 사업 결과를 정량적으로 측정할 것인지, 정성적으로 평가할 것인지에 따라서도 다르고 지역 주민을 위할 것인지 더 많은 무주택자를 위할 것인지에 따라서도 다르다. 각 지역에 맞는 해법이 무엇인지를 판단하는 것은 지역 정치인과 주민들의 몫이다.

그러나 여기까지는 큰 틀에서의 논의였을 뿐이다. 내전에 수많은 복병이 존재하듯 재개발과 도시재생에도 살펴봐야 할 주체들이 더 있다. 이들은 사업의 큰 방향에 직접적으로 영향을 미치진 않지만, 사업의 완수를 위해 절대 논외로 둘 수 없는 주체들이다.

사업을 완성하는 사람들

정비 사업의 선봉엔 선출직 공무원인 정치인이 서 있지만 사실 성난 주민들을 현장에서 마주하는 것은 비선출직 공무원이다. 모든 공무원이 그렇지는 않지만, 공무원의 가장 큰 두려움은 민원인인 경우가 많다.

상관의 부조리한 지시만큼 민원인의 행패는 무섭다. 공무원의 시선에서 악성 민원인들은 목소리가 크고 절차를 무시하는 존재들이다. 공무원들도 중간에 끼어있는 존재라는 것을 악성 민원인들은 이해해 주지 않는다. 본인의 불편함과 불만을 외칠 뿐이다. 절차와 제도, 행정 시스템과 같은 것들은 자신의 요구를 들어주지 않기 위한 변명으로 치부한다. 누가 악성 민원인일지 모르는 상황, 공무원들은 주민들과 직접 대면하는 일은 꺼리게 된다. 재개발과 재건축이 지연되는 원인엔 주민 사이의 갈등뿐만 아니라 이처럼 공무원 업무의 구조적 특성도 있다.

행정 기관의 공무원은 사업의 인허가를 위한 행정 절차와 서류를 검토하는 일을 한다. 3기 신도시에서 언급한 것처럼 이들은 직접 건설사와 계약하거나 사업 비용을 집행하지 않는다. 관련 법규와 제도에 맞게 서류가 들어온다면 검토를 통해 사업을 진행할 수 있도록 도장을 찍어줄 뿐이다.

공무원 입장에선 공직자로서 인허가를 빠르게 처리하거나 불필요한 행정 절차를 생략해서 사업에 큰 도움을 주었다고 해도, 성과급이 나오는 것도 아니고 호봉이 빨리 올라서 승진에 도움이 되는 것도 아니다. 오히려 해당 사업을 반대하는 이들이 시비를 걸고 문제를 제기한다면 내부 감사와 같이 번거롭고 위험한 일에 휘말릴 수 있다. 차라리 아무것도 하지 않는 게 책임 소재에서 벗어나는 데 유리하다.

모든 공무원이 이렇다고 말하는 것이 아니다. 공무원 조직의 시스템이 공무원을 수동적이고 관료적으로 만든다는 의미다. 행정 기관에서 특정 집단을 도와주기 위해 절차를 건너뛰거나 간소화하는 일은 공무원 철밥통을 스스로 걷어차는 행위고 불필요한 의혹에 시달리는 일이다. 아무리 구청장이나 시장이 원하는 정책 사업이라도 달라지는 것은 없다. 선출직 공무원은 임기가 정해져 있기 때문이다. 내부 감사나 감찰이 나올 때 정치인이 실무담당 공무원까지 지켜주는 것도 아니다. 더욱이 정권 교체는 언제든 일어날 수 있는 일이다. 이때마다 전임 시장·구청장이 추진하던 사업이 엎어지고 실무자가 문책받는 일은 수십 년간 반복된 일이다.

흥미로운 것은 재개발과 도시재생이라는 두 사업이 공무원에게 갖는 의미다. 두 사업 모두 낡은 도시를 바꾸는 일이지만 공무원에게는 큰 차이로 다가온다. 먼저 재개발은 공무원에게 낯선 업무가 아니다. 특히 중구와 종로구, 성북구 등의 서울 구도심 지역은 이미 수십 년 전부터 크고 작은 재개발이 꾸준하게 진행됐다. 수십 년간의 선례와 문제들이 쌓여 만들어진 법과 규칙, 서울시 조례, 주요 판례 등이 충분하다.

물론 다수의 소유자와 세입자, 시공사와 협의를 해야 하는 복잡한 일이란 점엔 변함이 없다. 그럼에도 축적된 선례들은 공무원에게 도움이 된다. 재개발이 공무원에게 유리한 또 다른 이유는 조합원을 직접 만나기보다 주로 정비 사업 전문업체나 엔지니어링 회사, 시공사, 조합장을 통해 사업을 관리하기 때문이다. 이들은 다양한 지역에서 다수의 정비·개발 사업을 수행하기에 사업에 대한 이해도가 높고 공무원이 필요로 하는 자료를 적시에 제공한다. 막무가내로 자신의 의견, 이권을 주장하지 않으니 민원인보다 훨씬 상대하기 쉽다.

반면 도시재생은 새로운 정책이고 통합적인 업무들이다. 기존에는 사회 복지 센터나 주민복지과 같은 부서에서 담당하는 업무가 갑작스럽게 도시계획과 혹은 도시정비팀으로 이관된 느낌을 준다. 도시재생은 아직 선례도 많지 않을 뿐더러 다른 지역의 사례를 그대로 참고하기 어렵다. 대상지에 맞춰진 지역적 계획이 많고 이 계획들은 서로 상이하기 때문이다. 거기다 주민들의 문화 행사도 고민해야 하고 대학교와의 연계 사업도 고려해야 한다. 도시 계획이나 인프라, 건축 허가 등을 담당하던 공무원들에게 갑작스레 도시의 주민을 만나서 이들의 요구를 직접 들으라는 시장과 구청장의 요구는 난색을 표할 만한 일이다. 이 불편한 상황에 실무진 공무원의 구원자로 등장하는 것은 바로 활동가다.

도시재생의 조력자들

도시재생을 논하면서 활동가와 총괄 계획가를 빼놓을 순 없다. 이들의 노력과 역할은 도시재생의 핵심이다. 도시 개발이나 재정비 사업에서 사업을 이끌어나가는 주체가 정비 회사들과 건설사, 조합이라면 도시재생에서는 활동가 집단이다. 이들은 흔히 젊은 건축가와 도시 계획가, 교수, 주도적인 마을 주민들로 이뤄져 있으며, 마을 활성화와 지역 재생을 위해 직접 주민을 만나고 공무원과 주민 사이의 가교 역할을 한다. 공무원에게는 든든한 우군이다.

　전국 각지에서 도시재생이 펼쳐지면서 가장 먼저 만들어진 조직은 도시재생 지원 센터다. 이 센터에는 별정직(계약직) 공무원이 센터장으로 일하며, 프로그램을 기획하고 진행한다. 도시 공학, 도시재생, 건축 설계, 사회 복지, 사회학과 등을 졸업한 학생들이 인턴이나 직원으로 들어오는 경우가 많다. 해당 지역의 공무원이 잠시 파견 나오는 경우도 있다.

　주된 업무를 보면 이들이 왜 도시재생의 핵심인지 알수 있다. 이들은 담당 지자체 공무원과 업무 회의, 주민 자치 프로그램 기획, 주민총회(간담회) 진행, 각종 프로그램 준비 및 실행, 타 도시재생 센터와의 협업, 사업비 집행 및 정산 등을 도맡는다.

　문제는 이 같은 업무가 시스템으로 구조화되지 못하고 활동가의 개별적 노력으로 유지되는 경향이 심하다는 것이다. 마치 시민 단체나 사회적 기업과 마찬가지로 제대로 된 일자리나 기업이라고 하기엔 근무 환경이 열악하다. 업무의 범위가 매우 넓고 포괄적이라서 전문성이 생기기 어려운 것도 한계다. 지역 주민과 상생하고 도시재생 전문가로 성장하기 위해 일을 시작했지만 가장 먼저 맞닥뜨리게 되는 건 광범위한 주민의 요구다. 주민들이 원하는 기준을 맞춰주느라 밤늦게까지 설명회에 참가하거나 주민 한명 한명을 대면하고 설명하는 업무를 하다 보면 지치기 마련이다. 투입되는 시간과 노력보다 보상이 적은 점도 문제다. 공무원보다 못한 월급과 불안정한 계약직 신분으로 인해 정권이 바뀌거나 지자체의 재정 지원이 없어지면 대다수는 자립하기 어렵다.

여기서 지속 가능성에 대한 문제가 제기된다. 도시재생 사업은 무한정 지속되는 게 아니라 3년에서 5년 정도의 사업 기간을 두고 사업비가 투입된다. 이 시간은 수십 년에 걸쳐 쇠퇴한 지역을 되살리기엔 너무 짧은 시간이다. 도시재생은 단순히 요구 사항을 듣고 조율하는 것 그 이상이다. 주민들을 교육하고 공동체를 구성하는 일이다. 마을회관 같은 거점 공간을 만들고 사업 운영을 안정시키려면 5년은 너무 짧다. 도시재생은 애초에 성과를 측정하기도 어려운데 그 성과가 나오기도 전에 사업이 끝나 버린다.

재개발의 포식자들

도시재생은 지역 주민과 활동가의 협력과 노력으로 한 땀 한 땀 진행되지만, 재개발은 명확히 자본의 논리로 추동된다. 재개발은 소유자들이 모여 땅을 모아 통합 개발하는 사업이다. 땅의 규모에 따라 1000평 이하의 소규모 재개발부터 1만 평이 넘어가는 대규모 재개발까지 다양하게 구분된다. 사업을 조합이 주체적으로 가져가는지 혹은 신탁 회사나 SH공사 같은 제삼자에게 위임하는지에 따라 민간 재개발, 신탁 방식 재개발, 공공 재개발로 구분될 수 있다.

재개발의 방식이나 주체와 무관하게 이 사업에는 수많은 사람이 숟가락을 얹는다. 막대한 자본이 투입되고 지출되는 장기간의 사업이기 때문에, 그 주변에는 콩고물을 한입 하기 위해 배회하는 이들이 많다. 도시재생과 달리 해당 구역 전체에 대하여 전면 철거와 대규모 신축이 일어나며, 사업의 구간마다 용역비, 인건비, 공사비, 각종 부담금 등 막대한 비용이 지출되기 때문이다. 돈 냄새를 맡은 포식자들이 재개발 구역으로 몰려든다.

가장 먼저 달려드는 회사는 정비 업체, 즉 재개발 컨설팅 회사다. 재개발에 대해서 잘 모르는 주민과 소유자들에게 사업을 통해 새 아파트를 받거나 큰돈을 벌 수 있다고 꼬드긴다. 이들은 소유자가 해야 할 업무를 대신해 정비 사업 전반에 대한 업무를 위임받아 동의서 징구나 인허가 서류 작성 같은 번거로운 일부터 조합총회나 대의원회 개최 같은 굵직한 일을 대신한다. 소위 '재개발 브로커'라 불리며 조합으로부터 권한을 위임받아 사업을 추진해 나간다.

위 업무는 할 줄 안다고 해서 아무나 하는 일이 아니다. 정부와 지자체로부터 법인의 자본금과 인력 구성 등 자격을 확인받아 도시정비법에 따른 '정비사업전문관리업' 면허를 취득해야 하고, 조합(혹은 추진위)과 정식 용역 계약을 체결해야 한다. 하지만 무면허·무자격 정비 업체와의 계약, 불필요한 용역 계약과 과대하게 부풀려진 용역비로 초래된 조합-업체 사이의 갈등 등의 문제가 발생하는 경우가 잦다. 소송과 조합 내부 분열, 사업 지연·중단이 일어나는 주요 원인 중 하나다.

시공사는 가장 잘 알려진 재개발의 수혜자다. 재건축과 마찬가지로 건설사는 재개발 구역 전체에 대한 철거와 신축을 총괄하며 엄청난 규모의 공사 매출을 따낼 수 있다. 자사의 아파트 브랜드를 알리는 것은 덤이다. 문제는 조합으로부터 시공권을 따내기 위해 다른 건설사와 경쟁하는 구도가 만들어져, 조합원을 대상으로 하는 불법·편법적인 행위가 다수 발견된다는 점이다. 시공사는 조합총회를 거쳐 선정되는데, 여기서 최다 득표를 얻기 위해, 마치 초등학교 반장 선거 때 햄버거를 돌리는 것처럼 뇌물과 금품을 조합원들에게 살포한 사례도 있다. 이 비용은 결국 돌고 돌아 공사비 상승과 분양가 상승으로 연결된다.

그 외에도 사업비와 공사비를 대출해 주는 은행과 금융 기관, 멋진 조감도와 이미지를 그려주고 설계 도면을 작성하는 건축사사무소와 엔지니어링 회사, 미동의자·세입자에 대한 수용·보상 업무를 진행하는 감정평가법인과 법무법인, 공사비·분양가를 검증하기 위한 한국부동산원, 분양·홍보를 위한 분양 대행사와 광고 대행사 등 수많은 회사가 서로 다른 역할로 재개발에 참여한다. 재개발이 왜 부동산의 황금알로 불리는지 알 수 있는 대목이다.

내전의 당사자, 주민들

무엇보다 사업을 완수하기 위해 가장 중요한 것은 결국 주민이다. 하지만 같은 지역의 주민이 서로 적대하며 싸우는 광경은 늘 내전을 방불케 한다. 특히 2000년대 초반 재개발·뉴타운 구역으로 묶여 있다가 해제된 후 도시재생 지역으로 재설정된 지역은 2020년대부터 다시 재개발(공공 재개발, 역세권 활성화 사업, 가로 주택 정비 사업 등)의 소식에 들썩인다. 주택한 채가 가계의 전 재산인 한국에서 내가 가진 작은 단독 주택이나 빌라를 둘러싸고 어떤 게 최선인지 저울질하는 문제이기에, 모두가 서로 다른 목소리를 내며 이권을 주장한다.

분명히 할 것은 단순히 사업을 이분법으로 나눌 순 없다는 점이다. 주민들 역시 도시재생과 재개발 중 원하는 것을 취사선택할 순 없다. 흔한 오해 중 하나는 "도시재생 때문에 재개발을 못 했다"라는 것이다. 인과관계의 오류다. 재개발이 진행되지 않아서 도시재생 사업을 추진한 것이지, 도시재생 때문에 재개발을 추진하지 못하게 되었다는 건 순서에 맞지 않는다. 도시재생법은 2013년에 제정된 반면, 현재 도시정비법이라 불리는 도시재개발법은 1976년에 나왔다.

그렇다면 반대로 왜 도시재생 구역으로 지정될 때까지 재개발이 이뤄지지 못한 걸까? 사업성이 떨어지기 때문이다. 아직 재개발이 진행되지 않은 곳의 대부분은 재개발을 진행할 시 투입되는 비용 대비 효용이 떨어진다. 이런 곳들이 다시금 재개발로 들썩이는 이유는 그만큼 주변 아파트값이 올라서 과거보다 수익성이 높아졌거나 각종 도시 계획의 변경으로 사업 수지가 나아졌기 때문이다. 재개발 구역이 본격적으로 해제되며 서울시에서 도시재생을 본격적으로 추진한 2012년은 비단 서울시장이 오세훈에서 박원순으로 바뀌었기 때문만은 아니다. 다음 장의 표에서 볼 수 있듯, 2008년 이후 본격화된 미국발 금융 위기와 더불어 당시 정부의 대규모 주택 공급(이명박 정부의 보금자리주택)으로 인해 부동산 가격이 지속적으로 횡보하거나 소폭 하락하는 추세에서 벗어나지 못했기 때문이다.

당시 상황을 보면 많은 지역이 재개발 예정 구역으로 지정된 상태에서 허송세월 사업이 지연되어 거주자와 소유자 모두의 불만이 커졌다. 재개발 예정 구역으로 지정돼 건물 신축이 불가능하며, 리모델링을 하려고 해도 언제 철거될지 모르기 때문에 수선 비용을 쉽게 들이지 못한 것이다. 언제까지

서울시 아파트 실거래가 지수

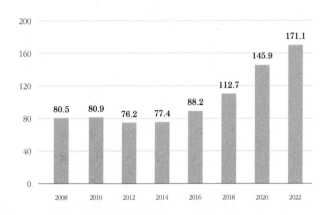

* 출처: 한국부동산원, 2023

여기에 살 수 있는지 불확실하기에 거주자들의 불안감도 높고 사는 지역에 대한 정감을 갖기 어려웠다.

쓰레기 무단 투기부터 파손된 외벽과 담장을 그대로 방치하는 등 노후 지역은 점차 우범 지대로 전락했다. 이에 정비 구역 해제를 요청하는 목소리가 커졌다. 부동산 시장의 약세로 분양가 상승도 어려울 뿐만 아니라 분양 완판을 기대하기도 어려운 상황이었다. 도시재생은 장기간 걸리는 재개발의 불확실성을 해소하기 위한 새로운 대안으로 제시됐다.

영원한 것은 없다. 주민들의 부동산 가치와 거주 환경

두 마리 토끼를 모두 잡는 정답도 늘 바뀐다. 그리고 다시 한번 갈등은 거세지고 있다. 부동산 가격이 확실한 방향으로 움직일 때는 갈등이 오히려 작다. 확실한 상승 추세라면 대부분이 재개발을 원하고, 명백한 하락장 혹은 침체기라면 재개발 해제를 원할 것이다.

하지만 부동산 시장이 횡보하며 상승 거래와 하락 거래가 불규칙하게 반복될 때는 여론이 분분하게 갈린다. 이런 현상은 특히 입지가 좋은 서울의 노후 주거 단지에서 심하다. 오래전부터 살아온 원주민과 시세 차익 혹은 분양권을 위해 들어온 투자자 사이에 갈등은 첨예해진다. 낡은 집에서 30년 이상 거주한 고령층 실거주자와 그 동네가 빨리 재개발되어 새 아파트에 입주하고자 하는 주민들 사이, 어떻게 의견을 일치시킬 수 있을까? 확실한 경제적 이익 혹은 강력한 외부적 요인이 없다면 요원한 일이다.

오래된 도시

서울이 한반도의 수도로 자리 잡은 지 600년이 훌쩍 지났다. 조선 시대 이전에도 한양이라는 도시가 있었던 걸 생각하면 그보다 훨씬 오랜 기간 수많은 사람이 이 도시에 살았을 것이다. 지금의 서울은 오랜 역사가 켜켜이 쌓여있는 시간의 도시다. 하지만 그 오랜 시간을 증명하고 있는 공간은 생각보다 많지 않다. 몇 차례의 전쟁으로 도시 대부분이 파괴됐고 새로 지어졌다. 광복 이후 수많은 개발과 재개발, 정비 사업은 수십 년간 반복적으로 계속됐다. 그 과정에서 서울은 계속해 소유자들과 정치인들, 외부자들에 의한 내전을 치러온 셈이다.

　오래된 도심을 두고 어떤 방향이 올바른 방향인지 아직도 많은 갈등과 정치적 논쟁, 경제적 이해관계가 다툰다. 특히 부동산 소유권이 잘게 나눠진 도심 지역은 소유자의 소득과 재산 수준, 정치 성향, 보유 목적에 따라 소유자의 생각이 천차만별이다.

　소유자 외에도 세입자, 구역 인근 주민, 구의회와 시의회, 구청장과 시장까지 이해당사자는 끝이 없다. 소유자 입장에선 내 땅에 대해 이래라저래라 간섭하는 게 싫고, 공공 입장에선 대의와 공익을 실현하기 위해 꼭 필요한 지역을 민간이 임의로 난개발하는 걸 손 놓고 있을 수 없다. 이 싸움이 점점 가치 전쟁 양상으로 치닫는 것은 이러한 복잡성과 모호성 때문이다.

　정쟁과 부동산 시장의 역동 속에서 수많은 지역이 재개발과 도시재생 사이를 오갔다. 주민들은 불안해했고, 언론들은 갈등을 부채질했으며 정치인은 자신의 표를 모으기 바빴다. 도시의 장기 전망과 미래 세대를 위해 기획된 사업들은 늘 산발적 이슈와 파편화된 논쟁 속에 제 기능을 다하지 못했다.

이것은 꼭 정치인의 문제도, 이권만을 내세우는 주민의 문제도, 잇속을 챙기려는 제삼자의 문제도, 자극적으로 보도하는 언론만의 문제도 아니다. 도시를 바라보는 관점에 대한 사회적 합의의 부재다.

같은 풍경을 보더라도 개인의 생각과 철학, 이상에 따라 도시는 다른 모습을 한다. 어떤 이에게 서울은 오래된 역사에 비해 도시의 고유한 정취를 느낄 수 없고 문화성·역사성이 부족한 삭막한 도시다. 어떤 이에게는 대한민국의 수도로서 경제 규모와 국제적 위상에 맞지 않은 낡고 노후화된 도시일 수도 있다. 혹 누군가에겐 원주민을 내쫓고 뉴타운이란 이름 아래 돈 많은 새로운 사람들을 수혈하는 무자비한 도시처럼 보일 것이다. 서울은 옛말에도 '눈 뜨고 코 베이는 곳'이었다.

도시는 사람과 생활을 담는 그릇이다. 그릇에 따라 내용물의 모양이 바뀌기도 하지만, 무엇보다 중요한 건 그릇에 담기는 내용이다. 건물과 인프라가 낡았다고 해서 도시 속 시민들의 삶과 생각이 과거에 머물진 않는다. 마찬가지로 화려하고 높은 건물들이 빼곡한 도시에서도 구시대적 발상이 난무하고 고리타분한 일상이 가득할 수 있다. 도시의 물리적 환경과 외관, 깔끔하고 정돈된 도로는 중요하지만 결국 도시는 사람을 위한 공간이고, 사람이 생활하기 위한 장소다. 돈을 위한 공간일 수 없다. 수십 년이 지난 뒤 서울을 비롯한 전국의 도시들은 어떤 도시가 되어야 할까. 그때 이들 도시가 가질 경쟁력은 어떤 것일까. 어렵고 혼란스러울 때일수록 도시 계획의 기본과 원칙을 돌아볼 기회로 삼아야 한다.

차가 너무 막힌다. 도로에 차를 버리고 걸어가는 게 빠를 것
같다. 지하철도 마찬가지다. 출퇴근 시간은 말할 것도 없고,
평일 대낮에도 지하철에 앉을 자리 하나 없이 사람이 가득하
다. 지하철과 버스의 혼잡도는 항상 빨간 불이다. 도로만 문제
가 아니다. 쓰레기처리장 용량이 초과해, 제때 쓰레기를 수거
해 가지 못해서 도시 곳곳에 악취가 가득하다. 도시의 어디를
가도 주차장이 부족해 차에 시동을 걸 엄두조차 나지 않는다.
주민들의 민원이 넘쳐나고 시민들의 불만은 점차 높아진다.
시장과 도지사, 구청장을 비난하는 기사들이 연일 끊이지 않
고, 반대 정파의 공격이 거세지며 정치적·사회적 사안으로 발
전한다.

인프라의 시대

위 이야기는 인프라가 제대로 갖춰지지 않은 가상의 도시에
서 벌어지는 일을 가정해 소설처럼 적어 본 것이다. 우리는 도
시에 살면서 알게 모르게 수많은 시설을 사용한다. 하루도 빠
짐없이 사용하지만, 너무 일상적이고 당연해서 개인들은 잘
체감하지 못하는 시설들이 있다. 사람들이 눈치채지 못한다
는 건 오히려 그 시설과 인프라 시스템이 잘 작동하고 있다는
방증이다. 도시에 수많은 사람이 빽빽하게 생활하고 거주할
수 있게 하는 원동력이 된다. 이러한 시설을 흔히 '도시 계획

시설' 혹은 '사회 간접 자본(SOC·Social Overhead Capital)', 더 쉽게는 '인프라'라고 부른다. 대표적으로 도로, 공원, 상하수도, 변전소, 지하철, 버스 정류장과 주차장, 차고지 등이 있다.

대부분의 도시 계획 시설은 국가와 지자체가 세금을 통해 조성하고 운영한다. 이 시설들은 공장이나 업무 시설이 아니기 때문에 그 자체로 수익이 되진 않는다. 하지만 돈이 안 된다고 이러한 인프라에 투자하지 않거나 노후화된 시설을 개선하지 않으면 생활 환경이 악화하고 생산 활동이 제대로 이루어질 수 없다. 그간 신경도 쓰지 않은 시설들의 소중함을 즉각 체감하게 될 것이다.

이는 국가 경제까지 위협할 수 있는 사안이다. 만약 대규모 공장에서 최신형 반도체를 생산했는데, 이를 수출하기 위한 항만이나 공항이 제대로 갖추어져 있지 않으면 어떻게 될까. 글로벌 기업이 새로운 공장 건설이나 대규모 투자를 고려할 때 해당 도시나 지역, 더 나아가 국가 자체가 선택받지 못할 것이고 중요한 기회를 놓칠 수 있다. 테슬라 CEO인 일론 머스크를 위해 대통령이 별도의 회담까지 진행하는 이유는 테슬라의 공장인 '기가팩토리gigafactory'를 유치하기 위함이다. 국제적 갈등 심화로 생산 시설을 자국에 불러들이는 '리쇼어링reshoring' 움직임에, 다국적 기업의 탈중국 흐름까지 더해지며 각국의 매력 뽐내기는 더욱 치열해졌다. 유명한 기업의 공장 하나만 유치할 수 있어도 엄청난 공적이다. 정치인 입장에서 인프라의 부재는 결코 허용할 수 없는 일이다.

고도 성장기의 엔진

한국은 급속한 경제 성장과 도시화로 단시간에 다수의 인프라와 도시 계획 시설이 만들어졌다. 경부고속도로로 대표되는 대규모 토건 사업이 서울을 포함한 전국 각지에서 동시에 진행됐다. 건설·토목 사업이라는 단일한 사업을 위해서는 다수의 하도급 업체가 필요하다. 설계사무소, 감리 회사, 시멘트 공장, 아스팔트 제조 회사, 중장비 대여 심지어는 건설 인부의 식사를 책임지는 '함바집(현장 식당)'까지 필요하다. 노동 집약적 산업이기 때문에 첨단 산업과 같은 하이테크hi-tech 기술이 필요하지 않으며, 대규모 고용 창출이 가능하다. 비용 투입에 대한 결과물을 공정률에 따라 즉시 확인 가능하다는 장점도 있다. 1970~1980년대 고도 성장기에 이 같은 사업은 속칭 '뉴딜'로 통했다. 심각한 주택난, 대중교통 부족, 수출 인프라 구축 등 다양한 사회적·경제적 문제를 해결하며, 동시에 기업의 확실한 성장을 담보하는 좋은 사업 모델로 자리 잡았다.

이 당시 시장과 구청장, 도지사 등의 정책 결정자들이 하는 일은 비교적 간단했다. 언제 어디에 어떤 회사가 도로와 지하철, 인프라를 놓을지 결정하면 됐다. 예를 들어 현대건설이 지하철 2호선을 공사하고, 대우건설이 동작대교를 시공하며, 올림픽대로는 삼성물산이 건설하는 것을 정해주면 되는 것이다. 강남 개발(영동 택지 지구)을 비롯한 수많은 건설 현장이 서울 각지에 넘쳐났고 토목·건설 회사들이 할 일 또한 끝이 없었다. 서울시장은 하이바를 쓰고 착공식과 기공식, 안전 기원제, 준공 기념행사 등을 돌아다니며 기념 촬영을 하는 게 주요 일정이었다.

　　비단 한국만의 특별한 사례가 아니다. 뉴딜 사업 모델은 원래 미국에서 왔다. 제2차 세계 대전 이후 미국에서 진행된 대규모 인프라 사업은 주간 고속 도로Interstate highway를 만들고 후버댐을 만들면서 일자리를 창출하고 생활 환경을 개선했다. 이처럼 국가·정부가 사업을 주도하며 민간이 참여하는 경제 모델은 케인스주의로 불리며 미국을 포함한 서구 유럽권 국가의 경제 모델로 자리 잡았다. 전쟁 상흔을 복구하고 도시를 재건하는 사업들이 50년대와 60년대를 책임진 것이다. 그리고 10여 년이 지난 뒤 한국 전쟁을 겪은 우리나라로 수입되어 절찬리에 전국 각지로 퍼졌다.

　　막대한 돈이 들어가고 그만큼 경기를 부양했지만 이 사업이 무한히 지속할 수 없는 이유는 마찬가지로 돈이었다. 인프라와 사회 기반 시설은 돈 먹는 하마다. 인프라 사업에는 시설을 지을 수 있는 땅이 필요하고 그 뒤에는 건물을 짓는 공사비가 들어간다. 시설을 정상적으로 운영하기 위한 비용도 꾸준하게 필요하며, 시설이 오래되거나 고장나면 이를 유지·보수하기 위한 수선 비용도 필요하다. 이 비용들은 누군가가 부담해야 할 비용이다. 국가가 진행한 만큼 납세자의 몫으로 돌아오는 일이 부지기수다. 가장 최근 준공되어 개통한 월드컵대교는 공사비로만 3550억 원이 들어갔다. 1980년에 완성된 성산대교는 1128억 원을 들여 2017년부터 5년에 거쳐 성능 개선 공사를 진행 중이다. 이 같은 비용은 매해 꾸준히 사용된다. 2022년 서울시 부문별 예산 39조 2000억 원 중에도 6조 8000억 원, 약 17.5퍼센트가 유지·보수 비용이었다.

상황이 이러니 더는 건설 현장에서 시장이 카메라 앞에 서는 일은 부담스러운 행사가 됐다. 급격한 고령화로 노인 빈곤이 대두되고, 경제 위기로 문을 닫는 자영업자와 중소기업이 넘쳐나는 상황에서 '또 공사판을 벌여 혈세로 건설 회사의 배만 불린다'라는 비난의 목소리가 커지기 시작한 것이다.

뉴딜은 끝났다

뉴딜의 시대는 지났을까? 그렇다면 그 이유는 무엇일까? 확실한 것은 공사장만으로 국가가 유지될 순 없다는 점이다. 사회 기반 시설 유무에 따른 사회적 효용은 극명한 차이를 보이지만, 있는 것을 개량하고 확대·운영하는 시점부터는 인프라의 비용 대비 체감 효용이 크게 떨어진다.

예를 들어 생각해 보자. 서울에서 부산을 내려가는 고속도로가 없다면 굽이치는 국도 위에서 12시간 동안 운전대를 잡아야 하지만, 경부고속도로가 만들어진 뒤로는 5~6시간 동안 쭉 펼쳐진 직선 도로 위를 달리기만 하면 부산 바다를 볼 수 있다. 도로 개설로 발생하는 투자 효과는 확실하다. 하지만 경부고속도로가 너무 많이 막혀서 한 개 더 만든다면, 그 효과는 처음보다 훨씬 떨어진다. 도로 설계를 더 잘하고 터널을 효과적으로 뚫어서 서울부터 부산의 거리가 자동차 기준 네 시간으로 단축된다고 하더라도, 투입되는 비용 대비 효과는 첫 경부고속도로에 비해 미비할 수밖에 없다. 새마을호가 다니는 노선을 KTX가 다닐 수 있게 개량하는 사업, 4차선 국도를 6차선으로 확폭하는 사업도 모두 비슷한 법칙이 적용된다. 경제가 발전하고 고도화될수록 토건 사업의 효과는 점차 수확 체감된다.

또 하나의 이유는 경제 성장의 공식이 바뀌었다는 것에 있다. 우리나라뿐만 아니라 전 세계적인 경제의 주도권은 IT와 인터넷, 바이오 등과 같은 고부가 가치 산업으로 이동했다. 1억 원은 강남역 근처의 땅 한 평을 사는데 부족하다. 하지만 이 돈을 열 명의 잠재력 있는 창업 준비생에게 지원한다면 어쩌면 수백 명 이상을 고용할 스타트업이 탄생할 수 있다. 그리고 그렇게 만들어진 기업이 시장을 변화시키고 있다. 100개의 기업이 상대적으로 균등하게 매출과 영업 이익을 일으키며 경제를 이끌어나가던 시대에서, 한두 개의 기업이 특정 산업 부문의 과반을 차지하며 높은 시장 점유율을 차지하는 경제 구조로 변화한 것이다.

한국의 스마트폰 시장에서 애플과 삼성은 2022년 기준 전체 시장의 90퍼센트 이상을 차지한다. 하지만 토목·건설 업계의 시장 구성은 이정도 수준의 독과점은 아니다. 2022년 국토교통부의 전국 종합 건설 사업자의 '시공능력평가'를 기준으로 보면, 상위 열 개 업체는 전체 시공 능력의 합계에서 35퍼센트를 차지한다. 1위인 삼성물산이 사업 규모에서 22조 원을 기록하고 있지만, 전체 271조 원에 비하면 그렇게 큰 비중은 아니다. 압도적인 기술력 차이도, 특별한 원가 절감 방식도, 확고한 소비자의 팬덤도 없는 시장에서 크고 작은 회사들이 시장을 적당히 나눠 가지고 있다.

무엇보다 가장 달라진 점은 고도의 경제 성장과 인구 성장이 저물었다는 점이다. 한국의 경제 성장률이 5퍼센트를 밑돈 것은 십여 년도 넘었다. 마지막으로 6.8퍼센트를 기록했던 2010년은 지금에 비하면 호시절이다. 합계출생률은 2018년 1.0 아래로 떨어진 이래 지속 우하향하는 중이다. 유소년

(14세 이하) 100명 대비 노인(65세 이상) 인구를 의미하는 고령화 지수는 2017년 처음 100을 돌파한 이후 2022년 167로 급격하게 상승 중이다.

　　이 모든 지표는 사회 복지 비용의 급격한 증가를 가리키고 있다. 2005년 61조 원에서 2020년 302조 원까지 사회 복지 지출은 다섯 배 증가했다. 2020년 대한민국 GDP의 14퍼센트가 사회 복지 비용으로 사용됐지만, 이 규모의 복지 재정조차 OECD 평균 복지 지출 비율의 60퍼센트 수준이다. 향후 10년 이내에 급격한 경제 활동 인구 감소로 이 비율은 14퍼센트에서 20퍼센트까지 증가할 예정이다. 경제 성장 둔화에 따른 인프라 수요 감소, 국가 재정 중 사회 복지 비용 확대, 경제 시스템의 변화는 과거 국가 주도의 사회 기반 시설 투자와 건설에 대한 패러다임에 대한 변화를 가속했다. 세금은 한정적이고 써야 할 곳은 많아지고 있다.

　　그렇다고 인프라 투자를 중단할 수는 없다. 어쨌든 만들어 놓은 시설을 유지·운영·보수해야 하고, 수도권을 향한 인구 이동은 멈추지 않기 때문이다. 기반 시설에 대한 시민들의 요구도 달라지고 있다. 과거엔 단순히 '필요하다'에 그쳤다면 이제는 '더 안전하게, 빠르고 쾌적하게, 편리하게'와 같은 질적인 내용이 주를 이룬다. 인프라와 도시 계획 시설, 사회기반 시설에 대한 좀 더 효과적인 방식이 요구된다. 그 대안으로 등장한 것이 바로 민간 투자 사업이다.

기적의 논리에 숨겨진 것

언제나처럼 새로운 시도는 해외의 선진 사례를 도입하면서
시작됐다. 유럽과 미국의 주요 도시들에서는 도로와 상하수
도, 철도 등을 민간에서 건설하는 일이 잦아졌다. 그 과정에서
민간 투자 사업이 태동했다. 국가와 도시, 시대마다 적용되는
기준과 운영 방식, 법규 등은 각양각색이지만 사실 기본 원칙
과 개념은 비슷하다. 민간 사업자가 자신의 비용으로 기반 시
설을 건설하고, 일정 기간 민간이 투자한 비용을 회수할 수 있
도록 민간 사업자와 국가·지자체 사이에 계약을 체결하는 형
태다. 사업에 따라 다른 점은 소유권과 운영권에 관한 내용이
다. 건설한 시설의 소유권을 국가·지자체가 갖는지 혹은 민
간 사업자가 갖는지, 민간의 투자 비용 회수를 공공에서 지원
하는지 혹은 민간이 자력 운영을 통해 해결하는지에 따라 민
간 투자 사업 각각의 디테일이 다르다.

    우리나라에서 민간 투자 사업의 가장 대표적인 두 가지
사업 유형은 임대형과 수익형이다. 민자 사업을 통해 만들어
진 시설물을 공공이 임대하여 사용하면 임대형, 민간이 자체
적으로 운영하면 수익형이다. 일반적으로 임대형은 사용료
수익으로 투자비 회수가 어려운 시설, 이를테면 학교, 기숙사,

복지 시설, 상하수도 등에 진행된다. 수익형 방식은 사용료·이용료 등을 통해 투자비 회수가 가능한 시설 즉 고속도로, 철도, 철도 역사 등에 주로 적용된다.

임대형 민자 사업은 전문 용어로 'BTL(Build-Transfer-Lease)'이라 불리며, 민간 사업자가 시설물을 짓고, 공공이 해당 시설을 사용·임대하는 방식이다. 예를 들어 1000억 원 정도 소요되는 기반 시설이 있다고 했을 때, 민간에서 직접 비용을 들여 시설물을 건설한다. 이후 정부·지자체가 시설물을 임대해 수십 년에 걸쳐 임대료·사용료를 지급, 이 임대료로 민간 사업자가 투자 원금과 이자를 회수하는 구조다. 대표적인 사례는 학교, 항만, 박물관, 철도 시설, 군인 관사 등이 있다. 이렇게 지어진 건물들은 세금으로 지어진 시설과 외관상으로도 그리고 운영상으로도 전혀 차이가 없다. 일반 시민들이 보기에도 일반적인 학교이고, 철도일 뿐이다. 시설물의 소유권도 공공이 가진다. 돈이 부족해 뉴딜 성격의 사업이 좌초를 겪은 것을 생각하면 기적의 방법처럼 보인다.

그러나 이 사업 구조를 잘 보면 '대출'과 닮아있다는 걸 알 수 있다. 국가와 지자체가 민간 사업자에게 사용료·임대료를 계약 기간에 나누어 지급하기 때문이다. 민간이 얼마를 투자하고 공공은 어느 정도의 임대료를 지급하는지, 몇 년에 걸쳐 비용을 지급하는지가 다를 뿐이다. 이 방식의 한계는 명확했다. 시설물의 건설과 조성에 당장 세금이 투입되지 않을 뿐, 여기에 쓰인 돈은 결국 임대료와 사용료를 통해 갚아야 할 국가(지자체)의 비용이었기 때문이다.

위 이유로 서울시를 포함한 정부와 지자체는 '수익형' 민간 투자 사업을 주로 진행했다. 수익형은 흔히 'BTO(Build-Transfer-Operate)'라 불린다. 민간 사업자가 자기 비용으로 시설물을 건설하여 공공에 소유권을 넘겨준다는 점에서 임대 방식은 같다. 사업 계획의 앞 페이지도 거의 비슷하게 흘러간다.

다만 차이점은 국가가 임대료·사용료를 민간에 지급하지 않고, 민간 사업자가 일정한 계약 기간 동안 직접 시설을 운영·수익하여 사용자(시민)에게 이용 요금을 징수한다는 점이다. 시민들이 내는 사용 요금에는 해당 시설의 운영 비용뿐만 아니라 초기에 시설을 조성하고 설치하기 위해 들어간 민간의 투자금까지 포함되어 있다. 대표적인 시설은 신분당선과 같은 대중교통이나 자동차 전용 도로, 민자 고속도로다. 2023년 기준 21개의 민자 고속도로가 운영되고 있으며 인천공항고속도로 등이 여기 포함된다.

임대형BTL과 다르게 수익형BTO 인프라는 시민들에게 묘한 이질감이 있다. 시민들은 해당 시설에 들어서면 민간 투자 사업을 통해 만들어진 시설이라는 점을 어느 정도 알 수 있다. 서울지하철 중 신분당선과 9호선을 생각해 보면 이해가 쉽다. 신분당선은 신분당선 주식회사, 9호선 일부 구간은 서울시메트로구호선 주식회사가 운영하고 있다. 서울교통공사가 운영하는 1호선부터 8호선까지의 노선과는 확연히 다르다. 이용자들이 환승·탑승할 때 교통 카드를 태그하는 별도의 개찰구가 존재한다. 민자 노선에 탑승하는 이용자의 숫자와 이동 구간을 정확히 측정하여, 별도의 요금을 징수하기 위해서다.

우리가 중점적으로 살펴야 할 사업은 바로 수익형 방식의 민간 투자 사업이다. 임대와 달리 수익형은 공공이 기본적으로 비용을 부담하지도, 책임지지도 않는다. 과거에는 국가나 지자체가 민간 사업자에게 제도적으로 최저 운영 수입 보장(MRG·Minimum Revenue Guarantee)을 약속한 사례도 종종 있었다. 이런 약속이라도 없으면 민간이 섣불리 큰돈을 투자하기 어려울 것이란 예측에서다. 하지만 2006년 민간 투자 사업 관련 법률이 개정되고, 기존에 계약한 사업들도 공공과 민간 사업자 간 운영 계약을 변경하면서 현재는 최저 수입 보장을 약정한 사업은 거의 없다.

그렇다면 이번에야말로 사회에 필요한 인프라를 공공의 부채 없이 확충하는 기적의 방법을 찾아낸 걸까? 공공이 민간 사업자에게 수입을 보장해야 하는 것도 아니고, 사업 시행에 대한 세금 부담도 없으니 많은 기반 시설을 다 수익형 방식의 민간 투자 사업으로 진행하면 공공 입장에선 '꿩 먹고 알 먹고'가 된다고 착각하기 쉽다. 하지만 시민의 세금이 투입되지 않았다고, 마음 놓고 있을 순 없다. 한 가지 꼭 알아야 하는 점은 이런 방식의 민간 투자 사업에도 공공의 비용이 크든 작든 분명 투입된다는 점이다.

가장 먼저 고려할 점은 토지와 사업에 대한 기회비용이다. 대부분 인프라는 국가·지자체의 땅에 조성된다. 이를 무상·유상으로 민간 사업자가 임대해 시설물을 건설하는 게 대부분이다. 사업 계획에 따라 건물이나 대중교통 등의 시설이 만들어지면, 그 땅에는 다른 시설이 들어설 수 없고 다른 사업을 할 수 없다. 민간 자본 100퍼센트로 건설과 운영을 한다고 가정해도, 시설이 들어선 땅은 공공의 것이다. 즉, 이를 다른 용도로 활용할 기회를 잃어버리는 셈이 된다. 격변하는 미래에는 초기 계획한 시설이 아닌 다른 시설물이나 인프라가 필요할 수 있다.

다음은 보조금에 대한 부분이다. 민간 투자 사업에는 건설 보조금 혹은 운영 보조금이 지원되는 경우가 대부분이다. 가령 GTX와 같이 공공의 필요 하에 진행되는 국책 사업을 민간 사업자가 진행하는 형태에선 건설 보조금이 지급된다. 이미 조성된 민자 사업 인프라에도 지속적으로 적자가 발생할 경우, 공공이 운영권을 인수하거나 일부 적자를 보존하기 위해 운영 보조금을 지급할 수 있다. 각종 보조금·지원금뿐만 아니라 해당 계획의 사업성 검토 용역과 타당성 평가, 사전 조사, 민자 사업 적정성을 평가하기 위한 용역 또한 공공이 초기에 부담해야 하는 비용이다.

마지막으로는 시설의 이용 요금이다. 일반 시민들의 피부에 가장 와닿는 대목일 것이다. 돈 없이 굴러가는 것은 없고, 누군가는 비용을 어떤 형태로든 부담해야 한다. 세금을 통해 만들어진 인프라는 이용 요금이 상대적으로 저렴하다. 하지만 민자 시설을 사용하려면 이용자들은 더 비싼 비용을 내야 한다. 불특정 다수가 납세하는 세금을 통해 시설을 구축하여 이용자의 비용을 낮추는 게 좋을지, 민간 투자 사업을 통해 세금 투입을 줄이는 대신 사용자의 이용 요금을 더 높이는 게 좋을지, 정부와 지자체는 하나를 선택해야 한다. 인프라는 엄밀히 말하면 시민 모두를 위한 것인데 이용 요금에 차이가 나버리면 공정성에 어긋나는 결과를 초래할 수 있다. 한강에 멋진 수상 택시가 생기더라도 이용 요금이 터무니없다면 이를 활용하는 것은 소수에 불과할 것이다.

무엇보다 공공이 치러야 할 가장 큰 비용이자 리스크는 민간 사업자 선정에 대한 공정성 문제다. 사업 규모가 큰 부동산·건설 사업에서 특혜와 공정성, 정당성 이슈들은 툭하면 불거지지만, 민간 투자 사업의 경우 그 빈도가 훨씬 심하다. 사업 계획 관련 특혜, 사업자 선정 절차의 공정성, 지원금·보조금의 적정성, 사업 자체에 대한 정당성에 대한 논란은 끝이 없다. 지난 정권에서 추진했던 중점적인 민자 사업은 다음 정권에서 조사를 시작하는 첫 번째 프로젝트가 된다. 정권이 바뀌고 정당 색깔이 바뀔 때마다 전국 각지의 지자체에서도 이 같은 일이 반복된다.

기적의 논리와 같던 민간 투자 사업이 실제 어떤 구조로 이뤄졌는지 몇 가지 사례를 통해 들여다보고자 한다. 공공이 이루고자 한 목표는 무엇인지, 민간 사업자는 어떤 이익을 보고 무슨 역할을 어떻게 맡았는지 보면 왜 이들 사업이 지속적으로 파열음을 내는지 알 수 있다.

GTX는 해방을 가져다줄까

2022년 방영했던 JTBC 드라마 〈나의 해방일지〉는 출퇴근만
네 시간 걸리는 경기도민 청년들의 애환을 '해방'에 빗대 그
려 호평받았다. 극 중 창희(이민기 분)의 대사는 작품에 드러
난 주제 의식을 관통해 두고두고 회자되고 있다. "걔가 경기
도를 뭐라 한 줄 아냐? 경기도는 계란 흰자 같대. 서울을 감싸
고 있는 계란 흰자."

서울은 가뜩이나 사람이 많은데, 서울 외곽과 수도권에
거주하는 시민들이 일자리와 교육을 위해 매일같이 서울의
중심부로 통근하기 때문에 더 많게 느껴진다. 강남과 광화문,
여의도를 향하는 도로는 항상 막힌다. 서울에 지하철 노선이
11개나 되지만 지하철 승객은 이미 포화 상태다. 평일 퇴근
시간, 강남과 사당에서 빨간색 광역 버스를 타기 위해 기다리
는 사람들과 버스전용차로에 가득한 버스를 보고 있자면, 서
울살이의 팍팍함을 시각적으로 느낄 수 있다.

1기 신도시 이후 2기 신도시 그리고 각종 택지 지구 개
발 사업으로 수도권은 급격히 확장됐다. 수도권의 물리적 확
장은 교통 체증과 대중교통 포화, 그에 따른 사회적 비용과 민
원으로 연결됐다. 이에 정부는 수도권 광역 급행 철도를 도입
하여 수도권 외곽의 신도시에서 서울 도심까지 30분 이내로
도착할 수 있는 새로운 교통 수단을 강구, GTX를 발표했다.

GTX는 〈나의 해방일지〉의 주인공들과 같은 수도권 주민을 출퇴근 지옥에서 해방해 줄 꿈같은 해결책이다. 이들에게 교통은 곧 삶의 질과 '워라밸'을 좌우하는 요소이기 때문이다.

GTX는 지하철과 고속 철도 그 중간 정도의 위계를 지닌다. 보통 고속 철도라 하면 KTX나 SRT를 의미한다. 시속 300킬로미터의 속도로 수백 킬로미터씩 전국을 돌아다니는 열차다. 반면 GTX는 일반적인 전철보다 빠른 시속 100킬로미터 수준으로 서울과 경기도를 연결한다. 많은 지역을 커버하는 것보다 빠른 연결에 중점을 두다 보니 보통의 지하철보다 정차역이 훨씬 적다. 지하철보다 훨씬 깊은 지하(대심도)에 터널을 뚫고 선로를 건설하는데, 이는 지상의 토지 소유자 보상 문제를 최소화하기 위함이다. 파주에서 동탄까지 차를 타고 간다면 100킬로미터 정도의 거리를 돌아서 두 시간 가까이 운전해야 하지만, GTX가 완성된다면 교통 체증 없이 한 시간도 안 걸려 도착할 수 있다.

2023년 현재까지 사업 일정이 확정되어 사업 시행자가 정해진 노선은 총 세 개다. 경기도 파주에서 동탄을 연결하는 A노선, 인천 송도부터 경기도 남양주를 연결하는 B노선 그리고 경기도 양주시부터 경기도 수원을 잇는 C노선이다. 이 세 노선 모두 기본적으로 민간 투자 사업으로 기획되어 민간 사업자가 선정됐다. 현재 A노선은 공사가 진행 중이고 B와 C노

GTX 노선의 사업 개요

노선	길이	주요 연결 도시	민간 사업자
A	85.5km	동탄 · 기흥 ~ 강남 · 서울역 ~ 일산 · 파주	에스지레일
B	82.7km	인천 송도 ~ 여의도 · 청량리 ~ 남양주	대우건설 컨소시엄
C	74.8km	양주 · 의정부 ~ 청량리 · 삼성 ~ 안산 · 수원	현대건설 컨소시엄

* 출처: 국토교통부

선은 국토교통부와 실시 협약을 준비 중이다.

방만한 재정 사업 vs 효율적인 민간사업

민간 투자 사업은 앞서 살펴본 바와 같이 공공 입장에서 자금에 대한 부담이 덜하다. 하지만 GTX에 걸린 기대를 고려하면 왜 이렇게 중요한 광역 철도 세 노선을 모두 민자 사업으로 진행했는지 의문이 들 수 있다. 단순히 돈을 아끼기 위해서일까? GTX는 십여 년 동안 경기도 주민들이 염원해 오고 다수의 정치인이 공약으로 내건 국가 중점 사업이다. 오히려 국가와 지자체의 재정을 투입해 빠르게 완성하고 저렴하게 운영하는 것이 공익에 부합할지도 모를 일이다.

일견 타당한 이야기다. 재정 사업, 즉 세금이 들어가는 공공사업으로 진행할 경우, 시민들은 더 저렴한 비용으로 GTX를 이용할 수 있다. 민간 사업자와 실시 협약 과정에서 빚어지는 문제나 운영 중에 발생할 수 있는 갈등을 원천적으로 방지할 수 있다. 하지만 돈과 시간의 문제는 앞선 요소들을 무색하게 한다. 더 큰 문제는 과연 이 돈을 누가 얼마나 부담할 것이냐다. GTX 사업비는 약 4~6조 원으로 추산된다. 세 개 노선을 다 합하면 12조 원에서 15조 원에 달하는 막대한 비용이 필요하다. 이 비용이 나올 곳은 두 곳, 중앙 정부(국토교통부) 혹은 지자체다. 서울시와 경기도, 경기도 내부에서도 다양한 기초 단체를 지나는 GTX는 비용 분담 문제가 난해할 수밖에 없다.

중간에 공사비가 증액되거나 설계가 변경되면 더 골치 아프다. 공공사업은 국민의 세금을 집행하기 때문에 민간사업에 비해 돈을 쓰는 절차가 훨씬 복잡하다. 재원을 확보하기도 어렵지만, 이를 국회와 시의회, 도의회 등에서 각각 통과시키고 집행하는 절차도 까다로울 수밖에 없다. 4년에 한 번 지방 선거로 선출직이 바뀌는 것도 문제다. 시장이나 도지사와 같은 대표자가 바뀌는 것도 치명적이지만, 시·도의회 같은 입법·감시 기관의 구성원들이 바뀌는 것도 재정 사업의 지속성과 일관성에 어려움을 더한다. 서울 상암동과 양평동을 연결하는 월드컵대교만 해도 서울시 인프라 예산 감소와 다른 인프라 사업 추진에 따른 예산 분산 등의 이유로 착공부터 개통까지 11년 4개월이 걸렸다. 재정 사업의 한계다.

　　민간 투자 사업은 단순히 속도나 비용만의 문제는 아니다. 점점 거대해지는 공기업의 규모를 줄이며 정부의 실패를 방지하기 위하려는 목적도 있다. 동시에 민간이 가지는 효율성과 창의성을 인프라 사업에 적극 활용할 수 있게 된다. 국민연금이나 각종 공제회, 보험 기금 등 국내의 거대 연기금이 해외 인프라·부동산 투자로 빠져나가지 않고 국내 인프라에 투자할 수 있는 프로젝트를 만드는 것도 중요한 목표다. 하지만 가장 중요한 점은 흔히 말하는 '철밥통 공무원 마인드'가 수조 원의 인프라 사업에 발붙이지 못하게 막는 것이다.

　　민간 자본의 기회비용과 목표 수익률은 확실하다. 이들은 막대한 예산을 넣었기 때문에, 확실한 수익을 내야 한다. 은행에 예치만 해도 엄청난 이자가 붙는 돈을 사업에 투자했기 때문에 '아님 말고' 식의 사업 진행이 불가하다. 인프라 사업에 투자한 자본이 원하는 수익률을 얻고 투자금을 회수하기 위해 프로젝트에 최선을 다할 것을 기대해 볼 수 있다. 이와 같은 방식은 인프라 사업에만 국한되는 게 아니다. 인프라만큼 그 중요도가 크고 국가 안보·방위와 직결돼있는 우주 산업도 민간 자본과 합심해 '뉴 스페이스' 시대를 열었다. 미국 항공우주국NASA이 그간 투자한 돈과 비용에 비해 일론 머스크의 스페이스X가 보여주는 이른바 '가성비'는 압도적이다.

'돈이 된다'는 명제가 가지는 힘은 크다. 민간 사업자는 하루라도 빨리 GTX를 준공해서 운영을 시작해야 매출이 생기고 프로젝트의 대출이자도 줄일 수 있다. 역사 내 자투리 공간에 상점을 입점시키고 열차와 역사에 무인 관제 시스템을 도입하고, 객차 내 광고와 광고판 임대 등을 진행하면 지출을 줄이고 운영을 효율화시킬 수 있다. 코레일이나 서울교통공사라면 국회와 시의회, 각종 행정 절차를 밟기 위해 수개월이 걸리는 일들을 단 몇 주 만에 기획부터 실행까지 할 수 있는 게 민간 기업이다.

민간 투자 사업 vs 재정 보조 사업

효율성은 챙겼다. 그다음 복병은 뭘까? 앞서 민간 투자 사업에서 공공의 비용이 발생하는 사례로 보조금 문제를 짚었다. GTX는 얼마의 보조금을 받을 수 있을까? 정부는 GTX 사업을 위해 공정률에 따라 건설 보조금 수천억 원을 민간 사업자에게 지급한다. GTX-B노선의 민간 사업자 공모 지침서를 보면 건설 보조금은 총공사비의 50퍼센트 이하로 제한하고 있다. 이 금액은 최대 1조 8000억 원이다. 아직 실시 협약을 체결하지 않았기 때문에, 실제로 얼마의 재정이 지원될지는 알 수 없지만, 분명한 것은 보조금이 결코 적지 않을 거란 점이다. 전체 사업비 3조 8000억 원 중에서 최대 1조 8000억 원의 금액이 건설 보조금으로 지원된다면, 그걸 민간 투자 사업이라 할 수 있을까.

또 한 가지 알아야 할 점은 운영 이익과 손실에 대한 국가의 부담이다. 운영이 잘 된다면 별문제가 없다. 문제는 예상 수요보다 실제 탑승이 훨씬 낮아, 영업 손실이 발생할 때부터다. 사회적 불편과 요구가 커서 새로운 지하철 노선을 신설했다고 해도 그것이 반드시 많은 수요로 이어지는 건 아니다. 실제로 우이신설선, 의정부경전철, 용인에버라인과 같은 소규모 경전철은 물론이고, 신분당선과 9호선과 같이 중형 전철까지 모두 민간 투자 사업으로 건설된 철도들이지만 동시에 모든 노선이 적자다. 이 노선 모두가 초기 민자 사업을 검토하고 실시 협약을 맺을 때 예상했던 통행량에 비해 현저히 낮은 이용률을 기록했다. 당시 예측에 비하면 실제 탑승 인원은 평균 60퍼센트 정도이며, 심한 경우 20퍼센트 수준에 불과하다. 이에 따라 발생하는 운영 손실을 지자체에선 매년 수백억 원씩 보조금이나 대여금, 운영 지원금 형태로 세금을 들여 지원하고 있다.

서울시 9호선만 하더라도 2021년 4분기부터 2022년 3

분기까지 운영 손실에 대한 지원금으로 520억 원, 대여금으로 200억 원이 민간 사업자에게 지급됐다. 신분당선의 경우, 2021년 대법원에서는 신분당선 운영 적자에 대하여 285억 원을 정부가 신분당선 주식회사에 지급해야 함을 판결했다. 2017년 의정부경전철을 운영하는 운영사는 운영 적자와 과도한 부채로 인해 국내 민간 투자 사업 최초로 파산했다. 이에 의정부시는 경전철을 다시 정상 운영하기 위해 2019년 새로운 운영사를 선정했으며, 매년 200억 원 수준의 관리 운영 보조금을 지급 중이다. 이 비용조차, 민간 사업자와 공공 사이의 실시 협약을 다시 맺고 재구조화하면서 최저 보장 수입과 손실 보존 비용을 줄이거나, 민간 지분을 공공이 일부분 인수하는 등의 방법을 통해 최소화된 숫자다.

2006년 민간 투자법이 개정되어 최저 수입 보장이 사라졌다고 해도, 그 전에 체결한 민자 사업에는 해당 내용이 여전히 남아 소급 적용이 불가하다. 그 밖에 민간 사업자의 과도한 운영 손실을 막고 철도의 공익성을 지키기 위해 적정 조건에 따라 운영 비용을 지원하기도 한다. 각각의 사업별로 지자체와 민간 사업자 사이의 실시 협약에 따라 보조금이나 지원금이 지급되는 것이다. 민간 투자 사업에 혈세가 쓰이는 아이러니는 이렇게 발생한다.

또 한 가지 변수는 시점의 차이다. 협약을 체결하는 시점과 운영되는 시점 사이에는 최소 3년에서 많게는 7년 정도의 차이가 난다. 그사이 통행 수요도 바뀌고 도시의 공간 구조도 바뀌며, 수많은 일자리가 생기고 없어진다. 개별 민간 투자 사업의 실시 협약이 완벽할 수도 없거니와, 시간의 흐름에 따라 더더욱 운영 상황을 보장할 수 없다는 한계가 있다. 재정 사업보다 빠르게 완성하여 효율적인 인프라 운영을 위해 추진한 민자 사업이 사실상 공공의 재원을 통해 겨우겨우 연명되는 그림이 그려지는 이유다.

국가와 지자체에서 운영하는 다양한 철도 노선 대부분도 만성적인 적자 상태다. 코레일의 KTX, 서울교통공사의 2호선 정도가 예외에 해당한다. 하지만 국가와 지자체는 무궁화호가 적자라고, 서울 3호선에 사람이 적게 탄다고 운영 중단을 고려하지 않는다. 수많은 다른 노선을 조정하고, 일부 운영 흑자가 나오는 노선에 운영비를 분배하여 전체적인 균형을 맞출 수 있기 때문이다. 무엇보다도 사회 전체의 공익과 사회적·경제적 취약 계층에 대한 간접적 사회 복지 수단으로서 기반 시설을 운영한다는 목적이 있어 가능하다. 민간 사업자에게 기대하긴 어려운 점이다.

확실한 건 사업의 손해와 이익을 민간 사업자가 올곧이 책임지는 수익형 민간 투자 사업이라고 할지라도, 시민들의 발이 되는 대중교통과 인프라를 다루기 때문에 운영 적자든 사업자의 파산이든, 이러한 이슈를 공공이 못 본 체할 수 없다는 점이다. 애초에 해당 시설이 없었다면 모르겠지만, 한번 완성되어 운영 중인 시설이 갑작스럽게 중단되면 문제는 심각하다. 역세권이 더는 역세권이 아니게 되고, 시민들의 출퇴근 수단이 없어지며, 인프라 운영과 유지 관리를 위해 일하는 노동자가 해고된다. 갑자기 당산과 여의도에서 9호선이 사라지는 것을 상상해 보라. 이는 결코 사업자만의 문제는 아니다.

서울링이 세워지려면

2023년 현시점에서 가장 화제인 민자 사업 계획을 꼽으라면 주저하지 않고 꼽을 대형 프로젝트가 있다. 이 계획은 서울 한복판에 영화 〈반지의 제왕〉을 연상케 하는 구조물을 세울 것이라 말한다. 바로 오세훈 서울시장의 '그레이트 한강 프로젝트'다.

오세훈이 서울시장으로 돌아오며 굵직한 사업을 추진하겠다는 뉴스가 하루가 다르게 쏟아져 나온다. '그레이트 한강 프로젝트'는 글로벌 도시 서울에 걸맞은 다양한 종류의 랜드마크를 한강에 조성하여, 관광 자원으로 활용함과 동시에 그 지역 일대를 개발하겠다는 취지다. 이 계획은 갑자기 튀어나온 게 아니다. 오세훈 시장이 2006년 처음 서울시장에 취임하며 이듬해 내놓은 '한강 르네상스'는 그야말로 획기적인 계획이었다. 한강 일대의 수변 환경을 새롭게 조성하고 접근성을 강화하려는 이 계획으로 반포의 세빛섬이 탄생했다. 반포, 뚝섬, 여의도, 난지 등 네 개 한강 공원은 특화 공원이 됐다. 이는 오 시장의 대표적 업적으로 평가받는 동시에 전형적인 전시 행정이라 비판받는다. 특히 세빛섬은 적자에 시달리며 흉물이 되었다는 평이 많다.

오 시장은 2011년 무상 급식 관련 논란으로 사퇴했지만, 그는 한강 르네상스의 꿈을 버리지 않고 2021년 서울시장으로 돌아왔다. 이를 발전·계승한 그레이트 한강 프로젝트는 그래서 '한강 르네상스 2.0'으로 여겨진다. 기본적인 사업 목표는 한강과 한강으로 흘러드는 다수의 지천을 활용해 자연성과 한강 접근성을 개선하고, 문화·관광 기반을 조성하는 것이다. 한강을 중심으로 서울을 '글로벌 매력 도시'로 탈바꿈하겠다는 계획이다. 아직 세부적인 실행 계획이 세워지지 않았고, 초기 구상 단계지만 확실한 건 거대하고 눈에 띄는 계획을 숱하게 포함한다는 점이다. 이 때문에 추측성 기사와 사업의 효과에 대한 갑론을박이 펼쳐지고 있다.

그레이트 한강 프로젝트에 포함된 다양한 사업 중 가장 주목을 받는 사업은 바로 '서울링'이다. 180미터 높이의 바큇살 없는 혁신적인 대관람차다. 마포구 상암동의 하늘공원에 세워질 예정이다. 가뜩이나 반지처럼 생겼는데 예상 이미지로 공개된 사진이 붉은 노을을 배경으로 하고 있어 한층 더 〈반지의 제왕〉의 '절대반지'와 같은 느낌을 준다. 이 혁신적인 구조물을 한강을 바라보는 경관 시설이자 서울의 특별한 랜드마크로 만들겠다는 포부는 언론에 대서특필됐다. 심지어 이 사업에 서울시 예산은 소요되지 않는다. 앞서 말한 다양한 민자 사업처럼 서울링 또한 수익형 방식의 민간 투자 사업으로 추진하기 때문이다.

서울시가 원하는 바는 확실하다. 민간 자본을 통해 빠르고 확실한 랜드마크를 세우는 것. 파리의 에펠탑, 뉴욕의 자유의 여신상처럼 서울 하면 떠오르는 대표적인 상징물로서 서울링을 구상한 것이다. 이 역시 사업 타당성과 민자 사업의 적정성을 검토받고 중앙 정부의 승인을 받는 절차를 밟게 된다. 민자 사업이 성공적으로 진행된다면, 4000억 원짜리 랜드마크를 수십억 원 정도의 용역과 컨설팅 비용만 들이고 얻어낼 수 있다. 심지어 민간 사업자와의 협약이 종료되면 서울링은 온전한 서울시의 손안에 들어온다. 일반적으로 협약 종료까진 30~40년이 걸리지만, 잘 지은 시설물 하나가 창출하는 가치를 생각하면 짧은 시간이다. 정치인으로선 최소한의 세금으로 보기 좋은 업적도 만드는 일거양득의 효과가 있다.

2021년 12월 기준, 서울시에서 진행한 25개의 민간 투자 사업은 모두 수익형 방식이다. 사업의 종류는 도로 아홉 개와 도시 철도 여섯 개 노선, 주차장 여덟 개소, 문화·전시 시설 두 곳이다. 대부분 철도와 도로 같은 교통 시설에 집중되었음을 알 수 있다. 이제 서울시는 민자 사업의 새로운 종류로 관광·문화 시설에 도전하고 있다. 오랜 저성장 속 불황이 찾아오며 오 시장의 프로젝트를 보는 눈도 곱지 않지만, 엄밀히 말해 혈세 낭비는 없다. 세빛섬 역시 민자 사업으로, 사업비 1390억 원에 직접 투입된 서울시 재정은 없다. '세금둥둥섬'이란 농담은 정확한 표현은 아닌 것이다.

하지만 앞서 이야기한 민간 투자 사업 중 다수의 철도 사업의 사례를 간과해선 안 된다. 무작정 적자를 감내할 민간 사업자는 없다. 어떻게든 비용을 줄이면서, 수익을 만들어 내야 하는 게 자본주의 시장에서 자본의 운명이다. 세빛섬 역시 2011년에 완공된 이후 최초에 추진한 민간 사업자가 경영 악화를 이유로 사업에서 손을 떼며 효성티앤씨가 맡게 됐다. 운영사 선정과 설계 및 시공 문제로 몸살을 앓던 세빛섬은 2014년 전면 재개장했지만, 만성 적자는 해결되지 않았다. 2021년 한 해 손실액만 58억 원에 달하고 2022년 말 기준 누적 적자액은 1218억 원이다. 자본금 역시 마이너스 795억 원에 부채 1204억 원으로 자본 잠식 상태. 세빛섬이 전시 행정의 표본이라 불린 이유가 여기에 있다.

더 중요한 문제는 세빛섬에 정말 세금이 들어가지 않았

느냐다. 세빛섬은 지어질 당시부터 사업비가 애초 예상보다 두 배 이상 늘어나 서울시 공기업인 SH가 128억 원을 출자하고 민간 사업자에 239억 원의 대출 보증을 서줬다. 금융감독원 전자공시시스템에서 2022년 12월 기준 세빛섬의 지분 구조를 살펴보면 효성티앤씨가 62.25퍼센트, SH가 29.9퍼센트, 대우건설이 5퍼센트 등을 가지고 있다. 자본 잠식 상태인 세빛섬의 적자는 민간 사업자인 효성에도, 서울특별시가 보증하는 공기업 SH에도 위험이다. 민간 투자 사업이라고 해서 그저 손 놓고 방관할 일이 아닌 이유다.

서울링 또한 다른 민자 사업과 마찬가지로 건설 보조금이 일부 투입될 것이고, 정확한 금액이나 비율 등은 실시 협약 단계에 정해질 것이다. 게다가 하늘공원은 일반적인 언덕이나 평지가 아닌 쓰레기 매립지였다. 이 때문에 발생할 수 있는 지반 침하나 메탄가스 처리 문제는 민간 사업자에겐 리스크다. 인근의 문화비축기지나 월드컵경기장, 인접한 공원과의 연계 또한 필요하다. 덩그러니 하늘공원에 서울링만 있다면 이를 찾아갈 동인이 줄어드니 연계 사업은 필수라 하겠다. 이와 동시에 상대적으로 외진 위치에 계획되어 있는 서울링으로 사람들을 이동시킬 대중교통 확충도 필요하다. 4000억 원의 총사업비가 전적으로 민간 자본으로 구성되기 어려운 이유다. 생각보다 보조금이 커질 수 있다.

특히 서울링은 앞서 말한 GTX나 경전철과 같은 사례와 다르다. 대중교통이 아니라 문화 관광 시설이기 때문이다. 한강의 아름다운 경관을 바라보며 서울을 즐길 수 있는 랜드마크는 될 수 있어도, 수만 명의 시민들이 매일 이용하는 생활 필수 시설은 될 수 없다. 사업 손실을 메우기 위해 이용료까지 비싸게 책정된다면 더욱더 시민들이 이용할 동인이 줄어들 것이다.

만약 수요 예측에 실패해 수백억 원의 적자가 발생하고 운영에 난항을 겪는다면 어떻게 될까. 제아무리 세계의 유일무이한 대관람차라고 해도, 매달 운영 적자가 누적되는 상황에 수십 년간 민간 사업자가 울며 겨자 먹기로 운영할 수 있을 리 만무하다. 오히려 주식이나 부동산과 같이 영속적인 투자 자산은 수익률이 회복될 때까지 버틸 수 있다. 하지만 민간 투자 사업의 인프라는 준공과 동시에 소유권이 공공에 귀속되는 것은 물론이고, 계약된 운영 기간이 끝나면 시설 운영권조차 공공에 이양된다. 민간 사업자가 참여를 결정하기 어려운 이유이다. 만약 민간 사업자가 운영을 포기하거나 파산할 경우, 서울시가 서울링을 필수 기반 시설이 아니라는 이유로 방치할 수 있을까. 자칫 세금을 축내며 시민의 삶에는 별 도움되지 않는 애물단지로서 전락할 수 있다. 최악의 시나리오에 대한 대안 또한 미리 고민해야 한다.

민자 사업, 공공의 역할

민간 투자 사업이 도입된 지 20년이 넘었다. 그러나 아직 민간 사업자와 공공 사이에 커다란 관점 차이가 존재한다. 민간 사업자는 투자 사업으로 접근하는 반면 공공, 특히 선출직 공무원은 민자 사업을 일종의 정치적 힘으로 생각한다. 자신들의 인허가와 사업자 선정을 일종의 특혜나 특권을 사업자에게 제공한다고 생각하기 때문이다. 이러한 인식 위에서 상호 대등한 파트너로서의 계약은 맺어지지 않는다. 공공을 갑이고 민간을 하도급자 을로 두려는 경향 때문에 실시 협약 과정에서 과도한 요구를 한다거나 운영과 관련해 민간의 자율권을 인정하지 않는 모습을 종종 보인다. 심지어는 공정성이나 형평성, 공익을 언급하며 민간 사업자의 사업권을 임의로 종료·해지하는 사례까지 발생한다. 민간 투자 사업에 대한 몰이해와 일방적인 생각에서 발생한 일이다.

사업은 성공할 수도 있고 실패할 수도 있다. 성공하든 실패하든 그건 시장 논리에 따라 결정되어야 하며, 약속된 조건들은 지키는 게 상식이다. 하지만 그 약속이 깨진 사례도 부지기수다. 특히 김포와 일산을 연결하는 일산대교에서는 상호 간의 신뢰, 더 나아가서 민간 투자 사업 자체에 대한 신뢰를 흔들만한 일이 발생했었다.

2002년 일산대교주식회사는 정부와 지자체의 승인을

받아 민자 사업 실시 협약을 체결했다. 5년의 공사를 거쳐 2008년에 교량은 준공됐고 통행료 징수가 시작됐다. 그러나 2021년 10월 돌연 경기도지사와 김포시장, 고양시장은 민간 사업자의 관리·운영권을 일방적으로 취소하는 정치적 결정을 내린다. '일산대교 무료화를 위한 공익 처분 시행 방안'이란 멋들어진 이름이 붙었다. 통행 거리 대비 과도한 통행료, 경기도 서부 지역 주민이 부담하는 과도한 요금 등의 이유였다. 민간 사업자는 이 결정에 불복해 법원에 가처분 취소를 신청하고 소송을 제기했다. 그 결과 통행료 징수가 중단된 지 채 1개월도 되지 않아 통행료 징수가 정상적으로 재개될 수 있었다. 하지만 민간 사업자와 지자체 사이에 생겨난 깊은 골을 메울 수는 없었다.

물론 일산대교주식회사에 대한 사업권 취소는 꽤나 극단적 사례다. 하지만 정부와 지자체가 지급해야 할 보조금·지원금을 제대로 지급하지 않거나, 지급을 거부해 분쟁 및 소송으로 이어지는 경우는 다수 있다. 신분당선, 용인에버라인 등이 대표적이다. 상당수의 소송은 정부·지자체의 패소로 끝난다. 이유는 뻔하다. 초기 민자 사업을 상호 간에 협상하고 조건을 명문화한 실시 협약이 분명히 체결돼 있는데, 단순히 상황이 변했다고 말을 바꾸는 쪽은 주로 공공이기 때문이다. 수요 예측이 잘못돼 공공의 부담이 과도하단 이유로 계약을

파기하거나 책임을 뒤로 미룬다면, 아무리 사법부라도 정부·
지자체의 손을 들어줄 수 없게 된다.

특정 인프라 시설을 민간 투자 사업으로 진행할지 혹은
재정 사업으로 진행할지 결정하는 일은 결코 단순한 선택이
아니다. 하나의 도시 계획은 수십 년 뒤의 도시 구조를 결정하
고, 개인의 재산권을 좌우하며, 형평성과 공정성, 효율성에 막
대한 영향을 준다. 한번 만들어진 인프라나 사회 기반 시설도
최소 30년 이상 장기간 운영되며 직간접적으로 사용자와 인
근 주민에게 영향을 끼친다. 정책을 수립하는 데 영향을 끼치
는 플레이어들은 더욱 막중한 책임감을 느끼고 신중하고 신
속하게 계획을 이행해야 한다.

보고서를 만드는 사람들

성공적으로 민자 사업을 추진하기 위해서 공공은 어떤 역할
을 해야 할까? 가장 중요한 것은 정확한 판단력이다. 판단을
내리기 위해선 알아야 한다. 차를 구매하기 전, 어떤 차가 얼
마인지, 어떤 특징을 가지는지, 운전의 목적이 무엇인지 알아
야 어떤 차를 살지 결정할 수 있다. 도시 계획도, 인프라 사업
도, 국토 개발도 마찬가지다. 모든 정치적 판단에는 적합한 정
보가 필요하다. 도시의 물리적 환경과 관련된 내용을 전문적
으로 판단하기 위해 있는 기관이 바로 국책 연구원이다. 한국

개발연구원KDI, 국토연구원, 교통연구원 등은 여러 분야의 학자와 전문가들이 모여 국가와 지자체에서 필요한 연구를 진행하고 보고서를 작성한다.

이들 기관이 중요한 이유는 두 가지다. 먼저 불필요한 혹은 비효율적인 사업에 투자를 방지할 수 있다. 다른 하나는 사업 협약 시 운영 손실 보상이나 최소 비용 보전의 기준을 명확히 세워 운영 기간의 보조금 및 운영 비용을 최소화할 수 있다. 앞서 살펴본 것처럼 민간 투자 사업에도 사업의 특성과 목적에 따라 크고 작은 세금이 투입된다. 시장이나 정치인 마음대로 국민의 세금을 객관적인 조건과 기준 없이 무계획적으로 사용할 순 없다. 수백억 원에서 수조 원의 예산이 집행되는 사업이 얼마나 타당한지, 효과가 있을지, 국가적·지역적으로 봤을 때 적정한지 엄밀히 판단해야 하기에 전문성이 필요하다. 게다가 특정 사업이 누구에게 효과가 있는지, 누가 비용을 부담할지에 따라 모두의 이해관계는 다르다. 따라서 중립적인 입장에서 객관적으로 '숫자'를 판단할 기관이 필요하다.

문제는 정치권의 인식에 있다. 일부 정치인들은 본인의 지역구나 지지 세력으로부터 표를 얻기 위해 과도한 계획을 밀어붙이고 연구원에 외압을 행사하기도 한다. 그 결과 무리한 수요 예측이나 과도한 편익이 포함된 보고서가 나오는 것이다. 왜곡된 자료를 바탕으로 국회나 지자체에서 사업을 결정하게 되면 추진되지 않아야 할 사업에 국가 재정이 사용된다. 초기 투입으로 끝나는 것도 아니다. 잘못된 데이터에 따른 비용 보전이나 운영 비용 분담, 지원금 등이 사업 협약에 포함되면, 운영 단계에서도 장기적인 세금 낭비와 비효율이 발생한다. 연구원에 외압을 행사하려는 일부 정치권의 행태는 민간 사업자를 하청 업체로 보는 것과 같은 인식에서 출발한다. 사업을 정치적 힘이자 자신의 표로 보고, 전시용 업적으로 삼으려는 인식이다.

정치가 해야 할 일

상황과 조건은 언제든 바뀔 수 있다. 경제는 사이클을 타고 호황기와 불황기 사이를 진동한다. 민간 투자 사업의 수많은 변수 중 어떤 것은 악화하고 어떤 요소들은 개선될 수 있다. 이런 점들을 무시하고 초기 조건만을 고집하고 강요하거나 초기 약정을 무시하려는 것은 민자 사업의 장점을 무력화한다. 이는 공공과 민간 상호 간의 협력이라 볼 수 없다. 민간 투자 사업의 취지에 맞게끔 상호 간의 합의점을 찾으며 최대한 시민과 이용자의 편익을 생각하고 공익을 달성할 수 있는 대안을 만들려는 자세가 필요하다. 그 중재자 역할이 바로 여러 이익 집단과 조직 사이의 이해관계를 조정하고 대변하는 대표자이자 정치인, 선출직 공무원이 해야 할 일이다.

다 정해진 사업에 도장을 찍고, 기념 촬영을 하는 건 누구나 할 수 있다. 그런 일은 홍보 대사나 대변인에게 적합한 일이다. 도시와 지역을 대표하는 정치인이라면 민간 사업자에 대한 존중과 객관적 전문성, 판단력이 필요하다. 국가의 세금과 사회적 비용을 등한시한 채 민간 사업자의 손해를 만회하는 데 급급해도 안 된다. 이는 시민에 대한 배임이자, 근시안적 오류다. 민자 사업에는 국내의 민간 자본뿐 아니라 수천억 원의 외국 자본이 들어와 진행되는 민자 사업도 있다. 지자체와 해외 기업의 협업이 많아지고 세계 유수의 스마트시티들에 수주 전쟁이 벌어지는 상황을 고려하면, 이제 지역 대표자의 결단력과 판단이 국격과도 연결되는 시대라 할 수 있다.

흔히 재개발이나 도시 계획, 토건 사업에 '정치'가 개입된다고 말하면 시민들의 인식은 부정적이다. 그러나 공공의 특징인 장기적 시야와 안정성, 민간이 가지는 창의성과 수익성을 양손에 쥔 채 저울질하는 것이 진정한 정치임을 입증해낸다면 도시 계획에서 벌어지는 각축전은 조금 더 이타적인 모양새를 할지 모른다.

에필로그

첨단 기술은 도시를
구원할 것인가

서론에서 도시의 미래는 누가 만드는지를 물었다. 그렇다면 미래 도시를 만드는 것은 누굴까? 여기까지 읽었다면 도시 계획은 혼자서 완성하는 것이 아니며 수많은 이해관계자의 각축전임을 이해할 것이다. 여기에 새로운 플레이어가 등장하려 한다. 바로 테크 기업이다.

교통 체증이나 범죄, 환경 오염 등 다양한 문제를 해결하기 위한 첨단 기술은 스마트시티 바람과 함께 속속 등장하고 있다. 자율주행 자동차, 인공지능, 사물인터넷, 하이퍼루프, 드론, 로봇 등 셀 수 없을 정도다. 4차 산업혁명에 힘입어 여러 기업이 혁신적인 도전을 시도한 결과다. 정부와 지자체의 오랜 파트너로 활동하던 건설·토목·부동산 회사가 아니라 구글이나 애플, 삼성전자 등과 같은 기업도 도시 계획에 참여하게 된 것이다.

첨단 기술을 통해 신도시를 만드는 일은 충분히 가능한 일이고, 현재 진행 중인 이야기다. 사막 한가운데 수백 킬로미터에 달하는 길고 높은 장벽 도시를 세워, 수백만 명이 살게 하겠다는 사우디아라비아의 계획은 전 세계에 충격을 안겼다. 바로 '네옴 시티Neom City'의 '더 라인The Line'이다. 약 500미터 높이의 두 벽을 사이에 두고 의식주를 모두 해결할 수 있는 도시로, 초고속 열차가 도시를 수평으로 가로지른다. 외벽은 모두 유리로 만들어 태양광을 통한 '제로 에너지Zero Energy'

도시가 완성된다. 서울의 수십 배에 달하는 이 비현실적인 도시는 수백조 원에 이르는 사업비를 투자해 석유 중심의 경제를 탈피하려는 사우디아라비아의 초대형 프로젝트, '비전 2030'의 핵심 사업이다.

기후 변화와 해수면 상승에 따른 문제에 대응하는 해상 도시도 있다. 위치는 다름 아닌 부산이다. UN은 2030년까지 부산항 인근 바다에 떠다니는 인공섬을 조성하여 약 1만 명의 시민이 거주할 수 있는 새로운 공간을 시범적으로 추진하려고 한다. 계획에 따르면 물과 식량, 에너지를 자급자족할 수 있다. UN 해비타트UN HABITAT와 해양 도시 개발 기업인 오셔닉스 그리고 부산시가 함께 도전하고 있다.

미국 중부 사막에 구상 중인 탄소 중립의 평등 도시 '텔로사Telosa', 일본 후지산 자락에 도요타자동차가 만들고 있는 자율 주행 첨단 도시 '우븐 시티Woven City' 등, 전 세계 각국의 도전과 계획을 나열하면 끝이 없다. 아직 두꺼운 베일에 싸인 것도 있고, 대대적인 선전과 투자 협약, 업무 협정 등을 통해 다양한 국가와 기업에 적극적인 러브콜을 돌리는 도시도 있다. 이런 도시들의 이야기가 보도될 때면 기술의 신비로움에 압도되기도 하고, 반신반의한 마음으로 의구심이 들기도 한다. 하지만 항상 기억해야 하는 것은 이것도 결국 도시 계획이라는 점이다.

무탈하게 순항하는 기술 도시도 있지만 시민들의 반대와 정치·사회적 갈등 때문에 좌초된 사업도 있다. 특히 이런 문제는 신도시 개발이 아닌 기존 도시의 정비와 재개발 과정에서 발행한다. 대표적인 사례 하나를 살펴보자.

캐나다의 최대 도시는 토론토다. 약 300만 명의 시민들이 거주하는 북아메리카 동쪽의 도시다. 넓은 호수 하나를 사이에 두고 미국과 마주하고 있어 넓고 긴 호수 공원과 수변 공간을 가지고 있는 게 이 도시의 특징이다. 하지만 오랫동안 항구로 기능하던 공간들은 도시의 확장에 따라 잘 사용되지 않았으며, 낡고 위험하게 방치되었다. 특히 토론토 중앙에 위치한 키사이드Quayside는 도시 중심부에 있음에도 오래된 공장과 화물 창고, 적치장이 곳곳에 뒤섞여 현대적으로 정비·재개발할 필요가 있었다. 여기에 출사표를 던진 것은 바로 구글, 정확히는 구글의 형제 회사인 '사이드워크랩Sidewalk Labs'이었다.

'알파벳Alphabet'은 구글을 포함한 다양한 기업들의 모회사다. 2015년 설립된 사이드워크랩은 알파벳의 수많은 자회사 중 하나로 도시의 다양한 공간을 개선하여 지속 가능한 스마트시티를 만드는 것을 사업 목적으로 한다. 도시 개발 컨설팅부터 사물인터넷 센서 판매·설치, 주차 관제 시스템, 스마트 건물 관리 등과 같은 업무를 진행한다. 2017년 10월, 사이드워크랩은 토론토의 워터프론트Waterfront 지역의 관리 회사와 손을 잡고 수변 공간의 재개발과 재생을 총괄할 민간 파트너 회사로 선정된다.

사이드워크랩의 '워터프론트 토론토' 계획은 거의 모든 도시 계획 요소를 포함한다. 보행자 중심의 도로 설계와 자전거·무장애 시설 확대, 경전철 설치, 통합 모빌리티 서비스를 통한 다양한 종류의 대중·개인 교통 연계, 지속 가능한 원자재를 사용한 건물 신축, 주변 시세보다 20퍼센트 저렴한 임대주택 공급, 주민 커뮤니티 공간 설치, 지하를 활용한 폐기물 수거·처리, 사물인터넷 센서를 통한 도시 데이터 수집 및 활용 등이 가장 대표적인 가이드라인이었다.

사업 비용의 대부분은 부동산 금융을 통해 조달하며, 경전철을 포함한 주요 도시 인프라에 대해서는 시市정부에 보조금을 요청했다. 1조 2000억 원에 달하는 금액은 사이드워크랩에서 자체 자금을 사용해 투자하기로 했다. 구글이 참여한 전체 사업비 35조 원 규모의 스마트시티 사업이 토론토의 호숫가에서 시작되는 것처럼 보였다.

하지만 2020년 5월, 모든 계획은 전면 철회됐다. 표면적인 이유는 코로나19의 전 세계적 확산에 따른 사회 경제적 불확실성이다. 하지만 코로나19가 수십조 원의 스마트시티 계획을 중단시킨 핵심적 사안이 아니라는 것은 계획에 함께

한 모든 당사자가 알고 있다. 사업 무산의 핵심은 토론토 시민들의 반발이었다.

2019년 4월 '캐나다 시민 자유 협회Canadian Civil Liberties Association'는 정부를 상대로 계획의 철회와 계약 무효를 요구하는 소송을 제기한다. 구글이라는 글로벌 IT 대기업이 스마트시티 사업으로 토론토 시민의 일상과 삶, 행동을 통해 수집할 데이터에 대한 우려를 제기한 것이다. 노후 수변 공간을 정비하고 인프라를 조성하며 설치될 사물인터넷 센서와 CCTV, 각종 정보 수집 장치는 광범위하게 시민들을 감시한다. 수집된 데이터는 어디에 있는지도 모르는 서버에 보관되어 새로운 프로그램 개발이나 성능개선에 사용될 수 있고 제3자에게 유출·판매될 수도 있다. 프라이버시 침해가 명백해 보였다.

민간 사업자와 지자체는 최선을 다해 대응했다. 천 페이지가 넘는 보고서를 발간하고 주민들을 직접 만나 그들의 걱정과 불만에 대한 해결책을 설명했다. 모든 데이터에 대하여 제3자에 대한 제공·판매 행위 금지와 더불어, 데이터 관리를 정부에 위임하기로 했다. 2019년 후반, 해당 사업의 조건부 승인이 통과되었지만, 대외적인 반발 여론으로 사업을 정상적으로 추진하긴 어려웠다. 계획은 무산되었고, 사이드워크랩은 토론토 현장 사무실을 비울 수밖에 없었다.

도시 계획, 과정과 결과

차라리 구글이 자신들의 막대한 자본을 동원하여 토지를 사서 새롭게 신도시를 세웠다면 계획은 성공했을 것이다. 혹은 도시 시설 중 주차장 관리 혹은 폐기물 처리 시설 등 부분적인 기능에 집중했다면 사업이 중단될 일은 없었을 것이다. 하지만 사이드워크랩은 토론토시와 전략적 관계를 맺고 기존 도심을 재생하는 스마트시티 사업을 추진했다. 정부와 기업이 정체 모를 애매한 동맹을 체결하고 민간의 다양한 기술을 적용한 도시 계획과 기반 시설을 디자인한 것이다.

지역 주민과 시민·사회 단체는 그들의 삶의 터전이 바뀌는 것에 민감하다. 아무리 도시에 차가 막히고 보행 환경이 불편하더라도 도시의 첨단 기술은 자신의 사생활이나 생활 데이터와 교환·거래할 수 있는 대상이 아니다. 중국의 몇몇 도시에는 이미 CCTV의 얼굴 인식 시스템을 통해 하루 수백만 명을 추적·관리할 수 있는 기술이 사용되고 있다. 구글맵을 통하면 전 세계 어느 나라든 위성 사진과 로드뷰를 볼 수도 있다. 수십억 개의 계정을 보유·관리하고 있는 구글에 토론토 시민의 생활·통행·활동 데이터가 더해져 어떤 기술이 탄생할지 개인은 알 수 없다. 특히 사생활 침해와 개인 정보에 민감한 서구권 국가에서 구글의 도시 계획은 조지 오웰의 디스토피아 소설《1984》의 '빅 브라더Big Brother'와 겹쳐 보였다.

'결국 남는 것은 결과'라는 말이 있다. 앞서 살펴본 토론토를 비롯해 네옴 시티, 부산 해상 도시, 텔로사, 우븐 시티의 계획은 우리에게 미래 도시의 결과를 보여주는 듯하다. 조감도 속 서울링은 누가 봐도 서울을 대표하는 랜드마크가 될 만하다. 다만 아무리 훌륭하고 아름다운, 완벽한 계획일지라도 그 과정 상의 갈등을 조율하지 못하고, 당위와 필요에 관해 지역 사회를 설득하지 못한다면 액자 속 청사진에 불과하다. 우리의 도시 계획은 완결된 역사 교과서가 아니라 현재 진행 중인 사업이다. 결국 계획가와 시민들이 마주하고 다뤄야 하는 일은 '과정'이다.

대안은 언제나 있다

세계의 수많은 도시와 마찬가지로, 서울 또한 글로벌 도시를 꿈꾸고 있다. 서울링을 포함한 그레이트 한강 프로젝트, 여의도 구축 아파트에 대한 대규모 통합 재건축 계획, 경기도와 서울을 연결하는 대심도 GTX, 기존의 건축 규제와 복잡한 도시 계획에 구애받지 않는 용산 정비창 도시혁신구역, 드론 택시를 통해 김포공항과 여의도를 연결하는 도심 항공 교통 등. 이 모든 사업들은 모두 도시 경쟁력을 강화하여 서울을 더 나은 국제 도시를 만들기 위한 도전이다.

멋지고 가슴 뛰는 일이다. 특히 국내 유수 기업의 기술력이 도입된 첨단 도시라면 더욱 좋은 평가를 받을 수 있다. 교통 체증이 획기적으로 줄고, 용산에 100층짜리 건물 위에서 드론을 타고 강남이나 인천공항으로 출발할 수도 있다. 도시의 주차장과 도로를 반으로 줄이고 그 자리에 주택과 공원을 조성하는 상상도 해본다. 하지만 항상 기억해야 할 점은 기술이든 도시 계획이든 드론과 자율주행 자동차든 언제나 이를 이용하는 시민을 중심에 놓아야 한다는 것이다. 도시 계획이 기술과 함께 스마트시티로 거듭나더라도, 그 본질은 달라지지 않는다. 다양한 개인과 집단, 이들 속에 있는 갈등을 중재하며 만들어가는 지난한 과정이 무엇보다 중요하다.

대안을 찾고 더 나은 해결책을 고민하는 과정은 피곤하다. 전에 해왔던 대로 다음에도 하고 싶은 게 사람의 습관이고 관성의 힘이다. 30년 전에 조성했던 신도시 계획도, 재건축과 재개발도, 이제껏 해온 방식으로 위치만 바꿔서 '복사-붙여넣기' 하고 싶겠지만 대중들의 생각과 인식은 법과 제도보다 언제나 빠르게 바뀐다. 과거에 반복한 실수와 착오, 문제를 그대로 반복할 우려도 있다. 십수 년 전에는 시민들의 무관심과 제도적 미비로 별다른 문제 제기 없이 넘어갔던 사항이 오늘날엔 심대한 문제로 번질 수 있다. 법과 제도가 변화의 속도를 따라잡긴 어렵지만 쫓아갈 시도조차 하지 않는다면 더더욱 후퇴할 것이다.

계획을 세우고 규정을 만드는 사람들은 생각보다 다양한 선택지를 갖고 있다. 사업성이 낮아 지지부진하게 체류하던 사업에 대해 사업지의 용적률을 상향하거나 금융 지원 등을 통해 속도를 붙여 정상 궤도에 올릴 수 있다. 토지주의 반발이 커서 추진이 어려운 정비 사업은 사업 추진에 대한 동의율 기준을 바꿀 수도 있고, 공공·민간의 전문가를 투입하여 한 명 한 명 설득해 나갈 수도 있다. 여기에 첨단 기술까지 도입된다면 더 많은 선택지가 생길 것이다. 물론 대안을 실행할 비용(자본, 사람, 혹은 시간)은 늘 부족하다. 그러나 고민할 노력이 부족해서, 특정 집단만을 위해서, 자신의 정치적 입지를 위해서 대안을 차버리는 일은 없어야 한다.

도시 계획은 권력자의 공치사도, 시공사와 땅 주인의 잔치도, 원주민을 몰아내는 못된 정부 정책도 아니다. 도시에 대한 관리 기준이자 규칙이다. 이를 하나의 완성된 결과와 조감도처럼 보지 않고 그 시간성을 고려하면 마치 스포츠 경기의 규칙과도 같다. 게임의 본질을 침해하지 않는 선에서 선수들과 소속팀, 관객, 코치, 심판, 스포츠협회 등 다양한 이해당사자들 사이의 갈등과 협상, 타협이 이뤄진다. 그렇게 만들어지고 수정된 경기 규칙은 공정을 담보한다.

도시 계획도 그렇다. 특정 지역의 재개발, 재건축이라도 같은 도시에 사는 사람들 모두에게 영향을 미친다. 그렇기에 기존의 틀과 기준을 뒤흔드는 힘을 가지는 것이다. 정치인과 공무원의 책무가 있듯 시민의 역할도 있다. 내가 살고 싶은 도시의 모습과 철학을 고민하며, 내가 사는 도시에 대한 충분한 이해와 관심이 있어야 한다. 내 이익을 지키기 위한 행동뿐만 아니라 공공의 이익을 위한 목소리와 용기도 필요하다. 모든 시민은 도시 계획의 잠재적 참여자다.

북저널리즘 인사이드   도시를 향한 동상이몽

건설 회사가 도산한다는 우려가 커진다. 부동산 불황과 원자 잿값 상승 때문이다. 그러나 한편에서는 대규모 개발 및 정비 사업에 대한 소식이 들린다. 대표적으로 여의도가 그렇다. 12 개의 단지가 마천루로 다시 태어나고자 한다. 이 중 아홉 개 단지는 특별 계획 구역으로 지정되며 그간 발목을 잡던 용도와 높이 규제가 풀렸다. 최고 높이는 200미터, 층수는 70층을 올릴 수 있다. 입이 벌어질 수준이다.

그 유명한 은마아파트도 이번엔 드디어 재건축이 되리란 기대감에 부풀었다. 2023년 8월 중순으로 조합 창립 총회가 가시화한 은마아파트는 실거래가가 억 단위로 뛰며 존재를 재확인했다. 은마아파트가 재건축되는 날, 모든 언론은 1면에 관련 소식을 보도할 것이다. 관심 있게 지켜본 사람이 아니라면 대체 왜 몇십 년이 넘도록 재건축이 지지부진했던 은마아파트가 다시금 요란해지는지 알기 어려울 것이다.

이외에도 부촌을 중심으로 노후 아파트 재건축 사업은 뜨겁다. 지난 2023년 6월 압구정2구역 재건축 조합이 주최하는 '재건축 설계 공모 작품 전시회'에서는 국내 유명 건축 설계 업체들이 총출동했다. 세계적인 건축가나 설계 업체와 컨소시엄을 맺은 곳이 대부분이다. 건축계의 노벨상인 프리츠커상을 수상한 미국의 건축가 리처드 마이어Richard Meier, 조경 전문가 토마스 볼슬리Thomas Balsley가 그린 설계도도 나왔다.

부동산을 향한 욕망은 자연스럽다. 세계 어디서나 땅을 가진 사람이 망하는 것은 드물다. 문제는 그 욕망에서 사람이 지워진다는 것에 있다. 같은 6월 서울 서초구 반포동에 새로 들어서는 한 주상 복합 아파트의 광고는 충격을 안겼다. "언제나 평등하지 않은 세상을 꿈꾸는 당신에게 바칩니다"라는 문구를 캐치프레이즈로 활용했다. 논란이 일자 시행사는 사과 후 문구를 삭제했다. 건물 하나가 새로 지어질 때마다 도시는 시민들에게 거주민의 자격을 묻는다.

갑자기 개발과 정비 바람이 분 것은 오세훈 서울시장의 부임과도 무관치 않다. 거기에 윤석열 정부의 찬동이 시너지를 냈다. 35층 룰이 폐지되고 재건축 안전 진단의 구조 안정성 비율이 낮아졌다. 더 많은 공공 주택이 들어서고 주거 불안이 해소된다면 박수칠 일이다. 반면 도시를 투기와 경쟁의 장으로 만들고 결과적으로 소외 계층을 도시 밖으로 내모는 결과를 초래한다면 우려스러운 일이다. 도시 계획의 구조를 알면 정책이 보인다. 그 속의 생각이 읽힌다.

이밖에 화려한 도시로 태어나려는 신흥국들의 움직임은 거대한 랜드마크와 함께한다. 한국엔 수주 먹거리로 보도되곤 한다. 그 중심에도 사람은 없다. 기술과 자본이 자리할 뿐이다. 대대적인 보도와 멋진 트레일러는 금방이라도 미래 도시가 성큼 다가온 듯한 착각을 불러일으킨다. 그러나 권위주의 국가가 아닌 다음에야 이 같은 도시 계획에 논외로 둘 수 없는 것이 주민과 지역의 역사, 사회적 영향이다. 사업성이 있고 없고는 어쩌면 그다음 문제다.

도시 계획은 강제적이고 파생되는 갈등은 무수하다. 각각의 사업들이 개별적이라면 이해관계자는 한정적이겠지만 모든 도시 계획은 서로 크고 작은 영향을 주고받는다. 도시를 향한 욕망을 조절하고 갈등을 조정하는 것이 정치의 역할이다. 그런데 막상 개발·정비 사업에서 정치가 비리와 결탁하거나 포퓰리즘으로 이어지는 일이 반복된다. 도시 계획엔 제대로 된 정치가 부재했고 욕망은 포화했으며 일반 시민들에게 주거는 불안한 것이 됐다.

전쟁터와 같은 부동산 시장은 주거 난민을 만든다. 지역 균형 발전에 실패하고 투기를 막지 못한 정치가 과거와 같은 방법론으로 도시 계획을 반복한다면 미래 도시는 없다. 도시 경쟁력의 지표가 다양하듯 도시를 그리는 새로운 관점이 필요하다. 정치의 극한, 도시 계획에 어떤 힘의 논리가 작용하든 그것의 영향을 받는 것은 모든 시민이다. 그 구조를 들여다보며 자본의 논리가 아닌 사회 구성의 조건을 반추하길 희망한다.

이현구 에디터

지금의 뉴스

지금의 뉴스

발행일 ; 제1판 제1쇄 2019년 2월 7일
지은이 ; 박영흠 발행인·편집인 ; 이연대
주간 ; 김하나 편집 ; 한주연
제작 ; 허설 지원 ; 유지혜 고문 ; 손현우
펴낸곳 ; ㈜스리체어스_서울시 종로구 사직로 67 2층
전화 ; 02 396 6266 팩스 ; 070 8627 6266
이메일 ; contact@threechairs.kr
홈페이지 ; www.bookjournalism.com
출판등록 ; 2014년 6월 25일 제300 2014 81호
ISBN ; 979 11 89864 01 9 03300

이 책은 저자의 박사 학위 논문〈한국 디지털 저널리즘의 사회적 형성: 디지털 뉴스의
상품화 과정에 대한 역사적 연구〉(2017)를 수정·보완한 것입니다.

BOOK
JOURNALISM

지금의 뉴스

박영흠

; 기술 숭배와 산업 논리에 경도된 디지털 혁신은 유일무이한 해법이나 필연적 대세가 아니다. 지금과 다른 디지털, 지금과 다른 혁신은 가능하다. 역사는 지금과 다른 성격의 디지털 저널리즘이 실제로 존재했다는 사실을 증언하고 있다. 저널리즘의 과거를 논하는 일은 결국 저널리즘의 현재를 진단하고 저널리즘의 미래를 고민하는 과정이다.

──────────────────── **차례**

디지털 이후, 저널리즘에
무슨 일이 벌어졌을까

여기 두 개의 장면이 있다.

첫 번째 장면은 노무현 후보의 16대 대통령 당선이 확정된 2002년 12월 19일 밤 9시 52분으로 거슬러 올라간다. 창간한 지 2년 10개월 된 신생 인터넷 언론사 오마이뉴스가 한 편의 기사를 게재했다. 〈'언론 권력' 교체되다: 인터넷과 네티즌이 '조중동'이겼다〉 제하의 기사에서 오마이뉴스는 80여 년간 권력을 누려 왔던 메이저 보수 신문들을 누르고 우리 사회의 주류를 바꾸는 변혁을 이뤘다고 선언했다.

오마이뉴스의 승전 선언에는 약간의 기대와 과장이 섞여 있었지만, 허황된 망상은 아니었다. 실제로 네티즌들은 보수 편향의 '기울어진 운동장'이었던 여론 환경에서 해방 이후 가장 진보적인 대통령의 당선을 이끌어 냈다. 인터넷은 자유와 해방의 공간이었고, '더 많은' 민주주의를 가져올 참여의 플랫폼이었다.

변화의 중심에는 여론을 주도하는 오마이뉴스와 '뉴스 게릴라'라 불린 시민 기자들이 있었다. 2002년 이미 2만 명을 넘긴 뉴스 게릴라들은 '모든 시민은 기자다'라는 슬로건 아래 오마이뉴스 전체 기사의 80퍼센트를 직접 만들어 내고 있었다. 시민들이 열정적으로 참여하는 디지털 저널리즘이 '조중동'으로 대표되는 기성 저널리즘에 혁명적 변화를 일으킬 것이라는 기대가 무성했다. 해외의 언론과 학자들도 시민 참여 미디어의 성공적 실험에 주목했다.

두 번째 장면의 시곗바늘은 2015년 3월 23일 오전 9시를 가리킨다. 연예 전문 인터넷 언론 디스패치가 수지와 이민호의 열애 소식을 다룬 특종 기사를 올렸다. 곧바로 포털 사이트에 이를 복제한 기사들이 쏟아지기 시작했다. 이날 자정까지 수지를 키워드로 한 기사가 1840개나 올라왔다. 클릭 가능성이 높은 기사를 포털에 반복해서 전송하는 어뷰징abusing 기사들이었다. 특히 수지라는 단어를 열 번 이상 언급해 실시간 검색에 노출될 확률을 높인 기사는 79개나 됐다.[1] 대개는 기자 이름 없이 '○○닷컴', '온라인뉴스팀', '디지털뉴스팀' 등의 바이라인을 달고 있었다.

지금도 인터넷에 들어가면 걸 그룹의 '아찔한 몸매'를 강조한 가십 기사들이 넘쳐난다. 충격, 경악 등 자극적인 제목으로 클릭을 유도하는 낚시성 기사들이 뒤덮은 포털 뉴스 박스도 낯설지 않다. 어느새 디지털 저널리즘은 포털 사이트에서 트래픽을 끌어와 광고 수익을 벌어들이는 정글이 되어 버렸다. 오마이뉴스도 상근 기자 중심의 전통적 모델로 회귀하면서 포털에 기사를 전송하는 수많은 인터넷 신문 중 하나가 되었다. 시민 참여 모델의 실험은 일단 실패로 끝나고 말았다.

한국 디지털 저널리즘의 태동기와 오늘날의 대조되는 풍경은 불과 15년 안팎의 기간 동안 한국 디지털 저널리즘의 성격이 드라마틱하게 변화했음을 보여 준다. 두 장면 사이의 간극을 보며 우리는 자연스럽게 질문을 던지게 된다. 참여와 공유, 해방의 광장이었던 초기의 디지털 저널리즘은 왜 탐욕스럽게 수익을 추구하는 시장으로 탈바꿈했을까? 장밋빛 미래를 약속하던 한국 디지털 저널리즘의 역동성과 진취성은 어디로 사라졌을까? 디지털 기술의 등장 이후 저널리즘에 도대체 무슨 일이 벌어진 걸까?

언론의 디지털에 대한 기대는 변함없이 크다. 진보와 보수, 신문과 방송을 가리지 않고 언론사들은 너나없이 '디지털 퍼스트'를 외치며 디지털화에 박차를 가하고 있다. 하지만 기대의 내용은 바뀌었다. 언론사들의 디지털 혁신은 저널리즘의 공적 가치나 시민 참여 활성화를 목적으로 한 것이 아니다. 오로지 기업으로서의 언론사가 어떻게 수익을 극대화할 것인가에만 관심이 있을 뿐이다.

소셜 네트워크 서비스SNS, 빅데이터, 가상 현실, 인공지능 등 새로운 기술이 도입될 때마다 이들이 저널리즘을 혁명적으로 바꾸어 놓을 것이며, 뉴스 미디어의 이윤 창출에 기여할 것이라는 맹목적인 기술 예찬론이 쏟아진다. 전문가들은 새로운 기술의 도입에 발맞춰 산업 지향적으로 혁신하지 않으면 저널리즘은 생존할 수 없다고 경고한다.

문제는 저널리즘을 다루는 이러한 논의에서 정작 저널

리즘이 실종되어 있다는 점이다. 저널리즘은 인간의 삶과 정신에 지대한 영향을 미치는 매우 특수한 사회적 실천이다.[2] 뉴스를 개별 기업의 수익 창출 수단으로만 인식하면, 공적 영역에서의 책무를 위한 저널리즘의 본령이 훼손될 수밖에 없다. 하지만 오늘날 쏟아지고 있는 해법들은 뉴스를 예능이나 드라마와 다를 바 없는 콘텐츠로 취급하며, 비즈니스 가치를 위해 저널리즘 가치를 희생할 것을 주문한다.

그렇게 해서 수익 창출이라는 약속이 실현될까? 한국의 뉴스 미디어들은 지난 몇 년에 걸쳐 산업 논리에 집중한 디지털 혁신의 터널을 지나는 중이다. 문제는 해결되기는커녕 한층 더 악화되었다. 돈을 벌기 위해 뉴스의 품질과 저널리즘의 품격을 포기했건만, 뉴스 미디어들의 살림살이는 별로 나아지지 않았다. 저널리즘에 대한 신뢰는 땅에 떨어졌고, '기레기(수준 낮은 기사를 쓰는 기자를 비하하는 의미로 기자와 쓰레기를 합성한 신조어)'로 낙인찍힌 기자들은 늘어난 업무에 지치고 불투명한 미래에 절망하고 있다.

이제 발상을 바꿀 때가 되었다. 무비판적으로 혁신의 주문을 되뇌는 작업을 중단하고, 디지털 퍼스트를 원점에서 재검토할 필요가 있다. 언론사들이 그렇게 목청 높여 외치는 디지털 퍼스트에서 말하는 디지털이 어떤 디지털인지, 지금 디지털 저널리즘이 서 있는 곳이 어디인지, 얻고자 하는 것이 무엇인지, 우리는 한 번도 질문해 보지 않았다. 이제 달리기를 멈추고 질문을 던질 때다. 지금 우리가 말하는 혁신은 도대체 어디서 왔으며, 무엇을 얻기 위한 것인가?

디지털은 본질적으로 양가적이고 이중적인 성격의 기술이다. 자유와 해방, 탈권위주의를 앞당기는 요소와 통제와 감시, 억압을 효율화하는 요소가 동시에 있다. 공존하는 다양한 측면들 가운데 어느 쪽 특징이 구체화되고 극대화될 것인지는 사회적 과정에 의해 결정된다. 유동하는 디지털 기술의 어떤 측면에 주목하느냐에 따라 디지털 저널리즘은 전혀 다른 성격을 띠게 될 것이다. 기술 숭배와 산업 논리에 경도된 디지털 혁신은 유일무이한 해법이나 필연적 대세가 아니다. 지금과 다른 디지털, 지금과 다른 혁신은 가능하다.

이 책은 한국 디지털 저널리즘의 20년 역사를 추적해 혁신의 가능성을 확인하고자 한다. 역사는 지금과 다른 성격의 디지털 저널리즘이 실제로 존재했다는 사실을 증언하고 있다. 시간의 흐름 속에 퇴적된 결과물을 보며 우리는 지금의 저널리즘 질서가 저절로 이뤄진 자연스러운 것이 아니라 수많은 선택에 의해 인위적으로 구성된 것임을 알게 될 것이다. 그리고 그 선택 과정에서 어떤 힘들이 어떻게 작용했는지 또한 드러날 것이다.

디지털 저널리즘이 가져오는 변화는 현재 진행형이며

새로운 저널리즘은 아직 형성 단계에 있다. 디지털 저널리즘을 부정적 방향으로 몰아넣는 힘을 밝혀내고 그 요소를 제거하거나 재배치할 수만 있다면, 지금과는 다른 형태의 디지털 저널리즘이 가능하다. 저널리즘의 과거를 논하는 일은 결국 저널리즘의 현재를 진단하고 저널리즘의 미래를 고민하는 과정이라 할 수 있다.

급격한 변화의 시기일수록 바꿔야 할 것과 바꾸지 말아야 할 것을 섬세하게 구분하는 지혜가 필요하다. 저널리즘에서 마지막까지 지켜 내야 할 것은 무엇일까? 이 책이 궁극적으로 던지는 질문은 이것이다. 현장의 언론인들과 아직 저널리즘에 대한 희망의 끈을 놓지 않은 시민들이 해답을 찾아가는 데 이 책이 작은 보탬이 되기를 바란다.

뉴스라는 독특한 상품

팔리는 뉴스의 탄생

태어날 때부터 디지털 환경에서 살아온 디지털 원주민digital native 세대는 디지털 기기를 능숙하게 다루지만, 디지털이 우리 삶을 어떻게 변화시켰는지는 알지 못한다. 아날로그 시대를 살아 보지 않았기 때문에 디지털 이전과 이후를 비교할 수 없는 것이다. 마찬가지로 디지털 이전의 저널리즘을 알지 못하면, 디지털 이후의 저널리즘을 온전히 이해하기 어렵다. 디지털 이후 저널리즘이 어떻게 바뀌었는지 알기 위해서 먼저 디지털 이전의 저널리즘에 대해 살펴볼 필요가 있다.

자본주의 사회에서 뉴스는 상품의 형태로 유통된다. 뉴스는 기자들의 임금 노동을 통해 생산되고, 이용자들이 직접 유료로 구매하거나 광고주가 대가를 지불해야 소비할 수 있는 상품이다. 우리는 뉴스가 시장에서 화폐를 매개로 교환되는 것을 당연하게 여기지만, 뉴스가 처음부터 상품의 형태로 거래되었던 것은 아니다.

기원전 490년 마라톤 평원에서 아테네까지 달려와 승전보를 알린 전령, 부족장의 지시를 우렁찬 목소리로 마을에 전한 뉴스 크라이어crier, 보고 들은 소식을 노래로 만들어 부른 음유 시인은 돈을 벌기 위해 뉴스를 전하지 않았고, 시장에서 뉴스를 거래하지도 않았다. 초기의 뉴스 전달 중 일부는 종교적인 행위였고, 일부는 우정이나 공동체에 대한 소속감에서 비롯된 호혜적 행위였다.

　인쇄 신문도 처음에는 상품과 거리가 먼 형태였다. 신문은 돈을 벌기 위해 판매하는 상품이 아니라 정치적 이데올로기를 선전하는 수단이었다. 당파지party press라 부르는 미국 건국 초기의 신문들은 특정 정당이나 정파에 종속되어 있었고, 이들의 후원금을 받아 운영됐다. 주로 정치 에세이를 담는 신문은 정치에 관심이 많은 엘리트 지식인들의 전유물이었다.

　미국에서 뉴스가 상품 형태로 교환되기 시작한 것은 1830년대부터였다. 대도시 노동자 계급이 구매할 수 있도록 1센트 동전 한 닢만 받는 파격적인 가격의 상업적 대중지popular press들이 등장했다. 페니 프레스penny press라 불린 이 신문들은 범죄, 스캔들 등 사람들이 관심을 가질 만한 선정적인 사건들을 큼지막한 헤드라인과 삽화를 곁들여 기사화했다. 이제 신문은 정치 세력에 의존하지 않고 구독료와 광고 수입으로 운영되기 시작했다. 임금을 대가로 취재 노동을 하는 기자라는 직업도 이때 처음 등장했다.

　신문이 정치적 주장을 전달하는 수단에서 이윤 창출의 도구로 탈바꿈한 것은 19세기 초 미국 사회 전체가 겪었던 급격한 변화와 관련이 있다. 이 시기는 산업혁명 이후 제조업이 폭발적으로 성장하고 도시화가 빠르게 이루어지면서 대량 생산과 대량 소비의 톱니바퀴가 맞물려 돌아가기 시작한 시점이었다. 백화점과 콜라가 등장했고 여가 시간에 소비할 수 있는 프로 야구, 영화, 추리 소설이 인기를 끌었다. 기업들은 새롭게 등장한 대중이라는 계층에게 제품을 팔기 위해 적극적으로 마케팅에 나섰다.

불특정 다수의 대중 소비자에게 광고를 배포할 수단을 원했던 기업의 요구를 충족시킨 것이 바로 신문이었다. 신문은 산업 자본주의의 등장으로 달라진 생산 조건과 삶의 패턴에 발맞춰 성격을 적절히 바꿨던 것이다. 이것이 뉴스 상품화 commodification[3]의 역사적 출발점이다.

저널리즘, 사회 계약을 맺다

새롭게 등장한 뉴스 상품은 이내 중요한 변곡점을 만나게 된다. 20세기 벽두 미국 사회에 도래한 혁신주의 시대The Progressive Era의 조류였다. 급격한 산업화와 도시화의 부작용을 비판하면서 시작된 혁신주의는 경제적 독점 해소와 근본적 사회 변혁을 요구했다. 자본 계급의 폭주에 브레이크를 걸고 비대해진 자본주의와 앙상해진 민주주의 사이의 균형을 회복해야 한다는 목소리가 터져 나왔다.

변화의 물결 속에서 저널리즘도 거센 비판에 직면했다. 강력한 사회적 영향력을 갖게 된 신문은 조지프 퓰리처Joseph Pulitzer와 윌리엄 랜돌프 허스트William Randolph Hearst를 비롯한 소수의 부호들이 소유하고 있었다. 저널리즘이 부유한 지배 계급의 이해를 일방적으로 옹호하며 민주주의를 위협하고 있다는 지적이 제기되었다. 저널리즘이 계급 선전에 불과해졌다는 믿음이 확산되자 신문을 찾는 사람들이 차츰 줄어들기 시작했다.

난관에 봉착한 미디어 소유주들은 경제적 지위를 지키기 위해 정치적 권력을 희생하기로 결심했다. 발행인들은 자신들이 발간하는 신문이 중립적인 것처럼 보이기를 원했다. 편집상의 의사 결정이 이익을 극대화하려는 상업적 목적이나 소유주·광고주의 계급적 이해와는 별개로 이루어지는 것처럼 보여야 했다. 그러기 위해서는 저널리즘이 전문직 professional 저널리스트의 독립적 판단에 기초해 수행된다는 믿음을 얻어야 했다.[4]

기자를 전문직으로 만들어 주는 장치들이 하나둘 마련되었다. 1910년 텍사스주 신문 편집인들을 시작으로 각 주에서 속속 윤리 강령이 제정됐다. 1923년에는 미국 신문 편집인 협회가 신문 윤리 강령을 채택했다. 1908년 미주리 대학이 세계 최초로 저널리즘 학부를 신설하는 등 전문직 저널리스트를 양성하는 기관들이 설립되었다. 전문직이 갖추어야 할 직무 기술로서 객관주의가 저널리스트들 사이의 직업적 이상으로 자리 잡은 것도 이즈음의 일이다.

20세기 초반에 이뤄진 미국 저널리즘의 '전문직주의' 프로젝트는 독점적 시장과 언론사 소유주의 권력 남용에 대한 비판에 직면했던 뉴스 산업의 대응책이자 미디어 소유주, 뉴스 노동자, 시민 공중이라는 세 이해관계자 사이에 맺어진 일종의 합의였다고 할 수 있다. 미디어 소유주들은 정치적 이익을 포기한 대가로 경제적 이윤을 보장받았다. 뉴스 노동자들은 고용주가 아닌 시민 공중에게 봉사하는 독립적이고 전문적인 저널리스트로 거듭날 수 있었다. 시민 공중은 자본 계급의 이익에 봉사하지 않고 권력을 비판하는 독립적 언론을 얻었다.

이 과정에서 오늘날 저널리즘의 이상을 표현하고 저널리즘 실천을 규율하는 규범적 모델normative model이 자리 잡았다. 민주주의 사회에서 저널리즘을 수행하는 조직과 저널리스트들은 권력과의 길항 관계 속에서 '자율적으로 통치되는self-governed 독립적 주체'라는 특권적 지위를 부여받는다. 그 대가로 저널리즘은 사회 공동체에서 벌어지는 공적 이슈에 대한 정보를 제공하고 공중을 계몽함으로써 스스로를 다스릴 수 있는 양식 있는 시민informed citizen을 배양해야 한다. 또한 주권자로부터 권리를 위임받은 대리인representative으로서 시민들이 생업에 바빠 미처 하지 못하는 권력에 대한 감시와 견제의 임무를 수행하여 민주주의의 발전에 기여해야 한다.[5]

이를 저널리즘과 시민 사회 사이에 맺어진 암묵적 사회계약이라 부를 수 있다. 저널리즘의 규범적 모델이 수립되면서 저널리즘과 민주주의는 공생 관계가 되었다. 이때부터 저널리즘 없이 민주주의는 유지되기 어려우며, 민주주의 없이 저널리즘은 존립할 수 없다는 인식이 뿌리를 내리기 시작했다. 저널리즘은 사기업의 형태로 수익을 추구하는 동시에 민주주의를 위해 공적 서비스를 수행하는 모순적 성격을 숙명처럼 갖게 되었다.

산업 자본주의 시대는 본질적으로 상충될 수밖에 없는 민주주의와 자본주의 원리가 일시적 타협에 성공했던 시기였다. 20세기의 산업 자본주의는 자본과 노동 간의 계급 대타협 위에 수립된 민주적 자본주의democratic capitalism 체제로 불린다.[6] 산업 자본주의는 표준화된 상품의 대량 생산과 노동자 구매력 향상에 의한 대량 소비를 접합하여 이윤을 극대화하는 전략에 기초했다. 이를 위해 노동자들은 극단적인 노동 분업을 통한 탈숙련화를 강요받았다. 하지만 한편으로는 노동 계급이 소비 시장에서 구매력을 갖출 수 있는 수준의 급여가 제공되었고, 파업을 방지하기 위해 제도화된 노사 관계와 사회 보장 제도가 구축되었다.

자본이 노동에 일정한 물질적 양보를 함으로써 계급적 이해관계의 균형이 이루어졌고, 노동 계급은 소비사회의 주역이자 민주주의 체제의 주요한 행위자로 발돋움할 수 있었다. 규범적 모델에 바탕을 둔 현대 저널리즘은 민주주의와 자본주의 사이의 균형을 자양분 삼아 형성되었다.

절반의 성공과 절반의 실패

미국 저널리즘과 마찬가지로 한국의 저널리즘도 산업 자본주의의 발전과 긴밀한 연관을 맺으며 형성되고 발전했다. 한국에서도 뉴스는 상품으로 유통되었고 규범적 모델의 지배를 받았지만, 그 구체적 과정은 서구와 다르다.

한국의 뉴스는 서구와 같은 자생적 상품화를 경험하지 않았다. 이미 상품화된 뉴스 형식을 서구에서 수입해 왔기 때문이다. 일제 강점기 때에도 뉴스는 일정 부분 상품의 형태를 띠었지만 독자 시장과 광고 시장의 성장은 지지부진한 상태에 머물렀다. 산업 자본주의 발전이 더딘 상황에서 뉴스가 상품으로서 활발히 거래되기에는 물적 토대가 취약했다. 해방 직후의 미 군정기와 이승만 정권 시절까지 대다수 신문들은 정론지적 성격을 유지했고 이윤 확보에 소극적이었다.

한국 뉴스가 본격적인 상품화의 길을 걸은 것은 산업화가 급속한 진전을 이루기 시작한 1960년대부터다. 생산 시설의 증대와 함께 신문사들은 양적인 팽창을 이루었고, 발행 부수도 빠르게 늘었다. 신문사들은 설문 조사를 통해 독자 수요를 정교하게 파악하려는 노력을 기울였다. 앞다투어 상업적 성격의 주간지, 여성지, 소년지, 스포츠 신문 등 자매지를 창간했다.[7] 그러나 이때까지만 해도 한국에는 대량 생산 체제에 반드시 수반되어야 할 대량 소비 체제가 부재했다. 대량 생산된 상품을 내수가 아닌 수출을 통해 소화하는 한국의 특수한 경제 구조에서 대중은 소비 사회의 주축이 될 수 없었다.

1980년대 대중 소비 사회가 형성되면서 뉴스의 상업적 성장 속도도 빨라졌다. 내수 시장의 활성화와 함께 폭발적으로 늘어난 광고의 영향이 컸다. 전체 광고액이 세 배 이상 늘어나면서 중앙 일간지 전체 수입에서 광고 수입이 차지하는 비중이 70퍼센트를 상회하기 시작했다. 신문사들은 광고를 더 많이 확보하기 위해 지면을 두 배 이상 늘려 가며 증면 경쟁에 나섰다. 언론사의 매출은 급성장했다. 1980년부터 1990년까지 10년간 매출액은 조선일보가 8.9배, 중앙일보가 7.0배, 한국일보가 5.0배, 동아일보가 4.5배 늘었다.[8]

규범적 모델 또한 뉴스 상품과 마찬가지로 외부로부터 이식되었다. 한국 저널리즘의 규범적 모델은 해방 직후 1950년대 미 국무성의 한국 언론인 교육 교류 사업을 통해 미국 연수를 다녀온 소장 언론인들에 의해 도입되었다. 미국에서 발원한 저널리즘의 규범적 모델은 2차 세계 대전 이후 미 국무성과 비정부 기구의 다양한 노력을 통해 제3세계에 수출되어 여러 사회에서 저널리즘의 모범적 규준으로 자리 잡았는데, 한국은 주요 수출국 가운데 하나였다.

1955년부터 1959년까지 다섯 차례에 걸쳐 실시된 연수 프로그램에 참가한 마흔두 명의 젊은 한국 언론인들은 노스웨스턴 대학에서 저널리즘의 역사, 민주주의에 대한 강의를 듣거나 토론을 벌였고, 지역 신문사에서 현업 근무 경험을 쌓으며 한국 언론의 후진성을 자각하고 미국의 선진적 저널리즘을 본받아야 한다는 인식을 공유하게 된다.[9] 연수를 마치고 한국에 돌아온 이들은 1957년 1월 관훈 클럽을 결성하고 미국식 전문직주의의 국내 도입을 서둘렀다.

관훈 클럽 멤버들이 주축이 되어 1957년 4월 결성한 한국 신문 편집인 협회가 처음으로 제정한 신문 윤리 강령에는 "신문 최대의 책임은 공중의 신뢰를 기초로 하여 공공의 이익에 충실하게 복무함에 있다"고 명시하는 등 언론의 자유와 사회적 책임, 독립성 등을 강조하였다. 서구에서 비롯된 규범적 모델의 핵심적 가치가 짧은 기간에 걸쳐 명목상으로나마 한국의 뉴스 생산 규범 안에 편입되었다.

여기에 언론인들이 지도적 위치에서 민중을 계몽하는 한국 저널리즘 특유의 지사志士적 전통이 결합했다. 개화기와 일제 강점기 이래로 한국의 왜곡된 정치 현실은 언론인에게 단순히 사실을 객관적으로 알리는 전달자를 넘어 부조리한 체제에 저항하는 지사의 역할을 요구했다.

언론사 통폐합과 언론 기본법, 보도 지침 등 독재 정권의 언론 탄압에 맞서 언론인들과 시민 사회가 언론 자유화 운동을 전개하는 과정은 서구에서 형성된 규범적 모델을 한국적 현실에 맞게 정교화하는 데 큰 영향을 미쳤다. 저널리즘이 권력으로부터 독립된 조건에서 운영되면서 공중의 정치적 의견을 형성하고 민주화 투쟁과 민주주의 발전에 주도적 역할을 담당해야 한다는 인식은 한국 사회에서도 낯설지 않게 되었다.

1974년 10월 24일 동아일보 기자들이 채택한 〈자유 언론 실천 선언〉이 "민주 사회를 유지하고 자유 국가를 발전시키기 위한 기본적인 사회 기능인 자유 언론은 어떠한 구실로도 억압될 수 없으며, 어느 누구도 간섭할 수 없는 것"임을 강조한 것도, 이 선언으로 시작된 백지 광고 지면을 수많은 독자들이 격려 광고로 채웠던 것도, 모두 한국에서 저널리즘의 규범적 모델이 자리를 잡았음을 증명한다. 1987년 민주화 이후에는 언론의 자유를 제약하던 다양한 장치들이 폐지되거나 개선되면서 제도적 차원에서 언론의 자율성이 크게 증대되었고, 저널리즘과 시민 사회 간의 사회 계약은 이제 한국 사회에서도 중요한 의미를 갖게 되었다.

하지만 한국형 규범적 모델은 민주주의에 대한 강력한 지향성과 달리 자본 권력으로부터 사회 평등을 보호하려는 노력에는 소홀했다. 한국의 규범적 모델은 태생적으로 자본으로부터 독립하려는 과정에서 탄생한 것이 아니기 때문이다.

가령 〈자유 언론 실천 선언〉 등 권위주의 정권 당시의 언론 자유화 운동은 정치권력만을 공격 대상으로 삼았을 뿐, 정치권력에 조응하여 기자들을 축출하고 순치된 언론을 만든 사주에 대한 문제의식은 담고 있지 않았다.[10]

자본 권력과의 전선 형성이 지연된 결과, 한국형 규범적 모델은 자본의 지배적 헤게모니에 대한 기자들의 무관심을 야기했다. 한국의 언론인들은 여전히 국가로부터의 언론 자유에는 민감하지만 자본으로부터의 언론 자유에는 체념적이거나 무비판적이다.

한국의 규범적 모델은 서구와 같은 전문직주의를 발전시킬 기회 또한 충분히 갖지 못했다. 객관주의 보도 관행이나 기자 협회 설립, 윤리 강령 채택 등 형식적 측면에서 서구 전문직주의를 모방하는 시도들은 계속됐지만, 전문직으로서의 정체성 형성이나 직업적 자율성, 전문직 특유의 윤리 의식은 지극히 낮은 단계에 머물렀다. 객관주의 역시 본래 목적과는 달리 피상적 사실을 형식적으로 보도하여 사건의 본질이나 쟁점을 회피하고 권력 비판의 책임을 면하기 위한 전략적 수단으로 이용됐다. 한국형 규범적 모델은 한국 저널리즘의 역동적 가능성을 잉태했지만, 동시에 수많은 과제들도 함께 남겼다. 절반의 성공, 절반의 실패라고 할 수 있었다.

시민과 시장 사이

뉴스 상품이 비누나 셔츠, 텔레비전과 같은 일반적 상품과 뚜렷이 구분되는 점은 다른 영역에서는 찾아보기 어려운 독특한 규범의 강력한 영향과 견제 아래 만들어지고 평가받는다는 사실이다. 뉴스는 공정하고 객관적이어야 하고, 공익을 추구해야 하며, 시민들이 필요로 하는 것을 제공해 민주주의에 기여해야 한다. 저널리즘의 역사는 이러한 원칙을 규정하는 저널리즘 규범의 형성과 적용 과정이었다.

규범적 모델은 엄격한 기준에 따라 저널리즘이 무엇인지 규정하고, 저널리즘과 저널리즘이 아닌 것을 구분하는 역할을 해왔다. 저널리즘이 가십, 타블로이드, 가짜 뉴스와 같은 다양한 정보와 구분되었던 것은 규범적 모델을 준거로 삼은 평가 덕분이었다. 언론사가 아무리 영리를 추구하는 사기업이라 하더라도 수익 극대화의 경영 논리가 무차별적으로 뉴스 제작에 침투하는 것을 금기시했던 배경에도 규범적 모델이 있었다.

뉴스 상품은 저널리즘으로서의 가치와 비즈니스로서의 가치가 공존하는 경합적 상품contested commodity의 성격을 가지고 있다.[11] 경합적 상품이라는 개념은 인간 또는 사회의 어떤 요소들은 가격을 매길 수 없는 존엄성을 갖기 때문에, 매우 특별한 조건 아래에서만 화폐로 교환될 수 있다는 인식에서 출발한다. 사회에는 교환 가치로 환원할 수 없는, 도덕적 딜레마를 제기하는 거래가 존재한다. 장기 매매나 대리모 거래가 그 예다. 이러한 재화나 서비스가 무차별적으로 상품으로 교환되는 것은 사회 정의와 정치적 자유를 침해하기 때문에 적절히 규제되어야 한다. 뉴스 거래 역시 그중 하나다. 저널리즘은 시민의 정치적 권리와 관련돼 있고 자본주의에 내재된 비도덕성을 제어하면서 민주주의 사회를 위한 도덕적 역할을 수행한다는 점에서 시장에 무제한적으로 종속되어선 안 된다. 뉴스는 시민과 시장 사이 어딘가에 존재하는 경합적 상품이 되어야 한다.

　　뉴스의 모순은 현대 민주주의의 유지와 발전을 가능케 한 긍정적 의미의 모순이었다. 이 모순을 통하여 비로소 언론사의 존립과 뉴스의 지속적인 생산이 가능해지는 동시에 저널리즘이 공공성을 추구하고 민주주의에 기여할 수 있게 됐기 때문이다. 퓰리처의 신문사에서 일했던 넬리 블라이Nellie Bly는 잠입 취재를 통해 정신 병원의 인권 유린을 폭로했고, 워싱턴포스트의 밥 우드워드Bob Woodward와 칼 번스타인Carl Bernstein은 닉슨 대통령 사임으로 이어진 워터게이트 사건을 보도했다. 뉴스의 경합적 성격은 자본주의 질서 내에서의 경제적 생존 요구와 민주주의 체제 내에서의 공공적 역할 사이에서 현대 저널리즘이 선택한 절충안이었고, 그 선택은 나름대로 효과적이었다.

흥미로운 점은 규범과의 공존이 뉴스 미디어의 수익 추구에도 전략적으로 도움이 되었다는 사실이다. 저널리즘의 전통적 수익 모델은 다음과 같은 원리를 따른다. 뉴스 시장은 구독료 시장과 광고 시장으로 구성된 이중 시장dual market이다. 둘은 분리되어 있는 것처럼 보이지만 사실 유기적으로 연결되어 있다. 구독료 시장에서 판매가 늘어나면, 광고 시장 판매도 늘어난다. 광고주들이 탐내는 수용자들의 주목attention을 확보했기 때문이다. 뉴스 미디어들은 저널리즘의 규범을 충족시킨 질 높은 뉴스를 통해 구매력을 갖춘 수용자들의 주목을 확보한 뒤 이를 광고주에게 판매하여 수익을 극대화했다. 뉴스룸의 기자들은 이윤 창출의 필요성을 부정하지는 않았지만 저널리즘 규범의 준수를 더 중요시했고, 미디어 소유주들은 이러한 기자들의 인식을 장려하거나 수용했다.

민주주의의 발전을 위한 규범적 저널리즘과 자본주의의 수익 창출 원리에 근거한 뉴스의 상품화가 양립했던 것은 자연스럽고 당연한 현상이 아니었다. 오히려 민주주의와 자본주의의 관계가 특수했던 산업 자본주의 시대의 사회적 맥락 덕분에 가능했던 지극히 예외적인 현상이었다. 문제는 경합적 상품으로서의 뉴스가 민주주의적 가치와 뉴스 미디어의 수익성 모두에 기여했던 저널리즘의 황금기는 이제 막바지로 접어들고 있다는 점이다. 우리는 지금, 이 예외적 상황이 끝나

가는 과도기의 한가운데 서 있다. 이 과도기를 만들어 낸 핵심
적 요소 가운데 하나가 디지털 기술의 등장이었다.

디지털을 상상하는 두 가지 방식

디지털 저널리즘의 미래는 손쉽게 예언된다. 상이한 맥락과 조건을 가진 해외 언론사의 성공 사례를 소개하며 한국 사회에서 동일한 시도가 필요하다는 주장이 제기되기도 한다. 그러나 디지털 저널리즘은 사회적 진공 상태에서 만들어지는 것이 아니다. 디지털 기술이 저널리즘에 강력한 영향을 지닌 것은 사실이지만, 변화의 방향과 정도는 미리 결정되어 있지 않다.

기술은 우리 삶에 특정한 힘을 행사하고 거대한 변화를 주도하지만, 그 기술의 힘은 오로지 인간의 선택과 실천에 의해서만 구체화되며 사회적 맥락 속에서 작용한다. 기술은 여러 층위에서 다양한 힘의 개입에 따라 가변적으로 구성된다. 어떤 힘이 더 강하게 개입하느냐에 따라 특정한 방식으로 편향된 성격을 갖는 정치적 구성물이다.

그렇다면 디지털 기술은 어떤 사회적 과정을 거쳐 형성되고 변화하는가? 새로운 기술이 등장하면 사람들은 여러 가지 상상력을 발휘하게 된다. 저마다의 관점에서 기술을 정의 내리고, 기술을 통해 성취할 목표를 세우며, 기술이 발전해 나갈 방향을 전망한다. 이들이 만들어 내는 폭넓은 스펙트럼 안에서 기술은 풍부한 가능성을 갖는다. 이처럼 다양한 욕망을 가진 개인과 집단들이 새로운 기술의 기능과 가치, 방향에 대해 내놓는 서로 다른 이해와 해석들이 모여 기술에 대한 사회적 상상social imaginaries이 형성된다.

사회적 상상은 사회 구성원들이 스스로에 대해 상상하는 방식, 관계와 실천에 대해 갖는 기대와 그 기대의 밑바탕에 깔려 있는 규범적 관념, 특정한 실천을 의미 있게 만드는 형이상학적 질서관을 말한다.[12] 사회 구성원들 간의 관계를 한 핏줄로 연결된 민족이라는 모호한 개념으로 규정하는 것이 사회적 상상의 예다.

중요한 점은 사회적 상상이 단일한 것이 아니며 저절로 구성되지도 않는다는 사실이다. 여러 사회 세력들은 각자가 설계한 상상을 제시한다. 그리고 다양한 수단과 전략을 동원하여 자신들의 입맛에 맞는 방향으로 사회적 상상을 수립하고자 애쓴다. 자연히 다양한 종류의 상상들이 서로 경합한다.

디지털 기술에 대한 사회적 상상도 예외가 아니다. 복합적이고 모순적인 성격을 가진 디지털 기술이 도입되자 여러 사회 세력들은 이 기술의 의미와 역할, 발전 방향에 대한 상이한 해석과 주장을 내놓았다. 이들은 각자 자신에게 유리한 비전, 기획, 프로그램, 정책을 제안하며 자신들의 시각을 관철시키기 위해 치열한 헤게모니 투쟁을 벌였다.

우리는 디지털 기술과 관련하여 어떤 사회적 상상을 형성하고 공유해 왔을까? 한국 사회에서 디지털 기술의 사회적 상상이 만들어 낸 복잡한 변이는 크게 두 가지 흐름으로 압축

할 수 있다. 디지털 기술을 경제적 부가 가치를 창출하는 상업적 수단으로 인식하는 자본 권력의 지배적인 사회적 상상 dominant social imaginary과 참여 민주주의를 확장하는 해방적 기술로 인식하는 진보적 시민 사회의 대안적인 사회적 상상alternative social imaginary이다.[13]

　　디지털 기술을 각각 시장과 광장으로 바라보는 이 두 가지 흐름 간의 각축이 디지털 기술의 성격을 결정했다. 그 과정은 곧 한국 디지털 테크놀로지의 역사이기도 하다.

위로부터의 정보화 프로젝트

한국에서 디지털 기술이 보급되는 과정에서 두드러지는 특징은 국가와 지배 엘리트 계층이 주도한 위로부터의 정보화다. 국가가 '정보 입국'이라는 정책 목표와 의지를 가지고 거시적 발전 계획과 전략을 제시하면, 시장이 국가의 지도를 좇아가는 방식의 정보화는 1960년대부터 전개된 한국 특유의 개발주의적 산업화 정책과 비슷했다.[14] 권위주의적 방식이라는 문제는 있었지만, 중앙 집중적 통제에 의한 정보화는 분명 일관성과 효율성을 담보할 수 있었다.

　　국가와 지배 엘리트가 하향식 정보화 프로젝트를 진행했던 이유는 당시 세계 경제가 봉착했던 위기와 관련이 있다. 1970년대 오일 쇼크 이후 성장의 둔화, 생산성과 이윤율의 하락, 인플레이션 압박이 발생하면서 세계 경제는 불황의 늪에 빠져들었고, 한국의 수출 주도 중화학 공업 전략도 선진국의 보호 무역과 후발 국가들의 맹렬한 추격 속에서 어려운 처지에 놓이게 된다.

축적의 위기에 직면한 국가 엘리트와 대자본은 기왕의 경제 개발 정책을 정보화 정책으로 대체해 가면서 과잉 중복 투자와 인건비 상승 등 구조적 한계를 극복하고 새로운 축적 영역을 확보하고자 했다.

정보화 프로젝트를 통해 대자본은 국가 기간 전산망 사업 등 대규모 예산이 투입되는 국책 사업에 참여하며 장기적이고 안정적인 수익을 보장하는 새로운 시장을 제공받았다. 기업들은 정부의 정책적 보호 아래에서 성장의 한계에 봉착한 기존 업종으로부터 첨단 정보 산업으로의 전환 및 구조 개편을 단행하여 위기를 탈출할 수 있었다. 관료 엘리트들은 지배적 지위를 유지하며 새로운 정보 기술을 통해 관리와 통제의 효율성을 높일 수 있었다. 요컨대 정보화 정책은 한국 사회의 과두 지배 연합에게 호혜적인 계급 전략 프로젝트였다.[15]

국가 주도의 정보화가 체계화·본격화된 것은 1980년대부터였다. 정부는 1983년 '정보 산업의 해'를 선포하고 같은 해 5월 대통령 직속으로 정보 산업 육성 위원회를 발족시키며 관련 부처를 중심으로 정보 산업을 육성하기 위한 각종 시

책을 발표했다. 정부는 1985년 2월 '정보 산업 10개년 계획'
을 발표했고, 1987년부터 국가 기간 전산망 구축 사업, 1988
년부터 정보 문화 운동을 조직적으로 추진했다.

디지털 기술을 통한 생산성 향상과 경쟁력 확보 전략은
1990년대에 들어서도 계속되었다. 김영삼 대통령이 국회 시
정 연설에서 직접 "21세기 국가 경쟁력의 척도는 정보화 추
진 속도에 달려 있다"고 강조할 정도였다.

1994년에는 체신부遞信部를 정보 통신부로 개편했다.
1995년 8월 정보화 촉진 기본법을 제정해 정보화 정책의 범
국가적 추진에 나섰고, 9월부터는 단일 사업으로는 국내 최
대 규모인 20년간 45조 원의 예산을 투입하는 초고속 정보 통
신망 구축 사업이 시작되었다. 1996년에는 정보화 촉진 기본
계획을 확정, 발표했고 정보 통신부 정보화 기획실과 청와대
정보화 비서관직이 신설되었으며 국무총리를 위원장으로 하
는 정보화 추진 위원회가 구성되었다.

정부가 적극적으로 추진하는 정보화는 기술의 확산에
기여할 수 있지만, 그 자체로 사회적 상상을 구성하는 것은 아
니다. 관료들과 기업 엘리트들에 의해 창조된 이데올로기가
대중에게 침투하여 사회적 상상으로 발전하기 위해서는 일부
한정된 분야나 특수 계층의 욕구를 사회적 과제로 정당화하고
사회 전반에 강제하는 계몽의 전략이 필요했다.

1988년부터 정부가 추진한 정보 문화 운동이 대표적 사례였다. 정부는 해마다 6월을 정보 문화의 달로 지정하고 전국적으로 기념행사, 학술 행사, 강연회, 전시회를 집중적으로 열었고 각종 전시관과 홍보관을 상설 운영하기 시작했다. 일반 국민을 정보 기기에 대한 지식을 갖춘 소비자로 만들어 정보 상품에 대한 수요를 창출하는 것이 운동의 핵심 목적이었다.[16]

언론도 각종 캠페인을 통해 국가 주도의 정보화를 뒷받침하고 저변을 확대하는 역할을 수행했다. 조선일보는 1995년 3월 5일 창간 75주년 사고社告에서 정보화 운동의 시작을 선언했다. 캠페인의 슬로건은 '산업화는 늦었지만 정보화는 앞서가자'였다.

조선일보는 이듬해인 1996년 '어린이에게 인터넷을'이라는 모토를 내걸고 초등학생들에게 인터넷과 컴퓨터를 가르치는 키드넷KidNet 운동을 벌이기도 했다. 1997년에는 조선일보와 동아일보가 공동으로 정보화 캠페인을 펼치며 10회에 걸쳐 기획 시리즈를 연재했다. 경쟁 관계에 있던 양대 신문사가 조직 내부의 반발에도 불구하고 공동으로 진행한 이례적인 기획이었다.

중앙일보 역시 1996년부터 키드넷과 유사한 학교 정보화Internet in Education·IIE 운동을 시작했다. 일선 학교에 컴퓨터를 설치하고 인터넷 강좌를 개설해 교사와 학생들에게 인터넷을 접할 기회를 제공하는 캠페인이었다. 일련의 캠페인들은 디지털 기술에 대한 지배 계급의 인식을 보편적인 사회적 상상으로 확산시키는 첨병의 역할을 충실히 수행했을 뿐 아니라, 가정과 민간에서 이전까지 사실상 전무한 수준이었던 PC와 정보기술에 대한 수요를 대대적으로 창출하는 데 크게 기여했다.

1997년 IMF 외환 위기로 디지털 기술의 지배적인 상상은 문화 운동을 넘어 산업 구조를 재편하기에 이른다. 정부는 자본의 위기를 돌파하는 전략적 수단이자 경제 회복의 원동력으로 디지털 기술에 주목했다.

정보화를 고용 창출과 경기 활성화에 적극 활용한다는 정책 방향에 맞춰 한국의 산업 구조는 급격히 재조정되었다. 정보 통신 산업이 선도 산업으로서 집중적인 육성 대상이 되었다. 2002년까지 지식이 국가 경쟁력의 핵심 원동력이 되는 '창조적 지식 기반 국가'를 수립한다는 목표 아래 제2차 정보화 촉진 기본 계획 '사이버 코리아Cyber Korea 21' 비전이 수립되었다. 관련 규제가 대폭 완화됐으며 인프라가 빠르게 구축되었다.

정부의 노력에 힘입어 정보 통신 기술ICT 부문 생산액은 1999년 113조 3695억 원에서 2003년 214조 9016억 원으로 가파르게 상승했다.[17] 2001년 정보 통신 산업 부가 가치의 연평균 증가율은 16.4퍼센트로 같은 기간 경제 성장률 4.0퍼센트를 크게 웃돌았다. IT 산업 수출 실적은 411억 달러로

전체 산업 수출 실적 1506억 달러의 27퍼센트를 차지했다.[18]

생산량과 부가 가치의 증대 못지않게 중요한 변화가 일상에서 디지털 기술을 이용하는 대중의 등장이었다. 1998년 7퍼센트에 불과했던 인터넷 이용자는 1999년 21퍼센트로 증가했으며, 2000년에는 43퍼센트에 달했다.[19] 2002년 12월 국내 인터넷 이용 인구는 이미 2600만 명을 넘어섰고, 6~19세의 91.4퍼센트, 20대의 89.8퍼센트, 30대의 69.4퍼센트가 인터넷을 이용하고 있었다.[20] 인터넷은 빠르게 대중의 일상 속으로 들어왔다.

자유와 해방의 사이버 공간

그러나 급격히 늘어난 이용자들이 새롭게 보급된 인터넷을 통해 욕망했던 것은 지배적인 사회적 상상과는 거리가 멀었다. 디지털 기술을 참여 민주주의와 사회 변혁을 앞당길 획기적 수단으로 바라보았다는 점에서 이용자 대중의 지향은 오히려 대안적인 사회적 상상에 가까운 것이었다. 지배 엘리트에 저항하는 시민 사회가 내놓은 대안적 사회적 상상에서 디지털은 자유롭고 평등하게 정보를 공유하여 민주주의와 사회 변혁을 가져오는 기술로 표상되었다.

1990년 11월 4일 케텔(KETEL, 하이텔의 전신)에서 조직된 한국 최초의 진보적 온라인 동호회 바른 통신을 위한 모임

(바통모)의 창립 선언문에는 대안적인 사회적 상상에 기초한 기술관이 엿보인다. 바통모는 "일상의 정보를 제공하는 데이터베이스가 일정한 정치적 입장에 의해 편향되어 있고, 그것은 교정 불가능한 하나의 상품으로서만 우리에게 다가온다"고 지적했다. 이어서 "수동적인 정보 취득자에 안주하지 않고 올바른 정보 통신의 발전을 위해 사용자들의 단결력을 높여 나가려" 하며 "통신인의 민주적 역량의 증대와 민주주의의 훈련장으로서 모두에게 개방된 통신 공간을 만들어 나갈 것"이라고 선언했다.

바통모는 조회 수를 알려 주는 시스템이 자극적인 문화를 부추겨 통신 공간의 담론을 왜곡시킨다는 이유로 조회 수 철폐 운동을 벌이는 등 대안적 커뮤니케이션을 형성하려는 다양한 노력을 했다. 1992년 제14대 대선 때는 여당이 PC 통신에 허위 ID를 개설하여 여론 조작과 사찰 활동을 전개한 사실을 폭로했으며, 대선 투표일에 부정 개표를 막기 위해 전국 개표소에 회원들을 파견하고 각 지역을 PC 통신으로 연결하여 실제 개표 현황과 공식 발표 내용을 실시간으로 비교하는 감시 활동을 벌이기도 했다.

디지털의 역사 초기에 정보가 자유롭게 공유되는 수평적인 쌍방향 인터넷 공간의 창조는 그 자체가 목적이었다기보다는 현실 사회 운동의 효과를 극대화하기 위한 도구로

서의 성격이 강했다. 인터넷은 "조직의 도구, 사회 변혁의 도구, 혁명의 도구, 문명 전환의 도구"이며 "사회 운동이나 변혁 운동을 하는 사람들이 가장 눈여겨보아야 할 도구"였다.[21]

한국의 사회 운동 진영은 1988년경부터 이미 사설 BBSBulletin Board System를 이용한 독립 네트워크를 구축하고 있었다. 권력과 자본에 편향된 기존 미디어를 우회하기 위한 시도였다. 1990년대 중반 PC 통신이 인기를 끌면서 하이텔의 바통모 외에도 천리안의 희망터와 현대 철학 동호회, 나우누리의 찬우물 같은 동호회가 진보 진영의 소통 공간이 되었다. 진보 정당 민중당은 1992년 천리안에 진보광장이라는 폐쇄 이용자 그룹Closed User Group·CUG을 만들어 조직 관리와 선거 준비에 활용했다. 전국 대학생 대표자 협의회, 전국 교직원 노동 조합, 경제 정의 실천 시민 연합, 환경 운동 연합 등 진보적 시민 사회 단체들도 온라인 공간을 적극 활용했다.

1996년 12월 김영삼 정권이 노동법과 안기부법을 날치기 통과시키자 노동자들은 이에 반대하는 총파업을 벌였다. 정보 통신 운동 활동가들은 '노동 악법·안기부법 전면 철회를 위한 총파업 통신 지원단'을 결성해 주류 언론으로부터 독립적인 여론을 조직하고 주도했다. 이들은 총파업 속보를 각 통신망의 자유 게시판에 전달하고 매일 뉴스레터를 발송했으며, '파업 지지' 말머리 달기 캠페인을 벌였다. 해외 단체·활동가들과 교류하는 국제 연대를 통해 한국 정부에 항의하기도 했다.

디지털이라는 새로운 창구를 통해 사회적 이슈에 대한 정보를 왜곡 없이 전파하는 데 집중하는 '통신을 통한 운동'은 차츰 표현의 자유와 검열 철폐를 통한 평등한 정보 접근, 자유로운 정보 공유 등 온라인 공간의 고유한 이슈들을 다루는 '통신을 위한 운동'으로 지평을 넓혀 나갔다.

단초를 제공한 것은 국가였다. 정부가 1992년 '불건전 정보'의 유통을 막는다며 정보 통신 윤리 위원회를 구성하고 단속에 나서면서 사이버 공안 파동이 줄을 이었다. 1993년 9월 7일 반국가 단체로 규정된 남한 사회주의 노동자 동맹(사노맹)의 유인물이 올라왔다는 혐의로 천리안의 현대 철학 동호회 회장이 구속되었다. 1994년 2월에는 천리안 동호회 희망터 회장 등 4명의 동호인이 김일성 신년사 등을 게재한 혐의로 구속되었고, 같은 해 3월에는 현대 철학 동호회 회원이 《공산당 선언》 등의 글을 올린 혐의로 구속되었다.

이러한 흐름 속에서 1995년 PC 통신의 진보적 동호회들이 '진보 통신 단체 연대 모임'을 결성했다. 이 모임은 1996년 7월 23개 단체가 참여한 '정보 통신 검열 철폐를 위한 시민 연대'로 확대 개편되며 〈정보 통신 검열 백서〉를 제작·발간하는 등 본격적인 검열 반대 운동을 전개했다.

〈정보 통신 검열 백서〉는 "정보 통신 혁명은 단지 산업이나 국가 경쟁력 차원에서만 논의될 것이 아니"라며 디지털 네트워크가 "정보의 공유를 통한 '전자 민주주의'의 가능성"을 열어 주고 있다고 주장했다. 이들은 정보화 사회를 진보적으로 이끌기 위해서는 "정보 통신 기술 활용과 논의 개입이 적극적으로 이루어져야 한다"고 주장하며 보편적 서비스, 표현의 자유, 개인의 프라이버시 보장 등 정보 기본권을 위한 시민운동이 필요하다고 선언했다.

1995년 출범한 단체 '정보연대 SINGSocial Information Networking Group'도 국가 권력이나 영리를 추구하는 자본에 의해 정보가 독점 또는 상품화되는 것에 반대해 민주적인 공동체를 실현하기 위한 정보의 완전한 공개, 평등한 접근, 자유로운 소통을 보장하는 정보 운동을 전개했다. 이들은 "정보에 대한 평등한 접근"이 "기존의 독점적 권력을 네트워크화된 주체들의 수평적 권력으로 재편시키는 문제"라고 주장했다.

디지털 공간에 존재했던 새로운 놀이 문화도 대안적 상상의 형성에 적지 않은 역할을 했다. PC 통신 시절부터 이용자들은 능동적인 실천으로 함께 즐기는 쌍방향적·참여적 온라인 커뮤니티 문화를 만들어 냈다. 디지털 이전의 일방향적·수동적 소비 방식과는 근본적으로 다른 행위였다. 대형 상용 BBS에 만족하지 않거나 이들의 취지에 동의하지 않았던 이용자들이 사설 BBS를 만들어 동호회라는 이름으로 다양한 활동에 나선 것이 시작이다. 1996년에 이미 1000개를 넘긴 PC 통신 동호회들은 대부분 작은 규모였지만 접속자 간 유대감이 강한 편이었고, 대개 음악, 영화, 컴퓨터 등 특화된 주제와 목적을 가지고 비영리적으로 운영되었다.

PC 통신 시절의 독특한 경험은 인터넷 초기의 이용자 문화 형성에 큰 영향을 미쳤다. 이용자들은 디지털이 참여의 공동체를 지향하는 기술이라는 인식을 갖게 됐다. PC 통신에서 웹으로 옮겨간 이용자들은 PC 통신 동호회나 게시판에서의 수평적 소통을 통해 정보를 교환하고 공유했던 경험과 기억을 인터넷 커뮤니티로 복원했다. 이들에게는 인터넷도 단순히 콘텐츠를 소비하는 곳이 아니라 직접 콘텐츠를 생산하는 곳이 되어야 했다.

디지털 저널리즘의 시대가 시작된 직후 참여 저널리즘을 열성적으로 만들어 간 시민들은 어느 날 갑자기 하늘에서 떨어진 사람들이 아니었다. PC 통신과 인터넷 초기의 참여적 생산을 경험한 능동적 이용자들이 바로 시민 참여 저널리즘의 주인공이었다.

2000년 전후 인터넷망이 전국적으로 확충되자, 네티즌 인구가 급증하면서 대안적 상상이 대대적으로 확산됐다. 언론 권력으로 군림하며 여론을 왜곡해 온 올드 미디어를 우회하여 새로운 의제를 제기하고 토론하는 수단으로 인터넷 공론장을 활용하려는 기획들이 쏟아져 나오기 시작했다. 상호 의사소통 기회를 거의 가질 수 없었던 수용자들은 교류하는 가운데 정치적 의견을 형성하게 되었다.[22]

2000년 4월 대전의 한 PC방에서 결성된 최초의 정치인 팬클럽 '노사모(노무현을 사랑하는 사람들의 모임)'가 대표적이었다. 이들은 자유롭고 수평적인 네트워크를 통해 수직적이고 폐쇄적인 기성 정치 질서를 바꾸고자 했다. 그 과정에서 온라인은 오프라인 활동을 보조하는 수단에 그치지 않았다. 회칙의 개정, 대표자의 선출부터 티셔츠 디자인, 책자 표지와 관련된 온갖 의사 결정이 온라인 투표로 이루어졌고, 회의도 온라인 채팅으로 진행했다. 취미, 연령, 지역별 다양한 게시판을 통한 소모임 활동과 토론도 활발히 이루어졌다.

개혁국민정당은 인터넷을 기반으로 결성돼 실제 제도권 정치에 도전한 정당이었다. 2002년 8월 시사 평론가 유시민이 제안한 이 정당은 3주 만에 2만 1000명의 발기인을 모았고, 11월 창당 대회 때 참여자 3만 2000명을 넘어서며 성공적으로 출발했다. 당헌에 참여 민주주의와 인터넷 기반 정당 정치의 실현을 명시한 개혁국민정당은 당명의 결정, 지구당 위원장과 중앙당 지도부의 선출, 대선 당시 노무현 후보에 대한 지지 결의, 이후 당 해산 등의 의사 결정을 모두 인터넷에서 진행했다.

당시 사회적으로 큰 반향을 일으킨 '안티 조선' 운동도 온라인을 거점으로 이루어졌다. 각종 인터넷 게시판과 '인물과 사상' 웹사이트를 통해 벌어지던 시민들의 연대적 활동은 1999년 창설된 사이트 '안티 조선 우리 모두'로 수렴되었다. PC 통신 출신의 논객들을 중심으로 한 이 사이트의 접속자들은 강력한 소속감과 결속력을 기반으로 온라인상에서 활발한 토론을 벌였다. 이것이 2000년 41개 시민 단체의 '조선일보 반대 시민 연대'의 출범, 1500여 명의 지식인이 참여한 조선일보 반대 서명 등 오프라인 운동으로 이어졌다.

　　이밖에도 자퇴 청소년들의 커뮤니티 아이노스쿨넷www.inoschool.net을 비롯해 동성애 커뮤니티, 양심적 병역 거부 사이트, 아나키스트 커뮤니티 등 소수자 인권을 다루거나 기성 공론 영역에서 소외되었던 급진적 이슈를 제기하는 커뮤니티들이 인터넷에서 활발히 활동하며 담론의 지평을 넓혀 나갔다. 이 시기의 사이버 스페이스는 말 그대로 진보의 해방구였다. 네트워크와 시티즌을 합성한 '네티즌'이라는 신조어처럼, 인터넷은 '시민의, 시민에 의한, 시민을 위한' 공간이 되었다. 보수 성향의 올드 미디어 신문과 달리 뉴 미디어인 인터넷은 본질적으로 진보 정치에 기여하는 미디어인 것처럼 여겨졌다.

　　당시 '인터넷은 진보'라는 인식이 일종의 상식으로 자리 잡을 수 있었던 것은 인터넷에서 수익을 만들어내기가 쉽지 않아 이윤 추구 활동이 많지 않았던 탓도 컸다. 한국에서 흑자 전환에 성공한 인터넷 기업이 출현하기 시작한 시점은 2002년이었다. 다음커뮤니케이션, NHN엔터테인먼트, 네오위즈, 옥션 등 주요 닷컴 기업들조차 2001년까지는 고전을 면치 못했다. 디지털은 어디까지나 미래의 유망 산업이었을 뿐, 당장 수익을 노리고 뛰어들기에 적당한 곳이 아니었다.

3   디지털, 대안적 저널리즘을 상상하다

시민 사회의 폭발적 성장

초기 인터넷의 이용자 대중이 국가와 자본이 마련한 산업적 인프라를 활용하여 적극적으로 대안적인 사회적 상상을 구현했던 것은 아이러니다. 지배 세력의 전략적 기획을 무색케 했던 역동적 활동의 배경에는 강한 시민 사회라는 한국 사회의 변화가 자리 잡고 있었다.

하나의 사회 구성체는 국가, 시장, 시민 사회라는 세 가지 상이한 질서로 구성된다. 세 개의 축은 각자 고립된 영역으로 존재하는 것이 아니라 다양한 방식으로 서로 관계를 맺는다. 그리고 관계는 끊임없이 변화하고 재구성된다. 사회 변동은 이처럼 재구성된 관계의 결과다. 어떤 영역이 힘의 우위를 갖느냐에 따라 사회의 성격이 달라지는 것이다.

한국 사회 구성체의 중요한 특징은 오랜 개발 독재를 거치며 형성된 강한 국가였다. 국가의 주도와 설계에 따라 경제 성장을 이루는 발전주의 국가 모델의 결과였다. 시장은 국가의 배타적 지원과 보호를 통해 성장하며 서서히 국가로부터 자율성을 획득해 나갔다. 반면 시민 사회는 권위주의 국가의 억압 속에서 1987년 정치적 민주화 이전까지 저발전 상태에 머물러야 했다.

그런데 1997년 겨울에 벌어진 두 가지 사건이 한국 사회를 구성하는 세 가지 질서 간 상호 관계에 급격한 변화를 가져왔다. 하나는 1997년 11월의 국제 통화 기금IMF 구제 금융 신청이라는 경제적 사건이었고, 다른 하나는 한 달 뒤에 열린 제15대 대선에서 한국 정치 역사상 최초의 수평적 정권 교체가 이루어진 정치적 사건이었다.

IMF 외환 위기는 재벌로 대표되는 한국의 자본 권력을 일시적으로나마 약화시키는 결과를 가져왔다. 기업으로서의 생존이 불투명해진 상태에서 재벌 개혁의 요구까지 높아지면서 재벌의 정치적 입지는 매우 좁아졌다. 민주화 이후 국가의 규율이 느슨해진 틈을 타 영향력을 확장하던 자본 권력은 경제 위기와 새롭게 직면하게 된 시민 사회의 견제 속에서 급격히 위축되고 있었다.

민주개혁 세력으로의 정권 교체는 발전 국가의 퇴조와 함께 쇠퇴의 길을 걷고 있던 한국 특유의 강한 국가가 한층 더 약화하는 계기가 됐다. 야당의 집권은 권위주의 발전 국가 시대에 재벌과 지배 동맹을 구성했던 국가 엘리트들의 실각 내지는 위축을 의미하는 것이었다. 안정적이었던 지배 연합 내부 질서와 인적 구성에 변화가 발생하면서 한국 사회를 장악하고 있던 과두 지배 연합 전체의 헤게모니는 상대적으로 약화될 수밖에 없었다.

지배 연합은 외부와의 관계에서도 새로운 위기를 맞이했다. 강한 시민 사회와 대면하게 된 것이다. 1987년 민주화 이후 빠른 속도로 성장한 한국의 진보적 시민 사회는 2000년 제16대 총선 당시 1000여 개 시민 단체들이 결집한 총선 시민 연대의 낙천·낙선 운동에서 보듯 막강한 영향력과 자율성을 가진 핵심적 사회 질서로 거듭났다.

시민 사회의 성장에도 불구하고 국가 엘리트 집단과 대자본 중심의 지배 연합이 오랜 권위주의 정권 기간 유지해 온 기득권을 완전히 상실한 것은 결코 아니었다. 재벌 개혁은 재벌들의 끈질긴 저항으로 인해 끝내 좌절되었고, 정리 해고제와 파견 근로제 도입 등 IMF 구조 조정 프로그램을 통한 노동 배제 전략은 구舊지배 연합의 헤게모니를 상당 부분 회복시키는 결과를 가져왔다. 진보적 시민 사회 역시 대항 세력으로서 안정적 지위를 겨우 확보했을 뿐, 새로운 지배 연합의 구성을 통한 헤게모니 창출에까지 이르지는 못하고 있었다.

요컨대 이 시기는 과두 지배 연합과 진보적 시민 사회가 어느 정도 힘의 균형을 이루면서 한국 사회 전체의 헤게모니가 불안정하게 유동하고 있던 국면이라 할 수 있다. 그리고 이것이 한국 디지털 저널리즘의 초기 형태를 결정하는 중요한 자양분을 제공했다. 디지털 기술의 성격을 요동치게 만드는 역동적 변이는 어느 사회 세력도 확고한 지배력을 확보하지 못한 정치적 조건이 가져온 결과물이었다.

딴지일보부터 오마이뉴스까지

한국 디지털 저널리즘의 역사는 1995년 3월 2일 중앙일보 홈페이지 조인스닷컴을 출발점으로 삼는다. 이후 조선일보(1995년 11월), 한겨레(1996년 4월), 동아일보(1996년 6월) 등의 언론사들이 줄줄이 홈페이지를 구축하고 인터넷 뉴스 서비스를 시작했다. 이른바 닷컴 신문들의 등장이다.

오프라인 종합 일간지를 모회사로 둔 온라인 신문들은 대중적 지명도나 페이지 뷰 면에서 분명 초기 디지털 저널리즘을 주도하는 위치에 있었다. 그러나 종속형 인터넷 언론이라 불리는 이들은 종이 신문의 콘텐츠를 인터넷 공간에 그대로 옮겨 놓았을 뿐 상호 작용성, 멀티미디어성, 속보성 등 인터넷의 특수성을 조금도 살리지 못했다는 점에서 뚜렷한 한계가 있었다.[23]

진정한 한국 디지털 저널리즘의 효시는 1990년대 후반 인터넷 공간의 주변부에서 이루어진 실험들이다. 저널리즘의 도덕과 규범으로부터 이탈한 기성 언론의 행태를 불쏘시개 삼아 등장한 다양한 형태의 대안적 언론들이 그 주인공이었다. 종이 신문을 모회사로 두지 않았기 때문에 이들을 독립형 인터넷 언론이라고도 부른다.

실험은 패러디 저널리즘으로 시작되었다. 전통적 언론사가 아닌 개인이 디지털 공간에서 발간한 최초의 정기 간행

물로 알려진 보테저널은 PC 통신 천리안의 게시판 '고워드_{go} word'에서 보테아저씨(ID vote1997)라는 닉네임을 썼던 최진훈이 창간한 매체로, 1997년 11월 23일부터 1998년 4월까지 발행되었다. 이 매체는 비속어를 자유롭게 활용하고 사회를 직설적으로 비판하는 패러디를 선보여 인기를 끌었다. 열성 독자들은 직접 글을 기고하기도 했는데, 이러한 상호 작용적 생산 시스템은 시민 참여 저널리즘의 원류로 평가받기도 한다.

보테저널 외에도 망치일보, 백수신문, 보일아동 등 다양한 패러디 저널리즘이 등장했지만, 가장 인기를 끌었던 패러디 뉴스 미디어는 1998년 김어준이 창간한 딴지일보였다. 딴지일보는 엄숙주의에 갇혀 있던 기성 저널리즘에서 찾아보기 어려웠던 도발적인 패러디와 독설, 조롱으로 정치 정보를 전달해 인기를 모았다. 보수 정당과 조선일보 등 기득권에 대한 신랄한 비판은 젊은 독자들의 적극적 호응을 끌어내, 창간 1년도 되기 전에 조회 수 1000만을 돌파했다. 딴지일보의 창간 사설은 이들이 추구한 가치가 대안적인 사회적 상상과 접점을 가지고 있음을 보여 준다.

아테네가 다시 오고 있다. 누구나 미디어의 주체가 되어 동일 공간에서 동일 순간을 공유하며 그 속에서 정치, 경제, 사회, 문화가 교감하던 아테네가 이제 다시 오고 있다. (⋯) 인터넷이라는 사이버 공간에 전 세계인이 모여들고 스스로들 미디어의 주체가 되어 저마다 목소리를 내고 상대방의 목소리를 듣고 있다. 이제 새로운 디지털 아테네의 시대가 열리려 하고 있는 것이다. 이것이 결국 어떤 곳으로 우리를 이끌어 갈지는 모르겠지만, 적어도 한 가지만은 분명할 것 같다. 아테네에서 발언권 없이 침묵했던 것은 노예밖에 없었듯이 이 도래할 신시대의 시민이 되려거든 자신의 디지털 목소리를 내야 한다는 것이다.

PC 통신 출신 논객들이 1999년 1월 창간한 칼럼형 뉴스 사이트 대자보는 PC 통신 게시판의 치열한 토론과 논평 문화를 웹 공간으로 옮겨 와 진화시킨 사례라 할 수 있다. 대자보는 심층 비평 기사를 통해 가벼운 패러디 저널과의 차별화를 꾀했으며, 권력화된 기존 언론을 비판하며 대안 언론의 정체성을 전면에 내걸었다. 대자보는 창간사에서 "인터넷의 고유한 특성인 쌍방향성에 입각해 이 땅의 정보 공유를 앞당기고 전자 민주주의를 구현하는 데 선도적 역할을 담당"하겠다고 선언했다.

이밖에 PC 통신 천리안에서 활동하던 사이버 논객이 1999년 6월 창간한 사회 비판 웹진 더럽지는 주류 언론이 외면했던 동국합섬 생산직 노동자의 직업병 문제를 심층적으로 다루면서 주목을 받았고, 1999년 6월 창간한 한국 최초의 문화 비평 웹진 스키조는 섹슈얼리티, 소수자 문화 등 기존 미디어에서 다루지 않았던 논쟁적 의제들을 제기하며 하루 방문자가 10만 명에 이를 만큼 주목을 끌기도 했다.

기성 언론이 보도한 사실을 재료로 삼아 풍자나 논평을 제시하는 형태를 벗어나 자체적 취재를 통해 획득한 정보를 보도하는 인터넷 언론들도 등장했다. 1999년 10월 18일 창간된 뉴스보이는 시민 기자 제도를 본격적으로 도입했다는 점에서 전통적 언론사들과 달랐다. 오프라인에서 벌어진 일을 보도하는 '명예 기자'와 웹서핑 과정에서 발견한 특이한 소식을 전하는 '뉴스보이 서퍼' 등이 시민 기자 역할을 수행하고 전업 상근 기자들이 이를 뒷받침하는 구조였다.

뉴스보이보다 한 발 늦게 출발했지만 더 큰 성공을 거둔 시민 참여형 매체가 오마이뉴스다. 오마이뉴스는 '모든 시민은 기자다'라는 슬로건을 내걸고 2000년 2월 22일 정식 창간호를 발행했다. '뉴스 게릴라'라 불리는 시민 기자의 수는 창간 당시 727명이었으나 한 해가 채 지나기도 전에 5300여 명으로 늘어났다. 오마이뉴스는 기사 한 건당 2만 원 정도의 원고료를 줬지만, 독자가 좋은 기사라 판단해 기사 하단의 아이콘을 클릭할 경우 추가로 후원금을 제공하는 기능을 갖추고 있었다. 오마이뉴스에서 꽃을 피운 시민 참여 저널리즘은 이후 인터넷한겨레의 하니리포터, 조인스닷컴의 사이버리포터, 동아일보의 넷포터 등으로 전통적 언론사들에서도 도입되었다.

오마이뉴스는 기사에 댓글을 달 수 있게 해 기사 내에서 쌍방향 소통 구조를 구축한 댓글 제도를 도입하기도 했다. 2000년 10월 13일부터 14일 새벽까지 김영삼 전 대통령의 특강에 반대하는 고려대 학생들이 정문을 막고 농성을 벌인 사건이 있었는데, 당시 오마이뉴스는 열일곱 시간 동안 스물다섯 개의 속보를 현장 생중계하며 네티즌의 주목을 끌었다. 이 기사에는 1000개에 가까운 댓글이 달렸고, 한 독자가 댓글을 통해 "김 전 대통령이 화장실에는 갔다 왔는지 취재해 주면 좋겠다"는 의견을 올리자 편집국 데스크가 이를 현장의 기자에게 지시해 독자의 궁금증을 풀어 주는 등 독자와의 쌍방향 대화가 활발히 진행되기도 했다.[24]

기성의 틀을 깨는 뉴스 미디어들은 분명 세간의 화제를 모았다. 그러나 온라인에서 벌어진 실험적 시도들이 오프라인에서 근본적인 변화를 가져오는 데는 한계가 있었다. 한국 사회의 보수 헤게모니는 여전히 강고했고, 디지털 대안 언론의 인기와 영향력은 아직 인터넷이라는 찻잔 속의 태풍에 불과했다. 헤게모니와 언론 지형의 급격한 변화가 가능했던 것은 2002년이라는 중대한 역사적 변곡점에 이르러서였다.

2002년, 디지털 저널리즘과 진보적 시민 사회의 결합

2002년 제16대 대선은 많은 이들의 운명이 걸린 한판 승부였다. 빼앗긴 정권을 되찾음으로써 지배 헤게모니와 구체제 질서를 회복하고자 했던 보수적 지배 연합과 새로운 사회 질서의 수립을 통해 민주주의의 공고화를 도모하고자 했던 진보적 시민 사회 간의 갈등과 적대가 응축된 선거였기 때문이다. 이 선거는 한국의 정치 질서뿐 아니라 디지털 저널리즘의 초기 형성에도 중대한 영향을 미쳤다.

파란만장한 대선 드라마는 2002년 3월 9일 막이 오른 민주당 대통령 후보 경선에서 시작됐다. 일반 국민들이 투표로 대선 후보를 결정하는 국민 참여 경선에서 당내 소수파였던 노무현은 '노풍盧風'을 일으키며 민주당의 대선 후보로 선출됐다. 이변을 연출하는 데 핵심 역할을 한 주체가 바로 오마이뉴스였다.

오마이뉴스는 3월부터 시작된 민주당 국민 경선을 오마이TV 동영상으로 생중계하며 네티즌들의 뜨거운 호응을 받았다. 경선을 거치며 오마이뉴스는 시민들의 지지와 참여를 재생산하는 플랫폼으로 부상했고, 중요한 도약의 기회를 얻었다. 2002년 초 100만 건 수준이던 오마이뉴스의 페이지 뷰는 경선 중계를 거치며 300~400만까지 불어났다.

노무현의 폭발적 인기가 보수 지배 연합에 위협적이었

음은 두말할 나위가 없었다. 보수 언론은 노무현의 과거 발언, 장인의 좌익 활동 경력 등을 소재 삼아 이데올로기 공세를 벌이며 노풍을 잠재우고자 했다. 노무현이 "집권하면 메이저 신문을 국유화하겠다"는 발언을 했다는 보도가 보수 언론의 1면을 장식하기도 했다. 오마이뉴스는 보수 언론의 '색깔론'을 강도 높게 비판하며 노무현을 방어했고, 이후 보수 대 진보의 선명한 이념 대립 구도로 진행된 선거전에서 진보 진영의 선봉에 서며 노무현의 든든한 우군이 되어 주었다.

　　인터넷 여론의 견제 속에서 보수 언론은 예전처럼 여론을 좌지우지하는 힘을 발휘하지 못했고, 노무현은 끝내 여당의 대통령 후보 자리를 거머쥐었다. 하지만 강고했던 언론 권력이 일거에 소멸한 것은 아니었다. 노무현 특유의 직설적 화법과 좌충우돌 스타일에 대한 보수 언론의 집요한 담론 공세는 결국 5월 이후 지지도의 급속한 하강 곡선을 만들어 냈다.

　　노풍의 퇴조 속에 치러진 6.13 지방 선거는 민주당의 참패로 끝났다. 전무후무한 4강 신화를 이룬 월드컵이 막을 내린 뒤에는 대한 축구 협회장을 맡고 있던 재벌 2세 출신의 보수 정치인 정몽준의 인기가 치솟았다. 정몽준이 대선 가도에 뛰어들면서 노무현의 지지도는 10퍼센트 초반까지 추락했다.

　　그러나 노무현의 위기는 역설적으로 시민 참여 확산과 디지털 저널리즘이 성장할 수 있는 에너지를 제공했다. 시민들은 인터넷에 들어와 목소리를 높이고 대항 논리를 적극적으로 계발해 나갔다. 디지털 대안 언론들은 시민들을 위한 플랫폼을 제공했다. 구심점은 역시 오마이뉴스였다. 미국에서 언론학을 공부하는 한 시민 기자는 조선일보가 외신 기사를 어떻게 왜곡하여 인용하는지를 분석하는 기사를 오마이뉴스에 올렸다. 보수 지배 연합이 내세운 이회창 후보의 아들 병역 비리 의혹이 제기되자 550여 명의 시민 기자들이 직접 두 아들의 병적 기록부를 검토하여 56개의 의혹을 제기하기도 했다.

오마이뉴스의 페이지 뷰는 8월에 650만에 이르렀고, 노무현과 정몽준이 후보 단일화에 합의한 11월 22일에는 하루 1000만 페이지 뷰를 돌파했다.[25] 시민 기자 수는 2만 명을 넘어섰고, 광고 매출액도 월 1억 원을 돌파했다.[26] 보수 헤게모니의 재작동에 대한 반작용으로 시민 참여 저널리즘이 활성화된 것이다.

시민들의 참여 열기가 폭발적으로 터져 나온 결정적 계기는 미군 장갑차에 의해 두 여중생이 사망한 사건이었다. 2002년 6월 13일 경기도 양주에서 미군 장갑차에 깔려 14세 여중생 두 명이 숨지는 참사가 발생했다. 주한 미군 지위 협정 SOFA에 따라 과실 치사로 기소된 장갑차 운전병과 관제병에 대한 재판권을 미군이 가져가고 그해 11월 이들이 무죄를 선고받자 시민들은 분노했다.

분노의 진원지는 인터넷이었다. 참사 발생 직후인 2002
년 6월 14일 오마이뉴스 시민 기자가 〈미군 장갑차에 치여 여
중생 두 명 즉사〉라는 제목의 기사로 사건을 세상에 알렸다.
오마이뉴스와 일부 인터넷 언론사들은 월드컵 열기가 한창
이던 시기에도 주류 언론들의 외면 속에서 지속적으로 사안
을 취재·보도했다. 사건이 세상에 알려지고 비판 여론으로
이어진 것은 기성 언론이 아닌 인터넷 대안 언론들의 의제 설
정 덕분이었다.

　네티즌들은 저마다 다양한 방식의 실천을 통해 여중생
들을 추모하고 미국에 굴종적인 권력자들을 비판했다. 11월
에는 인터넷 메신저 대화명 앞에 검은 리본(▶◀) 모양의 기
호를 달자는 운동이 전개되었다. 이후 흰 리본(▷◁) 달기 운
동, 삼베 천을 나타내는 기호(■)로 바꿔 달기 운동이 차례로
확산되었다. 이밖에도 사건을 고발하는 인터넷 만화, 플래시
애니메이션, 노래 파일을 업로드하고 퍼 나르는 운동이 광범
위하게 전개되었다.

　시민들의 분노는 촛불 집회로 발전했다. 인터넷 한겨
레 자유 토론방에 '앙마'라는 아이디의 네티즌이 두 여중생을
추모하는 촛불 집회를 열자고 제안했고, 이에 호응한 1500여
명의 시민들이 11월 30일 광화문 교보문고 앞에 모이면서 최
초의 촛불 집회가 열렸다. 시민들은 무죄 판결에 항의하며 미

국 대통령의 사과와 불평등한 SOFA 전면 개정을 요구했다.

이후 70여 개 인터넷 모임과 다수의 네티즌들이 참여한 '사이버 범국민 대책위'가 구성되었다. 이들은 게시판을 통해 촛불 집회 일정을 알리고 시위에 대한 평가와 토론을 벌였으며, 서명, 모금 운동, 백악관 사이버 시위 등을 기획했다. 네티즌들의 쌍방향 소통과 자기 조직화에 힘입어 촛불 집회는 빠른 속도로 확산됐다. 대통령 선거를 앞둔 12월 14일 3차 집회에는 서울에서만 10만 명, 전국에서 30만 명이 참여했다.

촛불 집회의 열기가 고조될수록 오마이뉴스에 대한 관심도 높아졌다. 11월 25일 한 차례 서버를 증설했으나 계속 늘어나는 독자들로 인해 홈페이지 접속이 원활하지 않을 정도였다. 12월 3일 오마이뉴스의 페이지 뷰는 1351만을 기록했다. 12월 9일 오후 1시 10분 또다시 20분간 서버가 다운되어 긴급히 서버를 증설하기도 했다.[27]

12월 19일 투표일을 목전에 두고 드라마틱한 선거전의 화룡점정이 된 마지막 사건이 발생했다. 후보 단일화의 한 축이었던 정몽준이 투표 전날 밤 노무현에 대한 지지를 철회한 것이다. 투표 개시를 불과 일곱 시간 남겨 둔 한밤중에 충격적 소식이 전해지면서 유권자들은 밤잠을 잊은 채 인터넷으로 몰려들었다.

오마이뉴스는 심야의 긴박한 상황을 실시간 중계했다.

정몽준이 지지를 철회했다는 속보는 이날 밤 약 열 시간 동안 57만 건의 조회 수를 기록했다. 오마이뉴스 창간 이래 단일 기사 최대 조회 수였다.[28] 12월 18일 페이지 뷰는 2002년 초와 비교해 스무 배 늘어난 수치인 1910만을 찍으며 또 한 번 서버를 다운시켰다.[29] 조선일보가 〈정몽준, 노무현 버렸다〉라는 제목으로 다음 날 조간에 실릴 사설을 새로 쓰고 있던 그 시각에 네티즌들은 이미 인터넷에서 토론을 벌이며 행동 지침을 공유하고 있었다.

12월 19일 치러진 선거에서 노무현은 1201만 4277표(48.9퍼센트)를 얻어 1144만 3297표(46.6퍼센트)를 얻은 이회창을 57만 표 차이로 누르고 당선되었다. 노무현의 당선은 낡은 보수 기득권과 엘리트 중심의 권위주의적 정치 질서를 혁파하고자 했던 시민들의 열망이 지배 연합의 총력 공세를 꺾었다는 점에서 큰 의미를 갖는다.

오마이뉴스의 오연호 대표는 2002년 대선이 이회창과 노무현 개인 간의 대결이 아니라 올드 미디어와 뉴 미디어의 대결이었으며, 구세력과 신세력 간의 갈등이었다고 분석했다.[30] 그의 분석에 따르면, 승리는 후자 쪽에 돌아갔다.

이 과정에서 디지털 저널리즘은 참여 민주주의적 속성을 극대화하는 방향으로 기울어지면서 기성 저널리즘의 형식, 관행, 문화에 파격을 가져왔고 새로운 가능성을 보여 줬다. 이용자들은 더 많이 연결되었고, 더 많이 참여했으며, 더 많이 토론했다. 생산 과정은 투명해졌고, 주변부는 중심부에 끊임없이 도전했다. 저널리즘은 그야말로 혁신을 이루었다. 이 시기 디지털 저널리즘이 보여 준 진취적 혁신은 이후 한국 디지털 저널리즘에서 다시 찾아보기 어려운 것이었다.[31]

　　하지만 이러한 혁신이 완벽하고 최종적인 승리를 뜻하는 것은 아니었다. 올드 미디어와 구세력의 독점적 영향력이 쇠퇴하며 일격을 당한 것은 분명했지만, 그것은 기존의 일방적 질서가 상호 긴장하는 세력 간의 치열한 각축으로 변모한 것일 뿐이었다. 뉴 미디어와 진보적 시민 사회 연합의 승리는 과도기 단계에서 벌어진 잠정적이고 예외적인 것이었다.

황금알을 낳는 디지털?

2003년 2월 27일 진대제 삼성전자 디지털 미디어 총괄 사장이 참여정부의 초대 정보 통신부 장관에 임명됐다. 삼성전자 반도체 부문에 재직하며 D램 반도체 1위 신화를 이끌고 '미스터 디지털', '디지털 전도사'라는 별명으로 불렸던 스타 CEO 출신의 정보 통신부 장관 발탁은 세간의 화제가 됐다.

진대제가 최초의 기업인 출신 정통부 장관은 아니었다. 그러나 디지털 기술의 참여 민주주의적 속성에 힘입어 출범한 노무현 정부가 한국 최대의 정보 자본인 삼성전자의 고위 임원을 정통부 장관으로 발탁한 사실은 디지털 기술의 발전 방향과 관련하여 특별한 함의를 갖는다. 노무현의 당선으로 디지털 기술의 경제적 가치에 초점을 맞추는 지배적인 사회적 상상은 거부당한 것이 아니라 선택과 지지를 받게 되었던 것이다.

노무현 대통령은 디지털 기술에 각별한 관심과 열정을 보였지만, 그 방향은 많은 이들의 예상과 달랐다. 역설적이지만 참여정부에서 디지털 기술은 참여의 매개 수단이 아닌, 수익 창출의 도구였다. 노 대통령이 바라보는 디지털은 한마디로 차세대 성장 동력이었다. 기업이 기술을 상품화하여 수익을 창출하면 국가의 부가 증대되고 국민 경제가 성장하므로, 정부의 진흥 정책을 통해 기술을 통한 가치 증식을 극대화하자는 논리였다. 진대제 장관에게 노무현 대통령이 주문했던

북저널리즘은
책처럼 깊이 있게,
뉴스처럼 빠르게
우리가 지금, 깊이
읽어야 할 주제를
다룹니다.

독자님, 안녕하세요. 북저널리즘입니다.

북저널리즘은 북과 저널리즘의 합성어입니다. 책처럼 깊이 있게, 뉴스처럼 빠르게 우리가 지금, 깊이 읽어야 할 주제를 다룹니다. 단순한 사실 전달을 넘어 새로운 관점과 해석을 제시하고 사유의 운동을 촉진합니다.

복잡하고 경이로우며 빠르게 변화하는 세상을 깊이 이해하기에 책은 너무 느리고 뉴스는 너무 가볍습니다. 북저널리즘은 책의 깊이에 뉴스의 시의성을 더했습니다. 전문가의 기자화를 통해 최소 시간에 최상의 지적 경험을 제공합니다. 《가디언》, 《이코노미스트》와 파트너십을 체결하고 관점이 뚜렷한 글로벌 콘텐츠도 전달합니다.

북저널리즘의 멤버십 서비스 '북저널리즘 프라임'에 가입하시면
① 북저널리즘의 모든 콘텐츠를 무제한 이용할 수 있습니다.
② 컨시어지, 주간 브리핑 등 프라임 전용 서비스를 이용할 수 있습니다.
③ 다양한 커뮤니티 모임에 우선 초대 및 할인 혜택을 받을 수 있습니다.

앞으로도 최고의 저자를 찾아 최상의 콘텐츠를 만들어 현명한 독자님에게 전하겠습니다. 저널리즘의 본령을 지키는 일에 동참해 주셔서 고맙습니다.

것은 "앞으로 10~15년 뒤에 국민이 먹고살 거리를 정부에 와서 만들어 달라"는 것이었다.[32]

노 대통령은 취임사에서 제2의 과학 기술 입국을 약속했다. 2003년 정보 통신의 날 기념식 연설에서는 "2007년까지 IT 분야 생산 규모를 400조 원으로 늘리고 IT 수출 1000억 달러 시대를 열어 가겠다"고 선언했다. 첨단 디지털 기술을 중심으로 한 혁신 주도형 경제 성장 모델을 육성하여 2008년까지 1인당 국민 소득 2만 달러 시대를 여는 것이 목표였다.

혁신 주도 성장 모델에 대한 노무현 정부의 이상이 집약되어 있는 대표적 정책이 2005년부터 추진한 'IT839'였다. IT839는 IT 관련 8대 신규 서비스, 3대 첨단 인프라, 9대 신성장 동력을 간단히 줄여서 일컫는 말로, 국가의 전략적 지원을 통해 정보 통신 산업을 고도로 활성화시켜 궁극적으로 경제의 성장을 도모하는 정책이었다.

문제는 정책 설계와 집행이 모두 대자본의 이해와 편의에 맞춰 조직되었다는 점이었다. 성장 담론에 포획되어 강박적으로 설정한 목표에 맞춰 임기 안에 한국 경제 성장을 견인할 산업 부문을 선정하다 보니, 대기업이 이미 기반을 닦아 놓은 사업을 업그레이드하는 방식이 될 수밖에 없었다. 삼성 경제 연구소가 제안한 10대 성장 산업과 참여정부가 선정한 10대 성장 동력 산업이 상당 부분 겹쳤던 것은 우연이 아니었다.[33]

2003년 이후 디지털 기술의 진화 방향을 결정짓는 정책적 틀이 시장 만능주의와 성장 지상주의에 매몰된 상태에서 IT839의 결과물인 DMB, WiBro, IP TV, VoIP 등의 서비스들이 일반 대중에게 소개되기 시작했다. 뉴 미디어 난개발이라 부를 정도로 범람했던 신규 서비스들은 모두 국가와 자본의 공모와 연합에 의하여 대자본의 이해관계를 중심으로 설계·기획되고 정부가 일방적으로 지원하여 도입하는 형태를 띠었다.[34]

DMB 사업은 포화된 통신 환경에서 통신 자본의 수익을 확대하기 위한 수단으로 출발했으며, 기존에 위성 사업을 추진해 온 통신사들의 이해관계에 맞춰 사업 자체를 지상파 DMB와 위성 DMB로 나누어 진행할 정도로 사업자들에게 이례적 편의를 제공했다.[35] IP TV도 애당초 통신 자본이 구축해 놓은 망 이용률을 극대화하여 추가 비용 없이 케이블 사업자들이 제공하는 서비스에 대응하고 가입자 이탈을 막기 위해 논의된 것이었다.[36] 이 과정에서 미래의 국가 성장 동력 마련을 위한 선택과 집중이라는 명분으로 KT, SK, LG, 삼성 등 대자본에 의한 기술의 독과점적 사유화는 손쉽게 정당화됐다.

학계는 장밋빛 전망을 쏟아 내며 디지털 기술에 대한 대중의 인식을 특정한 방향으로 유도하는 지배 담론을 형성·유포하는 역할을 담당했다. 위성 DMB가 2003년부터 10년간 9조 원의 생산 유발 효과와 6조 원의 부가 가치, 3만 4000명의 신규 고용을 창출할 것이라는 예측을 내놓거나[37] IP TV 도입으로 2008년부터 5년간 10조 1750억 원의 생산 유발 효과, 5만 6000명의 고용 창출이 예상된다고 보도하는 식이었다.[38] 디지털이 황금알을 낳는 거위가 될 거라는 시장 전망 앞에서 수용자의 권리나 공익성에 대한 언급은 간데없이 사라졌다.

언론 또한 기업, 산업 단체, 정부 등의 취재원만 일방적으로 인용한 기사를 내보냈고, 경제적 이익과 미래의 편익만을 강조하며 서비스의 빠른 도입이 필요하다는 논리를 집중적으로 부각시켰다. IP TV를 IT 업계의 차세대 황금 시장으로 규정하고, 주요 이해 관계자인 KT 경영 연구소의 보고서를 인용하며 'IP TV 도입이 지연될 경우 막대한 경제적 기회 손실이 발생한다'고 주장하는 기사들이 줄을 이었다.

이제 디지털 기술은 그것이 한국 사회에 처음 도입될 때와는 전혀 다른 기술이 되었다. 사물 인터넷IoT, 클라우드, 가상 현실, 3D 프린팅, 인공지능 등 디지털 기술의 혁신이 이루어질 때마다 언론과 전문가들은 오로지 경제 산업적 효과와 연결 지어 소개했다.

빅데이터는 신사업과 일자리를 창출하는 21세기의 원유[39] 또는 골드러시에 비유됐다.[40] 디지털 헬스케어 산업과 관련된 담론에서 의료 공공성에 대한 고민은 사라졌다. 차세대 산업 성장 동력임에도 정부의 제도적 인프라 마련이 더디기 때문에 기업들의 수익 창출이 어렵다는 불만만 제기될 뿐이었다.[41] 4차 산업혁명은 대개 저성장의 덫에서 좀처럼 빠져나오지 못하고 있는 '주식회사 대한민국'을 재점화할 기회로 인식되었다.[42] 거리를 누비며 현장을 취재하는 독립 저널리스트들을 의미했던 1인 미디어라는 용어는 이제 유튜브를 비롯한 동영상 플랫폼을 통해 광고 수익을 벌어들이는 다중채널 네트워크Multi Channel Network·MCN의 크리에이터를 가리키는 말로 바뀌었다.

디지털 기술의 특정 측면만을 강조하면서 이전 단계에서 자유롭게 제안되었던 다양한 가능성은 사장되기 시작했다. 디지털은 소비를 위한 서비스를 구성하는 기술적 토대이자 자본 축적의 수단으로 자리매김했고, 자본이 기술의 형성과 발전을 주도하는 핵심적 행위자로 부각되었다.

시장의 팽창, 시민 사회의 위축

자본에 일방적으로 유리한 변화는 당시 전 세계를 강타한 신자유주의 경제 프로그램과 무관하지 않다. IMF 외환 위기 이후 한국 경제가 글로벌 자본주의 체제에 더 깊숙이 결합하고 신자유주의화가 전방위적으로 이루어지면서 시장 논리와 자본의 성장을 그 어떤 가치보다 우선시하는 이데올로기가 맹위를 떨쳤다.

이 시기를 거치며 국가의 적극적 후원을 바탕으로 자본의 위상은 크게 격상되었다. 참여정부는 정치적 지지 기반을 허물어 가면서까지 자유 무역 협정FTA을 동시다발적으로 추진했고, 대선 공약을 깨면서 공정 거래법상 출자 총액 제한과 지주 회사 행위 제한 등 다수의 법령·규제들을 완화해 재벌 총수의 지배력이 강화되고 계열 회사 출자가 확대되는 길을 열어 주었다.

국민 경제 내에서 최상위 재벌 그룹이 차지하는 비중은 노무현 정권에서 빠르게 증가했다. 10대 재벌의 자산은 1997년 242조 원에서 2002년 321조 원을 거쳐 2007년 554조 원으로 늘었다. 같은 기간 국내 총생산GDP은 491조 원에서 684조 원을 거쳐 901조 원이 됐다. GDP 대비 재벌 자산 비율은 1997년 49.3퍼센트에서 2007년 61.4퍼센트로 치솟았다. 재벌의 비중이 1.25배 늘어난 것이다. 한국 최대의 재벌이자 정보 산업을 수익의 핵심 원천으로 삼는 삼성 그룹이 국민 경제 전체에서 차지하는 비중은 10.5퍼센트에서 14.0퍼센트로 1.33배 커졌다.[43]

자본은 단순히 물적 자산만 증가한 것이 아니라 사회 구성원들의 자발적인 동의와 헌신까지 획득했다. 다수 사회 구성원이 생산성과 효율성의 이데올로기를 신봉하고 기업의 이익을 국익과 동일시하면서 사회는 기업의 논리에 따라 재

조직되었다. 기업적 리더십과 기업의 조직 운영 모델이 정부 조직 등 사회 곳곳에 침투하거나 이식되었다. 검찰이 "경제에 악영향을 미칠 수 있다"는 논리로 재벌 총수나 대자본의 부패 범죄에 대한 수사에 미온적으로 대처하거나 공식적으로 면죄부를 주기 시작한 것도 이 무렵부터였다.

2005년 5월 노무현 대통령은 "이미 권력은 시장으로 넘어간 것 같고, 우리 사회를 움직이는 힘의 원천은 시장에서 비롯되고 있다"고 말했다. 개발 독재 시대에 형성되었던 기존의 국가와 자본 간 관계가 재편되면서 힘의 균형추는 국가에서 자본 쪽으로 급속히 이동하고 있었다.

시장의 전방위적 팽창에 반비례하여 시민 사회는 빠른 속도로 위축되며 시장에 종속되어 갔다. 자본은 기부와 투자, 연구 기금 제공 등을 통해 대학과 지식인 사회를 장악했다. 대학은 기업적 경영 방식 도입과 경제적 부가 가치 창출이 최고 목표가 될 정도로 시장주의적으로 변질되었다. 재벌은 광고를 매개로 언론을 관리·통제했고, 다양한 재단 법인에 시민 사회의 주요 인물들을 영입하고 전략적 사회 공헌 활동을 벌이며 지지와 동의를 조직화했다.[44]

시민 사회가 이처럼 무기력하게 무너진 것은 무엇보다 자본의 포섭 때문이었지만, 민주주의에 대한 시민들의 열망이 크게 줄어든 탓도 컸다. 가시적 개혁 성과를 만들어 내지 못한 참여정부에 대한 실망과 사회 경제적 기반의 붕괴가 결정타였다. 사회적 불평등의 급격한 확대와 노동자의 삶의 질 하락 속에서 시민 사회는 급속히 보수화되었다. 2004년 탄핵 정국에서 대규모 촛불 집회를 통해 의회 권력으로 상징되는 보수 헤게모니 질서에 맞선 것을 마지막으로 대다수 시민들은 '민주주의가 밥 먹여 주나'라는 냉소적 담론에 매몰되어 일상의 경제 속으로 깊숙이 침잠해 들어갔다.[45]

노무현 정부가 대자본에 대해서는 전폭적인 지원을 아끼지 않았던 반면, 노동에 대해서는 철저한 배제 정책으로 일관했던 것도 시민 사회의 위축에 일조했다. 집권 5년 동안 비정규직이 매년 평균 21만 명씩 증가하여 2007년에는 879만 명(전체 노동자의 55.8퍼센트)에 이를 정도로 고용의 질은 악화되고 있었고[46] 이들의 임금은 정규직의 절반에 지나지 않았다. "비정규직의 눈물을 닦아 주겠다"고 약속했던 노무현 정부는 차별을 사실상 용인하는 비정규직법을 통과시키며 이를 조장하거나 방관했다. 이 시기 '이태백(20대 태반이 백수)', '삼팔선(38세 퇴직)', '사오정(45세 정년)', '오륙도(56세까지 일하면 도둑)', '육이오(62세까지 일하면 오적)' 등 실업과 고용 불안의 확산을 풍자하는 신조어들이 등장하기 시작했다.

결국 시민 사회는 경제 사회의 민주화를 위한 대안적 질서를 조직하지 못하고 기득권의 헤게모니적 질서에 무기력하게 흡수·통합되었다. 진보적 시민 사회는 이제 대안적인 사회적 상상을 확대 재생산할 동력을 상실하고 있었다. 사회 제도와 인간관계, 일상적 삶 속에서 모든 자원의 배분을 오로지 시장 논리에 따라 수행해야 한다는 시장 물신적 사고가 빠르게 내면화되면서 한국인의 생활 세계는 자본에 의해 잠식되었다.[47] 평생 학습과 자기 계발을 통해 경쟁력을 기르고 자기 책임을 구현하는 새로운 노동 주체성이 등장했고, 일상 속에서 재무적 논리의 확산이 이루어지며 재테크가 생활화되었다. 시민 사회의 보수적 변환은 결국 '국민 성공 시대'를 캐치프레이즈로 내건 이명박 정권의 탄생으로 이어졌다.

플랫폼 시대의 개막

시장과 시민 사회 간 역학 관계가 역전되면서 사회 구성원들이 디지털 기술을 상상하는 방식과 디지털 생태계의 작동 방식도 빠르게 달라지고 있었다. 지배적인 사회적 상상이 제시하는 비전과 전략이 주류 담론으로 선택되면서 정보 통신 산업의 성장이 가속화됐다. 흑자 전환에 성공한 인터넷 기업이 출현하기 시작한 2002년을 기점으로 디지털을 통한 비즈니스는 더 이상 별난 일이 아니게 되었고, 인터넷 공간은 기업들이 돈을 벌기 괜찮은 곳으로 변모해 가고 있었다.

가장 눈에 띄는 변화는 플랫폼이 인터넷 환경을 주도하

기 시작했다는 점이다. 플랫폼 산업은 이 시기에 그야말로 눈부신 성장을 이루었다. 2003년 한국 경제는 극심한 경기 침체로 대부분의 산업이 부진을 면치 못했지만, 포털 기업들은 2002년 대비 두 배 이상 매출이 늘어나면서 사상 최대 실적을 올리고 평균 40퍼센트대의 높은 수익률을 올렸다.[48] 이때부터 포털은 한국 디지털 생태계에서만 찾아볼 수 있는 독특한 포식자로 자리 잡았다. 포털의 시대가 열린 것이다.

인터넷 활동의 대부분을 포털에 의존하게 되면서 이전까지 비영리 목적으로 이루어지던 인터넷상의 실천들이 본격적으로 시장 교환 체계 속에 편입되기 시작했다. 그동안 정보를 습득하는 인지적 행위, 호혜적인 정보 교환 행위, 시민들의 정치적 토론 등은 이윤 획득과 거리가 멀었다. 하지만 다양한 디지털 커뮤니케이션 과정들은 포털이 만들어 놓은 상업적 공간 속에서 트래픽을 증가시키고 잉여 가치를 창출하는 행위로 변환되었다.

포털 수익 모델의 놀라운 점은 이러한 과정에서 만들어지는 부가 가치가 모두 한 푼의 임금도 받지 않는 이용자들의 자발적 활동에서 비롯된다는 것이다. 누가 시키지 않았는데도 이용자들은 네이버 '지식인'에 글을 쓰고 다음 카페에 사진을 올렸다. 그렇게 생산된 정보로 창출된 이윤은 모두 포털 자본이 독차지했다.

포털에 이르러 디지털 기술은 비로소 수익 창출의 도구로 확고히 자리매김했고, 사회 변혁을 바라는 이용자들의 정치적 열정은 포털에 의해 부지불식간에 자본 축적의 수단으로 전유appropriation당하고 말았다. 포털 플랫폼은 이용자들의 자발적 활동을 무료 노동free labor으로 탈바꿈하고 이를 탈취해 가치를 증식했다.

인터넷 초기의 역사에서 폭넓게 시도되었던 대안적 기획들이 좌절되거나 변질되는 데에도 포털은 적지 않은 역할을 했다. 이용자들의 능동적 활동은 포털이 만들어 놓은 공간 안으로 하나둘 흡수되어 관리와 통제를 받으면서 자신들이 갖고 있던 저항적 힘을 잃어 갔다. 지배적 상상의 응결체인 포털이 대안적 상상을 무기력하게 만든 것이다.

웹 2.0[49] 열풍 속에서 권력의 간섭 없이 자유롭게 의견을 표현하는 수단으로 주목받았던 블로그는 네이버를 비롯한 포털의 하부 구조로 들어가면서 신변잡기적 글쓰기나 기업의 홍보 수단으로 전락했다. UCCUser Created Content는 초기에 정치 풍자 동영상 위주로 활발히 제작되며 자유와 참여, 공유의 상징이었지만, 저렴한 비용으로 다양한 콘텐츠를 확보할 새로운 비즈니스 기회를 찾고 있던 포털 자본들에 포섭되면서 말초적인 흥미를 자극해 클릭을 유도하는 짧은 동영상들이 대세를 이루게 되었다. 다양한 정치 웹진과 온라인 게시판에서 이루어지던 정치·시사 관련 토론이 포털 사이트 다음의 아고라나 다른 포털 커뮤니티로 이주하면서 급격히 축소된 것도 마찬가지 사례다.

뉴스의 영역에서도 똑같은 일이 벌어졌다. 대안적인 상상에 근거해 이루어지던 디지털 저널리즘 역시 포털 자본이 마련한 공간 안에서 능동적 저항의 가능성을 상실하고 자본의 가치 증식 수단으로 변질되기 시작했다. 한마디로 포털은 디지털 저널리즘에 지배적 상상이 침투하는 '관문portal'이 되었다.

잘못 끼운 첫 단추

전환기의 상황에서 첫 단추를 끼우는 의사 결정은 향후 행위자들의 선택과 활동을 구속하는 제도적 틀과 관행을 형성한다는 점에서 두고두고 구조적 제약 조건이 되기 마련이다. 디지털 저널리즘의 역사에서 언론사들이 포털 사이트에 뉴스를 제공하기로 한 선택이 바로 그랬다.

언론사들이 포털 사이트에 뉴스를 턴키turn-key 방식으로 제공하고 포털 안으로 들어간 것은 한국 디지털 저널리즘의 향배에 중대한 영향을 미친 결정적 순간이었다. 하지만 이때까지만 해도 포털 뉴스의 등장이 저널리즘의 지형을 근본적으로 뒤집어 놓을 대사건임을 인지한 사람은 거의 없었다. 한동안은 포털을 통해서 뉴스를 소비하는 이들보다 언론사 홈페이지에 직접 찾아가 뉴스를 소비하는 이들이 더 많았기 때문이다.

포털을 상대로 한 언론사들의 뉴스 콘텐츠 공급 제휴 및 유료 판매는 1999년을 전후한 시기부터 시작된 것으로 알려져 있다. 포털이 뉴스를 서비스했던 이유는 적은 비용을 들여 이용자들의 주목을 끌 수 있는 매력적인 콘텐츠였기 때문이다. 포털 출범 초기 검색 결과로 노출할 국내 웹 문서가 많지 않은 인터넷 환경에서 뉴스는 높은 신뢰도와 이용자 도달률을 안정적으로 보장해 주었다.

당시 언론사들은 이미 자사 홈페이지를 구축하여 뉴스를 유통시키고 있었다. 언론사들이 홈페이지 유입 인구 감소를 무릅쓰고 포털에 뉴스를 제공하게 된 것은 1997년 IMF 외환 위기 이후 계속된 언론사들의 만성적 경영난 때문이었다.

위기의 돌파구를 찾던 언론사들은 벤처 열풍을 쫓아 경쟁적으로 독립 법인 닷컴사들을 설립했지만, 규모는 하나같이 영세하기 짝이 없었고 뉴스 유료화의 실패로 수익 모델도 발굴하지 못하던 처지였다. 어찌 보면 당연한 결과였다. 언론사들의 디지털 사업 진출은 디지털 기술을 통해 저널리즘을 활성화하려는 신념에 기초하여 면밀한 검토 끝에 이루어진 것이 아니라 장기적 전망과 충분한 준비 없이 기업으로서의 생존을 도모하기 위해 단행된 것이었기 때문이다.

언론사가 뉴스를 포털 사이트에 일괄적으로 판매하고

포털 사이트가 언론사와 독립적으로 뉴스를 서비스하는 한국만의 특수한 뉴스 유통 구조는 이러한 맥락에서 만들어졌다. 신문 산업의 전반적 위기 속에서 경영난에 시달리던 모기업들은 닷컴사에 이윤 창출을 요구했고, 이러한 압력은 누적된 적자 속에서 별다른 수익원을 찾지 못했던 닷컴사들이 뉴스를 월별 수백만 원 수준의 낮은 단가로 포털사에 판매해 단기적 수익을 올리는 자해적 선택을 하도록 만들었다.

공들여 취재한 기사를 헐값에 전부 포털로 넘기는 계약을 했다는 사실은 언론사들이 근시안적으로 인터넷 공간을 바라보고 있었음을 보여 준다. 가까운 미래에 인터넷이 지배적인 뉴스 채널이 될 것이며 디지털 뉴스가 중요한 수익의 원천이 될 것이라는 예상을 전혀 하지 못한 것이다.

포털 뉴스가 광범위한 이용자 대중에게 확산되었던 계기는 2001년 9.11 테러와 2002년 한일 월드컵, 여중생 장갑차 사건에 항의하는 촛불 집회, 16대 대선 등의 정치적 격변이었다. 이용자들은 '뉴스의 성수기'를 편리한 포털 뉴스와 함께 경험했다. 이 과정에서 포털을 통한 뉴스 이용이 보편적인 뉴스 소비 습관으로 자리 잡았고, 언론사 홈페이지를 통한 뉴스 소비는 급격히 감소하기 시작했다.

2003년 상반기에 이르러 뉴스 미디어 순방문자 수Unique Visitors 순위에서 포털 뉴스 서비스들이 오프라인 신문 종속형 닷

컴 사이트들을 앞서 나가기 시작했다.[50] 2006년 5월부터 2007
년 4월까지 1만 3412명의 인터넷 이용자를 대상으로 포털 뉴
스 섹션, 신문사 닷컴, 인터넷 신문, 방송사 닷컴 등 미디어 사
이트 이용 행태를 조사한 결과에서 여덟 개 포털 뉴스 서비스
는 93.76퍼센트의 압도적 시장 점유율을 차지한 반면, 조선닷
컴, 동아닷컴, 조인스닷컴, 한국아이닷컴 등 네 개 일간지 뉴
스 서비스는 4.66퍼센트의 초라한 시장 점유율을 기록했다.[51]

짧은 시간 안에 디지털 뉴스 생태계는 포털을 중심으로
재구성되었다. 최초 계약 당시 신생 벤처 기업에 불과했던 포
털은 이제 외형과 수익, 영향력 등 모든 면에서 언론사 닷컴을
압도하는 강자로 변신했고, 언론사들은 단순한 콘텐츠 공급
자content provider로 전락하고 말았다. 불과 몇 년 사이에 언론사
사이트 주소를 직접 입력하여 방문하는 뉴스 소비 형태는 지
극히 예외적인 경우가 되었다. '포털에 떠 있지 않은 기사는
존재하지 않는 기사'라는 말이 나올 정도였다.[52]

포털과 제휴를 맺은 언론사들의 뉴스만 이용자 대중에
게 집중적으로 노출되는 과정에서 포털 바깥의 대안적인 실험
이나 시민 참여 저널리즘이 주목받을 기회는 체계적으로 배제
되어 갔다. 시대소리, 서프라이즈, 대자보 등 참여정부 초기에
반짝 인기를 끌었던 정치 웹진들은 포털의 소용돌이에 휘말
려 하나둘 문을 닫았고, 오마이뉴스 등 대안 언론을 향한 관심

도 급격히 줄어들었다. 대안적 상상을 중심으로 기획되고 조직되었던 디지털 저널리즘은 이제 수익 추구에 집중하는 지배적 상상을 중심으로 새롭게 재편되고 있었다.

포털 맞춤형 뉴스의 탄생

2004년 7월 신생 포털 파란이 출범했다. 파란닷컴은 포털 사이트로서 대중적 인기를 끌지는 못했지만, 디지털 뉴스 시장에 큰 반향을 불러일으켰다. 사건은 파란닷컴이 5대 스포츠 신문사와 뉴스 콘텐츠 독점 수급 계약을 맺으며 그 대가로 2년간 총 120억 원을 지불하기로 합의하면서부터 시작됐다. 페이지 뷰가 높은 연예·스포츠 뉴스 콘텐츠를 하나의 포털사가 독점하는 상황이 벌어진 것이었다.

이 계약 이후 포털 뉴스 시장은 뜻밖의 방향으로 진화했다. 파란닷컴의 경쟁 포털사에 연예·스포츠 뉴스를 공급하는 중소 규모 연예·스포츠 전문 뉴스 미디어가 대량 양산된 것이다. 스포츠 신문에서 일했던 기자들이 전직과 독립을 통해 새로운 매체를 창간하는 시도가 유행처럼 번졌다. 스포츠지 기자 출신 10여 명이 독립해 만든 폭탄뉴스는 자체 사이트 없이 포털에 기사를 제공하는 형식으로만 운영되는 미디어였다. 이밖에도 스타뉴스, 조이뉴스24, OSEN, 마이데일리, 뉴스네, 고뉴스, 팝뉴스, 와우이티, 리뷰스타 등 연예·스포츠 뉴스를 전문으로 다루는 인터넷 뉴스 미디어들이 우후 죽순처럼 생겨났다.

스포츠지와 파란닷컴 간 뉴스 콘텐츠 독점 계약은 2005년 6월 결국 해지되었지만, 이 사태가 남긴 여파는 컸다. 포털 사이트의 뉴스 박스에는 군소 매체들이 생산하는 연예·스포츠 기사가 범람하게 되었다. 포털 뉴스가 정치·경제·국제 분야를 중심으로 한 경성 뉴스hard news보다 즉각적 욕구를 충족시키는 연성 뉴스soft news에 편중되어 있다는 논란은 이때부터 시작되었다. 포털 뉴스 박스에 게시된 뉴스 가운데 스포츠·연예·문화 관련 연성 뉴스의 비중은 정치·경제 관련 뉴스보다 압도적으로 높은 전체 뉴스의 45.2퍼센트에 달했다.[53]

뉴스가 다루는 영역의 문제만이 아니었다. 뉴스의 질도 급격히 떨어지기 시작했다. 매체와 기사 수는 급증했지만, 연예 뉴스의 수요까지 갑자기 늘어날 수는 없었다. 제한된 뉴스 수요를 차지하기 위한 매체들 간의 과당 경쟁이 불가피했고, 치열한 속보 전쟁이 벌어졌다. "5분 빠르면 200만 명이 더 클릭한다"는 말이 인터넷 뉴스 업계에 떠돌 정도로 기사의 품질보다 1초라도 먼저 기사를 올리는 것이 중요하게 받아들여졌다.[54]

속도를 중시하는 뉴스 환경에서 사건이나 이슈의 맥락을 심층적으로 분석하거나 종합적으로 조명하는 기사는 나오기 어렵다. 소규모의 포털 의존형 미디어가 난립하는 뉴스 생태계는 선정적이고 자극적인 사실을 찾아서 피상적으로 전달하는 뉴스들을 양산했다. 종래에는 기사나 정보로서의 가치가 없다고 판단했을 사소한 이야기나 보도 자료까지 일일이 기사화하는 경향도 두드러졌다.

최소한의 사실 확인이나 교열조차 거치지 않은 기사들도 늘어났다. 2006년 2월 가난한 남녀가 지하철에서 결혼식을 올리는 장면을 휴대폰으로 찍어 인터넷에 올린 영상을 언론이 확인 절차 없이 미담으로 포장해 대대적으로 보도했다가 대학생들이 연출한 연극임이 드러나 망신을 당한 사건은 왜곡된 디지털 뉴스 시장의 현실을 상징적으로 보여 준 사례였다.

기사의 신뢰도와 완성도를 비판하는 댓글들이 늘어나기 시작했다. "이 정도 기사는 나도 쓸 수 있겠다"며 기자의 전문성과 도덕성을 의심하는 담론이 퍼져 나갔다. 기자들에 대한 불신과 폄훼 현상은 사실상 이때부터 시작되었다.

일련의 변화는 뉴스가 포털이라는 플랫폼을 통해 매개되면서 발생한 문제들이었다. 기존의 유통 채널과는 다른, 플랫폼이라는 특수한 조건에 뉴스를 최적화시키다 보니 뉴스가 이전과는 다른 성격을 띠게 된 것이다. '플랫폼에 의해 주도되는 뉴스platform-driven news'의 등장 이후 뉴스는 클릭을 통한 트래픽과 수익만을 추구하는 수단으로 변질되기 시작했다.

플랫폼 환경에서 뉴스는 더 이상 패키지 단위로 소비

되지 않는다. 뉴스를 생산한 매체와 분리된 상태에서 낱개 기사 단위로 소비될 뿐이다. 포털 뉴스 소비자들은 해당 뉴스의 원산지가 어디인가에 관심을 두지 않는다. 그저 '네이버에 뜬 뉴스'일 뿐이다. 뉴스 소비자는 뉴스를 특정 언론사의 뉴스로 인식하지 않게 되었다. 플랫폼은 뉴스 생산자와 소비자를 중개하고 연결하는 것처럼 보이지만, 사실은 본래 연결되어 있던 두 주체를 분리시키고 있었다.

언론사는 뉴스 생산 과정에서 장기적 신뢰의 형성을 염두에 두지 않게 되었다. 포털에 유통되는 낱개 기사로는 언론사에 대한 충성도와 신뢰도가 만들어지지 않기 때문이다. 뉴스는 더 이상 신뢰재가 아니다. 이용자 대중의 즉각적 욕구에 소구하는 저질 뉴스만 내보내도 상관없다. 클릭을 통해 발생하는 수익은 사유화하지만, 질 낮은 뉴스로 인해 발생하는 피해는 전체 언론이 공유하기 때문이다.

여기에 네이버가 새로 도입한 아웃링크out-link 제도가 문제를 한층 더 악화시켰다. 2006년 12월 1일 네이버는 뉴스를 클릭하면 해당 기사를 생산한 언론사의 홈페이지로 이동하는 아웃링크제를 도입했다. 트래픽을 분산시켜 뉴스를 생산한 언론사들과 상생을 추구한다는 명분이었지만, 포털로의 과도한 권력 집중에 대한 비판과 견제를 피해 가기 위한 고육책이라는 해석이 지배적이었다.

이전까지 네이버의 뉴스 서비스는 전재료를 제공한 언론사의 뉴스를 네이버 서버에 데이터베이스로 저장하고 기사를 클릭하면 이 데이터베이스에 저장된 기사로 이동하는 인링크 in-link 방식을 채택하고 있었다. 네이버 안에서만 뉴스가 소비되고 뉴스 이용에 따른 트래픽 증가를 네이버가 독점하는 구조였기 때문에 언론사들은 불만을 가지고 있었다.

실제 아웃링크 도입으로 언론사 홈페이지 방문자 수는 폭발적으로 늘어났다. 언론사들은 이 기회를 수익 확대에 적극적으로 활용했다. 저널리즘의 가치를 훼손해 가며 트래픽만 늘리는 싸구려 뉴스를 대량 생산해 단기적으로 수익을 극대화하는 전략을 선택한 것이다. 트래픽을 올리기 위해 실시간 인기 검색어를 기사의 소재로 삼아 비슷하거나 동일한 제목 또는 내용의 기사를 반복적으로 전송하는 어뷰징 현상이 본격화된 것은 이때부터였다.

2007년 3월 네이버는 각 언론사에 어뷰징 기사 생산을 자제해 달라는 공문을 보내고 가이드라인을 지키지 않는 언론사의 실명을 공개하겠다고 경고했다. 하지만 구조적인 축적의 한계와 치열한 시장 경쟁 구도 속에 놓여 있던 언론사들이 귀담아 들을 리 만무했다. 잘못된 것은 알고 있지만 타사들이 하고 있기 때문에 어쩔 수 없다는 것이 대다수 언론사들의 공통된 입장이었다.

아웃링크 제도는 언론사들에게 당장 눈앞의 이익을 가져다주었지만, 장기적으로는 언론에 대한 시민들의 신뢰를 갉아먹는 치명적 계기가 됐다. 또 한 발 물러나 생각하면 언론사들이 포털에 얼마나 종속되어 있는가를 노골적으로 보여 준 사례이기도 했다. 포털사의 의사 결정에 따라 언론사의 수익과 운영 방향뿐 아니라 뉴스의 성격에도 급격한 변화가 발생할 정도로 이미 저널리즘 생태계는 포털 중심으로 재편되어 있었다. 이후 네이버가 뉴스캐스트, 뉴스스탠드 등 새로운 뉴스 정책을 도입할 때마다 이러한 현상은 되풀이되었고, 언론사들의 포털 종속은 갈수록 심화되었다.

억압하는 국가, 고립되는 시민 사회

2008년 4월 다음 아고라 청원 게시판에 네티즌 '안단테'가 이명박 대통령의 탄핵을 제안하는 글을 올렸고 이 탄핵 청원이 한 달 만에 100만 명의 온라인 서명을 받으며 미국산 쇠고기 수입 반대 촛불 집회가 시작되었다. 촛불 집회 국면에서 아프리카TV, 칼라TV, 오마이TV 등 1인 인터넷 방송은 온라인과 오프라인의 저항 주체들을 연결시키며 대항 헤게모니의 저변을 확대했다.

언론 수용자들은 2008년 5월 포털 다음에 '언론 소비자 주권 국민 캠페인' 카페를 개설하고 보수 언론에 광고를 낸 기업 제품에 대한 불매 운동을 벌였다. 2010년에는 SNS를 통한 투표 인증이 유행처럼 번졌고, 팟캐스트 '나는 꼼수다'는 신드롬에 가까운 인기를 누리며 2011년 무상 급식 주민 투표에 막대한 영향력을 행사했다.

검찰은 '인터넷 신뢰 저해 사범 전담 수사팀'을 설치하고 '언론 소비자 주권 국민 캠페인' 카페 개설자들을 구속했다. 한국 경제에 대한 부정적 전망을 담은 글을 인터넷에 게시한 논객 '미네르바'는 구속되었다. 팟캐스트 나는 꼼수다 제작자들도 선거법 위반 혐의로 기소되어 법정에 섰다.

방송 통신 심의 위원회는 대통령을 조롱하는 의미가 담긴 아이디의 트위터 사용자에 대해 무더기 계정 차단 조치를 내렸다. 정보 통신망법상 임시 조치 규정이 도입되고 인터넷 실명제가 추진되면서 대형 포털의 토론방들은 폐지되거나 대폭 축소되었다. 국가 정보원과 군 사이버 사령부는 오늘의 유머, 일간베스트 저장소 등 인터넷 커뮤니티나 포털 사이트, SNS에 야당을 비난하는 댓글과 게시물을 퍼뜨리며 조직적으로 여론을 조작했다.

국제 언론 단체인 국경 없는 기자회Reporters Without Bor-ders·RWB가 〈2012년 인터넷 적대국 보고서〉에서 한국을 '인터넷 감시국'으로 분류한 것은 이러한 억압적 인터넷 환경을 반영한 것이었다. 대안적 상상에 바탕을 두고 능동적 이용자들이 자율적으로 형성한 디지털 공론장은 국가의 통제와 개입에 의해 차츰 말할 수 없는 곳, 믿을 수 없는 곳으로 변질되었다.

대안적인 사회적 상상은 다시 위축되면서 수면 아래로 침잠해 들어갈 수밖에 없었다. 디지털 기술의 민주적 가능성을 말하는 사람은 눈에 띄게 줄었다. 디지털 기술을 정치적 의사 표현의 확장 수단이나 참여 민주주의의 촉매제로 바라보는 접근은 점차 희소하거나 낯선 것이 되었다.

커뮤니케이션의 상품화

우리는 디지털화 이전보다 훨씬 더 많은 시간을 미디어에 할애한다. 버스를 기다리며, 식사를 하며, 잠자리에 들기 전에도 스마트폰을 놓지 않는다. 정보 통신 자본의 입장에서 이 같은 커뮤니케이션의 증가는 더 많은 잉여 가치의 추출을 의미하지만, 커뮤니케이션을 하는 우리의 입장에서는 사회적 삶 속 일거수일투족이 가치 증식의 과정으로 전환되었음을 의미한다.

디지털 기술의 지배적인 사회적 상상이 압도적인 동의를 확보하면서, 상상을 물질화하여 일상 속에서 이용할 수 있도록 변용한 디지털 서비스들이 대중화되기 시작했다. 트위터·페이스북·인스타그램 등의 SNS와 카카오톡같은 모바일 인스턴트 메신저는 가족·친구·연인 간의 지극히 사적인 대화를 매개하는 새로운 플랫폼을 제공하고 그 플랫폼 이용자들의 주목attention을 광고주에게 판매한다. SNS는 사람들을 상호 연결하고 사람들이 일상적 실천을 전시하게 한 뒤 광고를 붙임으로써 관계와 일상을 상품화한다. 다양한 형태의 애플리케이션은 기존에 대인간interpersonal 커뮤니케이션으로 이뤄지던 구매와 교환, 정보 습득 과정을 디지털을 매개로 한 커뮤니케이션으로 대체하고 그 매개의 과정 속에서 가치를 창출해 내고 있다.

변화의 핵심은 기존에는 상품화가 불가능했던 일상 속 다양한 커뮤니케이션 영역까지 상품화되고 있다는 점이다. 커뮤니케이션은 본래 시장에서 교환하여 수익을 올리기 위해 수행하는 것이 아니라 인간과 인간 사이의 이해와 친교를 도모하고 관계를 발전시키며 공동체를 건설하는 수단이었지만, 상품 전환의 과정에서 커뮤니케이션의 본질과 목적은 전도되었다.

우리가 이미 자본주의 사회에 살고 있고 오래전부터 적지 않은 정보 서비스가 상품으로 거래되어 왔다는 점에서 커뮤니케이션이 상품이 된다는 것은 새로운 사실이 아닐 수도 있다. 그러나 디지털에 의한 커뮤니케이션의 상품화는 단순히 커뮤니케이션 영역에서 몇 개의 아이템이 더 시장에서 교환되는 차원의 변화에 그치는 것이 아니다.

인간의 커뮤니케이션은 단단한 경계가 존재하지 않는 유동적 과정이다. 커뮤니케이션은 거의 모든 사회적 관계와 영역으로 흘러 들어감으로써 우리 일상 구석구석의 경험과 관계를 포괄한다. 따라서 디지털 기술이 커뮤니케이션을 상품화하게 되면, 과거에는 도저히 시장 교환 대상이 될 수 없을 것 같았던 우리 삶의 가장 미시적인 관계와 실천에도 상품의 논리가 침투한다.[55] 결국 커뮤니케이션의 상품화는 '모든 것의 상품화'로 이어진다.

커뮤니케이션의 상품화는 눈에 보이거나 피부로 느껴지지 않지만, 그 무엇보다도 우리 삶에 큰 변화를 일으킨다. 개인의 삶을 조직하는 원리에서부터 사회를 움직이는 거시적 힘의 관계까지 부지불식간에 영향을 받는다. 디지털 기술이 일상 속 더 많은 행위를 매개할수록 우리 생활 세계에 대한 자본의 지배는 더 강력하고 치밀해진다.

정보 자본주의와 민주주의의 위기

한국 경제가 저성장의 늪에 빠져 있는 동안에도 디지털 업종의 거대 자본들은 커뮤니케이션의 상품화를 통해 높은 매출과 수익을 창출하며 덩치를 키웠다. 2016년 삼성전자는 201조 8667억 원의 매출과 29조 2407억 원의 영업 이익을 올렸고, SK텔레콤은 17조 918억 원의 매출과 1조 5357억 원의 영업 이익을 올렸다. 네이버도 4조 226억 원의 매출과 1조 1020억 원의 영업 이익을 기록했다.

그러나 이들의 이윤 창출은 고용 확대를 통한 경제 전반의 성장으로 이어지지 않았다. 디지털 경제에서 잉여 가치와 노동 사이의 연결 고리는 끊어지고 자본은 증식된 가치를 재투자와 고용을 통하여 공유하지 않는다.

포털과 SNS, 모바일 메신저 등이 보편화되는 디지털 플랫폼 경제에서 이용자들은 스스로 콘텐츠를 생산하고 공유하는 등 가치를 창출하는 노동을 돈 한 푼 받지 않고 수행한다. 따라서 플랫폼을 운영하는 정보 자본은 이용자들의 자발적 무료 노동을 전유하는 새로운 가치 추출 장치를 통해 고용을 최소화하면서도 최대의 잉여 가치를 창출할 수 있다. 경제가 정보 통신 산업 중심으로 재편되고 플랫폼 기업들이 주축이 되는 구조가 될수록 전체 일자리는 줄어들 수밖에 없다.

그나마 창출되는 노동은 일상적인 불안정성과 저임금 구조하에 있다. 배달 대행 플랫폼의 배달원, 대리운전 플랫폼의 대리 기사를 비롯한 저숙련 비정규직 노동들이다. 자본은 디지털 이용자의 일상에 대한 지배력을 강화하며 막대한 수익을 올리지만, 끊임없는 불확실성과 위기에 시달리게 된 노동자들은 디지털 서비스를 소비하고 '좋아요'로 삶의 불안을 위로받을 뿐이다.

커뮤니케이션의 상품화는 자본의 과대 성장과 체계적이고 일관된 노동의 배제로 인한 계급 불평등의 심화를 구조적으로 촉진했다. 1996년 79.8퍼센트에 이르던 한국의 노동 소득 분배율은 2012년 68.1퍼센트까지 하락했고, 자본 소득의 비중은 1996년 20.2퍼센트에서 2012년 32.5퍼센트로 증가했다.[56] 소득 상위 1퍼센트 집단이 국민 전체 소득에서 차지하는 비중은 2000년 9.0퍼센트에서 2015년 14.2퍼센트로 늘어나 역대 최고를 기록했다.[57] 소수 지배 엘리트의 이익은 배타적으로 강화·세습되는 반면 하위 계층의 삶은 벼랑 끝으로 내몰리는 새로운 자본주의 구조는 '헬조선', '흙수저'와 같은 자조적 신조어를 탄생시켰다.

경제적·사회적 불평등의 극대화와 지배 엘리트의 일방적 약탈은 모든 이가 동등한 자격의 주인으로 대접받는 주권의 평등을 전제로 하는 민주주의 정치 시스템의 토대가 무너진다는 것을 의미한다. 양극화로 인해 민주주의 성립의 토대인 중간 계급이 몰락하고 노동과 하위 계층에 대한 사회적 배제가 심화되면서 민주주의는 크게 약화된 반면, 자본주의는 통제되지 않는 상태에서 과잉 팽창을 하다 보니 그나마 유지되어 오던 민주주의와 자본주의 사이의 균형이 붕괴되는 것이다.

한국 사회에서 민주주의는 이미 불신과 회의, 냉소의 대상으로 전락하기 시작했다. 실제 여론 조사 결과를 보면, 한국 사회에서는 이미 생존과 수익의 극대화만을 판단의 준거로 삼고 민주주의를 자본주의에 비하여 덜 중요한 것, 또는 자본주의 발전의 걸림돌로 인식하는 사고가 빠르게 보편화되고 있었다. 2010년 여론 조사에서 경제 발전과 민주화 가운데 전자가 더 중요하다고 응답한 이들(48.9퍼센트)이 후자가 더 중요하다고 응답한 이들(16.7퍼센트)보다 세 배 가까이 많았다는 사실이 이를 뒷받침한다.[58] 젊은 세대에게 민주주의하면 떠오르는 이미지는 비효율이나 허세 같은 것들이었다.[59] 시장 논리와 사회 정의 사이의 대칭이 깨지면서 민주주의는 비합리적이며 경제 발전을 교란하는 비현실적인 가치로 폄훼되기 시작했다.[60]

한국 사회는 지금 기존의 산업 자본주의 체제가 붕괴되고 정보 자본주의로의 전환이 이루어지는 과도기에 서 있다. 디지털 기술에 힘입어 생산력이 급증하지만, 그것이 생산해 내는 정보와 지식이 자본의 축적에 일방적으로 봉사하면서 계급 불평등이 심화되는 현대 자본주의 체제를 정보 자본주의informational capitalism라 할 수 있다. 정보 자본주의는 노동과 자본 간의 계급 타협을 통해 자원 배분과 이해관계의 균형을 도모했던 디지털 이전의 산업 자본주의와는 근본적으로 상이한 성격을 갖는다. 정보 자본주의는 단순히 정보적 생산력을 활용하는 수준 높은 경제 단계만을 가리키는 것이 아니라, 디지털 기술로 노동 계급을 희생시키고 지배 계급의 이익을 수호하려는 의식적인 프로젝트를 말한다.[61]

한국 사회 구성원들에게 민주주의의 중요성을 환기시켰던 촛불 시민 혁명 이후에도 커뮤니케이션의 상품화라는 거대한 흐름은 지속되고 있다. 계급 불평등이 심화되고 생활 세계에 대한 자본의 지배력이 강화되는 현실에 일정한 제어를 가하지 않는다면 민주주의와 자본주의 간 불균형은 해소되지 않을 것이며 민주주의의 근본적 위기는 계속될 것이다.

19세기 이후 산업 자본주의의 발전이 대중지의 등장을 비롯한 저널리즘의 변화를 가져왔듯이, 21세기 정보 자본주의의 도래도 저널리즘을 질적으로 변화시키고 있다. 민주주의에 대한 인식의 집단적 퇴행이 이루어지는 환경의 변화 속에서 저널리즘이 민주주의를 대하는 태도 역시 이전과 다를 수밖에 없다. 뉴스를 만드는 언론사와 기자들도 사회 공동체의 영향으로부터 자유롭지 않기 때문이다. 일상의 거의 모든 행위와 관계가 상품으로 교환되는 사회에서 기자들도 뉴스를 한층 더 상품의 관점에서 바라보게 되었다.

궁지에 몰린 언론의 선택

커뮤니케이션의 상품화가 심화된 미디어 환경에서 저널리즘 산업은 근본적인 위기에 봉착했다. 미디어의 다변화로 광고를 내보낼 수 있는 창구가 늘면서 뉴스 미디어는 광고주들에게 외면당하게 되었다.

인터넷 대중화 초기에 디지털 커뮤니케이션이 매개할 수 있는 광고는 단순 배너 광고 정도였다. 하지만 커뮤니케이션의 상품화가 진전되면서 검색 광고, 동영상 스트리밍 서비스나 IP TV 콘텐츠에 붙는 동영상 광고, 모바일 인스턴트 메시지를 통한 광고, SNS와 블로그를 통한 바이럴viral 광고 등 다양한 유형의 광고들이 가능해졌다. 광고주의 선택 범위가 비약적으로 확대된 것이다.

상황이 이런데도 광고 수주를 원하는 뉴스 미디어의 수는 오히려 크게 늘어났다. 디지털 환경에서 고정 비용 부담이 크게 줄면서 시장 진입 장벽이 낮아졌기 때문이다. 2005년부터 2014년까지 10년간 종이 신문은 206개사, 인터넷 신문은 5664개사가 증가했다.[62] 한정된 광고 자원을 차지하기 위한 뉴스 미디어들 간의 경쟁이 치열해질 수밖에 없었다.

갈수록 성장이 둔화되는 한국의 광고 시장에서 총 광고비가 다양한 미디어 플랫폼으로 분산된다는 것은 곧 개별 미디어에 돌아갈 몫이 감소한다는 의미다. 게다가 광고주들은 전통적 언론사에 투입되던 광고비를 줄여 포털, SNS, 게임에 광고비를 늘려 나가고 있었다. 영향력과 이용량 측면에서 언론사 사이트는 더 이상 광고주에게 매력적인 광고 플랫폼이 아니었다.

결국 신문 산업 전체 매출액에서 광고 수입이 차지하는 비중이 감소하고 부가 사업 및 기타 사업 수입 비중이 증가하기 시작했다. 2009년 종이 신문과 인터넷 신문을 합쳐 광고 수입 비중은 전체 수입의 64.2퍼센트를 기록했으나 2015년에는 55.1퍼센트로 줄어들었다. 반면 부가 사업 및 기타 사업 수입은 2009년의 17.1퍼센트에서 2015년의 25.4퍼센트로 비중이 늘어났다.[63] 저널리즘과 직접적 연관성이 없는 매출 비중이 커진다는 것은 그만큼 언론사의 수익 구조가 취약해지고 있다는 의미다.

뉴스 미디어들은 위기에 봉착했다. 광고 수입에 의존하는 낡은 수익 모델이 붕괴되고 있지만, 이를 대체할 만한 새로운 수익 모델은 부재했다. 뉴스 콘텐츠 유료화를 통해 자생적 수익 모델을 구축하는 일도 쉽지 않았다. 한국의 인터넷 환경에서는 이미 뉴스 콘텐츠는 무료라는 인식이 광범위하게 형성돼 있었고, 언론사들은 독창적이고 희소성 있는 차별적 뉴스 콘텐츠를 지속적으로 생산할 역량이 없었다.

재정 위기와 미래의 불투명성 속에서 뉴스 미디어들은 오랫동안 지켜 온 저널리즘의 원칙을 포기하거나 유보하는 선택을 하고 있다. 권력과 긴장 관계를 유지하며 민주 사회의 발전을 위해 시민에 충성하는 저널리즘의 규범적 모델은 급속히 약화되기 시작했다.

신호는 곳곳에서 나타나고 있다. 저널리즘의 오랜 규율인 편집과 광고 영역 간 엄격한 분리는 그동안 형식적으로나마 유지되거나 강조되어 왔지만, 이제 그 경계는 빠르게 지워지고 있다. 편집국이 광고 수주 활동의 전면에 나서 주도적으로 광고나 협찬을 위한 기사를 기획하는 경우가 흔해졌고 때로는 편집국장이 직접 영업에 나서기도 한다. 연초에 사장과 편집국장이 주요 대기업을 돌아다니며 광고와 협찬을 잘 부탁한다는 인사를 하는 관행도 더 이상 놀랍지 않다. '광고국 선임 기자'라는 직함을 달고 광고와 기사의 경계가 모호한 콘텐츠를 생산하는 기자들도 있고, 일부 언론사는 적극적 영업 활동을 통해 정부와 기업으로부터 건당 수백만 원을 받고 홍보성 카드뉴스를 제작한 뒤 광고임을 명시하지 않고 보도하기도 했다.

아예 광고와 뉴스 간의 경계가 해체되는 현상도 시작

됐다. 광고와 뉴스가 일체화된 콘텐츠인 네이티브 광고native advertising가 그것이다. 뉴스 내용 안에 광고를 집어넣어 기존의 양식에 비해 광고 효과를 획기적으로 개선하는 네이티브 광고는 디지털 시대에 저널리즘 생존을 위한 현실적 대안으로 부각되며 이미 여러 언론사들에 의해 활발히 제작되고 있다.

사실 이러한 행태는 과거에도 이따금씩 또는 비공식적으로 이루어지던 일들이었다. 하지만 이제는 이러한 일들이 불가피한 경우에 비공식적으로 예외나 금기를 무너뜨린 일탈이 아니라 지극히 보편적이고 정상적인 상황으로 취급받는다는 점에서 과거와는 다르다. 현장의 기자들 중 상당수가 당연히 받아들이고 있다는 점도 다르다.

과거에는 노조와 기자 협회를 기반으로 구성된 공정 보도 위원회 등 기자들이 결성한 자율적인 조직들이 일탈에 대한 감시와 견제 역할을 담당했지만, 많은 언론사에서 이들 조직은 사실상 유명무실해진 상태라는 평가다. 일선 기자들 사이에서도 경영 위축을 의식하여 편집의 독립성 훼손을 일정 부분 용인하는 분위기가 팽배해 있다. 대기업에 비판적인 기사를 쓴 기자가 내부로부터 심한 눈총을 받기도 한다. 기자 집단 내부에 자기 검열과 현실 순응적 기제들이 작동하고 있는 것이다.[64]

언론 역시 민주주의나 윤리적 가치보다 경제적 가치를 우선시하는 정보 자본주의의 문화 논리로부터 자유로울 수 없다. 생존을 위협받는 위기를 앞에 두고 저널리즘의 존재론적 의미에 대한 기자들과 언론사 조직의 인식이 변화하면서, 규범적 모델이 현장의 기자들과 뉴스 생산 과정을 구속하고 규율하는 힘은 크게 약화되었다. 나아가 뉴스 미디어들은 단기적 생존을 위한 수동적 대응 차원을 넘어 새로운 규범 모델을 구성하는 장기적이고 적극적인 선택을 하게 되는데, 그것이 바로 디지털 혁신 프로젝트였다.

혁신 속에서 길을 잃다

2014년을 전후로 뉴스 미디어들은 '디지털 퍼스트'라 이름 붙인 혁신 전략을 통해 생산 공정과 조직 체계를 정비하기 시작했다. 2014년 7월 수원일보가 국내 일간지 가운데 최초로 종이 신문 인쇄를 중단하고 100퍼센트 인터넷 신문으로의 전환을 선언했다. 파이낸셜뉴스는 새로운 콘텐츠 관리 시스템CMS을 구축하고 웹사이트 개편을 단행했다. 2014년 9월 한겨레는 '혁신 3.0' 프로젝트 가동을 선언하고 종이 신문에 집중된 역량을 디지털로 전환한다고 밝혔다. 중앙일보는 2015년 9월 〈중앙 혁신 보고서〉를 내놓고 통합 뉴스룸을 구축하는 등 조직을 대대적으로 개편했다.

　　여기에 일부 지식인 그룹이 생산하는 혁신 저널리즘 담론이 논리를 제공했다. 디지털 퍼스트 전략과 혁신 저널리즘 담론은 순식간에 미디어 업계의 핵심 화두로 부상했다. 디지털 혁신의 열풍은 신문과 방송, 진보와 보수를 가리지 않았다. 뉴스 미디어의 생존과 수익 극대화를 위해서는 디지털 혁신이 불가피한 것처럼 묘사되었다. 다른 목소리는 기득권의 저항이나 비현실적 공상으로 취급받았다.

그러나 혁신 저널리즘 담론이 말하는 디지털은 결코 가치 중립적인 기술이 아니었다. 저널리즘의 디지털 혁신을 주창하는 담론들이 고쳐서 새롭게 하고자 하는 대상은 바로 과거의 규범적 모델이었다. 변화하는 디지털 환경에서 살아남기 위해서는 이제 민주주의와의 연결 고리보다 비즈니스에 집중해야 한다는 것이 혁신 저널리즘 담론의 주장이었다.

"저널리즘 관점이 아닌 철저히 산업적 관점에서 접근해야 한다. 신문 산업이 어떻게 존속할지를 선택하는 문제를 저널리즘 차원에서 접근할 때의 리스크는 생각보다 크다"[65]거나 멸종 위기에 처한 상태에서 '저널리즘의 아름다운 복권'을 주장하는 것은 고통 속에 놓여 있는 절대 다수의 기자를 보지 못한 '무책임한 낭만적 소신'이라는 평가[66]도 나왔다. 저널리즘이 현실적으로 생존하기 위해 당분간 민주주의 사회 공동체에 대한 헌신 등 기존의 가치로부터 멀어질 필요가 있다는 것이다.

혁신 저널리즘 담론이 민주주의와 저널리즘의 관계에 대한 새로운 인식을 드러내는 대목 가운데 하나가 뉴스의 수용자를 독자reader나 시민citizen이 아닌, 소비자consumer나 고객 customer으로 호명한다는 점이다.

혁신 저널리즘 담론은 2013년 아마존 회장 제프 베조스Jeff Bezos가 인수한 뒤 디지털 혁신에 박차를 가하고 있는 워싱턴포스트를 모범 사례로 즐겨 인용해 왔다. 뉴스 미디어를 민주주의와 무관한 디지털 회사, 플랫폼 회사로 규정하는 워싱턴포스트의 변신에 대해 혁신 담론은 "한국판 베조스 효과를 만들어 내야 한다"며 긍정적 평가를 내렸다.[67] 오로지 "순 방문자 수가 지난해 같은 기간에 비해 무려 71퍼센트가 늘었다"는 이유였다. 놀라운 약진을 하게 된 배경에는 독자라는 말 대신 고객이라는 말을 쓰기 시작한 조직의 인식 전환이 자리 잡고 있다고 해석되었다.[68]

수용자에 대한 호명 방식은 뉴스 미디어 구성원들이 자신의 행동을 규율하고 직업에 의미를 부여하는 방식에 영향을 미치고, 미디어의 정체성과 지향을 가늠하는 중요한 지표가 된다. 뉴스의 수용자를 민주주의 사회의 주체인 시민이 아니라 자본주의 경제 체제의 일원인 소비자로 인식해야 한다는 주장에서 저널리즘의 공적 가치에 대한 무관심을 엿볼 수 있다.

혁신 저널리즘 담론은 뉴스 가치의 판단에 있어서도 "공급자 관점을 버리고 철저히 소비자 관점에서 출발해야" 한다고 말한다.[69] 기성 저널리즘이 이용자들의 요구와 유리된 폐쇄적 기자 집단의 독단적 판단에 따라 뉴스를 생산해 왔으며, 이제 소비자의 기호와 취향에 맞춘 새로운 뉴스 가치를 적용해야 한다는 것이다. 저널리즘은 수용자들이 원하는 것wants만 제공해서는 안 되며 수용자들에게 필요한 것needs을 제공해야 한다는 전통적 규범 모델의 신념과는 배치되는 주장이다.

기존 저널리즘의 독선과 아집을 떠올린다면 나름대로 일리 있는 지적이다. 문제는 이들이 말하는 '이용자들이 원하는 뉴스'가 결과적으로 스낵화된 연성 콘텐츠라는 점이다. 실제로 디지털 퍼스트 전략 이후 많은 언론사들은 다변화된 미디어 생태계에서 비非뉴스 오락 콘텐츠들과 경쟁하여 페이지뷰를 올리기 위해 강아지와 고양이 동영상, 연예 가십, 감동적 미담 기사를 만들어 내는 데 인력과 자원을 집중하고 있다.

언론사들이 SNS 환경에서 화제가 되어 '좋아요'를 많이 받는 등 이용자 반응도가 높은 뉴스를 만드는 데 몰두하다 보면 권력의 은폐된 비리를 탐사하거나 사회 모순을 고발하는 뉴스에 투입할 인력과 자원은 줄어든다. 이용자들의 즉각적 관심을 받기 어렵기 때문이다. 본질에 집중하는 심층적 뉴스는 사라지고 현상만 피상적으로 다루는 뉴스가 늘어날 수밖에 없다.

뉴스의 생산과 배포를 위한 노동 과정이 변하면서 기존의 저널리즘 규범이 상정해 온 전문직주의 또한 흔들리고 있다. 혁신 저널리즘 담론에 따르면 이제 기자는 글만 쓸 줄 알아서는 안 된다. 동영상도 편집하고 빅데이터도 활용하며 코딩도 할 줄 아는 멀티 플레이어가 되어야 한다. 그러나 이처럼 다중 숙련화multi-skilling된 뉴스 노동자는 적은 비용으로 수익을 극대화하려는 자본의 목표에 최적화된 인적 자원의 이상으로, 현실에서 보편화되기 어렵다.

실제 디지털 혁신 이후로 뉴스 노동은 탈숙련된 비전문적 노동으로 변모하고 있다. 트래픽의 압박으로 속보에 매달리게 된 언론사들이 기자들에게 피상적 사실을 단순 전달하는 기사 출고를 강요하기 때문이다. 온라인 속보 처리 성과를 인사 고과에 반영하거나 기자별 할당을 내리고, 온라인 기사 출고 수를 집계해 속보 처리가 부진한 부서 데스크를 편집국 회의에서 압박하기도 한다. 기자들은 할당량을 채우기 위해 가치 없는 보도 자료나 의미 없는 기자 회견을 속보로 처리하고 있다.

기자들은 온라인과 오프라인으로 여러 차례 기사를 작성하느라 시간 소모가 커, 과거에 비해 취재량이 줄어들었고, 피로 누적과 심리적 탈진까지 겹치며 심층적 기사의 작성, 독창적 기사의 발굴 등이 어려워지고 있다고 토로한다. 디지털 환경 때문에 기자들의 숙련 전문성이 사라지고 뉴스의 품질이 악화되고 있는 것이다. 혁신 담론은 현장에서 진행 중인 이 같은 변화에 대해 아무런 언급을 하지 않고 있다. 이 담론이 뉴스를 만드는 노동의 시각이 아닌, 뉴스를 통해 이윤을 창출하는 자본의 관점을 취하고 있기 때문이다.

사회 계약을 파기한 뉴스 상품

혁신 저널리즘 기획은 결국 뉴스의 극단적 상품화로 귀결되고 있다. 지금까지의 뉴스는 경합적 상품의 성격을 띠고 있었다. 분명히 상품의 범주에 들어가지만, 민주주의 사회 공동체에서 저널리즘의 역할과 책임을 규정한 규범적 모델에 의해 적절히 통제됐다. 상품의 성격과 비상품의 성격이 공존하는 특수한 존재였다. 그러나 커뮤니케이션을 통해 모든 것이 상품화되는 정보 자본주의 체제에서 뉴스의 탈상품화된 영역들은 남김없이 상품화된다.

원인은 양질의 저널리즘과 풍족한 비즈니스가 공존하는 산업 자본주의 시대의 저널리즘 수익 모델이 생명력을 다했다는 데 있다. 규범적 모델과의 유기적 결합 아래 구현되는 독립적이고 비판적인 저널리즘으로 사회적 영향력을 확보하고, 이것이 광고 매출에 긍정적 효과를 미치는 수익 모델은 이제 종말을 고했다.

혁신 저널리즘은 이 같은 변화에 규범적 모델을 폐기하는 전략으로 대응했다. 혁신 저널리즘 담론은 디지털 기술에 대한 지배적인 사회적 상상의 저널리즘 버전이다. 디지털 기술은 오로지 자본의 이윤 창출을 위해 봉사하는 수단이며,

그 과정에서 민주주의와 사회 공동체와 관련된 규범은 과감히 포기되어야 한다. 혁신 저널리즘 담론이 낡은 것, 버릴 것으로 규정하는 가치들은 저널리즘이 오랫동안 소중히 지켜온 규범적 모델의 산물이다. 뉴스 생산을 규율하는 원리로서 전통적 규범은 급속히 해체되고 있다.

뉴스는 이제 자동차나 비누와 같은 일반 소비재와 다를 바 없는, 비경합적 상품이 되어가고 있다. 저널리즘은 시민 사회와 맺었던 암묵적 사회 계약을 파기했다. 이제 저널리즘과 민주주의를 연결해 주었던 사회적 조건은 더 이상 유효하지 않다는 인식이 보편화되고 있다. 현장의 기자들과 학계의 언론학자들조차 이 '낡은' 렌즈를 통해 저널리즘을 이해하려 하지 않는다.

이렇게 본다면 지금 진행되고 있는 디지털 혁신 기획은 단순히 조직 내부의 인력과 자원이 디지털 영역에 더 많이 할당되고 언론사들이 더 다양한 디지털 플랫폼을 활용하는 피상적 차원의 변화가 아니다. 뉴스룸 조직과 저널리스트 개인이 추구하는 가치와 규범이 새로운 모델로 이동하는 근본적인 전환이다. 나아가 우리에게 익숙한 형태의 저널리즘이 소멸되고 새로운 저널리즘 양식으로의 변환이 이루어지고 있음을 의미한다. 산업 자본주의 시대에 형성된 저널리즘 양식이 정보 자본주의 시대의 저널리즘 양식으로 교체되고 있는 것이다.

민주주의와 저널리즘 간의 상호 구성적 관계를 고려할 때, 이러한 변화는 민주주의 정치체政治體의 존립을 위협하는 도전이라 할 수 있다. 디지털 뉴스의 극단적 상품화는 현대 민주주의 정치 체제의 위기에 대한 논의에도 중대한 시사점을 갖는다. 뉴스 미디어의 디지털 혁신을 민주주의와의 관계라는 측면에서 비판적으로 검토해야 하는 이유다.

혁신을 혁신하라

한국 저널리즘의 현실은 절망적이다. 영국 로이터 저널리즘 연구소가 세계의 디지털 저널리즘 현황을 비교 조사한 〈디지털 뉴스 리포트 2018〉에 따르면, 한국은 뉴스 신뢰도 부문에서 37개국 가운데 2년 연속 꼴찌를 기록했다. '대부분의 뉴스를 신뢰하고 있다'고 답한 이는 응답자의 25퍼센트뿐이었다. 25~34세 연령대의 뉴스 신뢰도는 16퍼센트에 불과했다.

'기레기'라 손가락질 받는 기자들의 사기도 말이 아니다. 한국 언론 진흥 재단이 2017년 실시한 조사에서 언론인들 스스로 느끼는 직업에 대한 만족도는 2003년 조사가 시작된 이래로 가장 낮았다. 언론사가 아닌 다른 업종의 회사로 전직하고 싶다는 기자가 61.2퍼센트였으며, 뉴스룸 내의 사기가 저하됐다는 응답도 76.8퍼센트나 되었다. '언론인으로서의 비전이 없다'는 이유가 54.1퍼센트로 가장 많았다.[70]

시민들이 이유 없이 뉴스를 불신할 리 없다. 기자들이 까닭 없이 절망할 리 없다. 모두 그간 언론이 언론답지 못했기 때문에 벌어진 일이다. 디지털 기술의 도입 이후 한국 언론은 선정적 가십을 쏟아 내고 광고주에 굴종했으며 제목 낚시질과 어뷰징을 통한 트래픽 사냥에 몰두하며 독자들을 밀어냈다. 저널리즘의 본령을 저버린 언론의 자업자득이다. 이대로 가면 저널리즘의 미래는 없다.

언론사들은 편향된 방식으로 진행되고 있는 혁신 프로그램을 재검토해야 한다. 디지털 저널리즘의 역사는 디지털화의 과정이 반드시 지금과 같이 저널리즘의 가치를 대가로 이루어져야 하는 것은 아님을 증언한다. 지금과는 다른 형태와 성격의 대안적 디지털 혁신은 충분히 가능하다. 저널리즘이 소멸의 길을 걷고 있는 현실을 앞에 두고도 산업 논리에 매몰된 혁신만 주문처럼 외는 건 섶을 지고 불에 뛰어드는 격이다.

우리가 가장 먼저 혁신해야 할 대상은 바로 혁신이라는 이름의 프로젝트 자체다. 전통적 저널리즘을 원형 그대로 복원해야 한다는 주장을 하려는 것은 아니다. 저널리즘의 규범적 모델이 시대를 불문하고 정당화될 수 있는 불변의 교리는 아니다. 달라진 디지털 환경에 맞춰 저널리즘이 바뀌어야 한다는 사실도 지당하다. 중요한 것은 우리가 지켜야 할 것과 버려야 할 것을 구분하는 일이다. 지금까지의 디지털 저널리즘은 언제나 지켜야 할 것을 버리고, 버려야 할 것을 지키는 선택을 해왔다. 부단히 혁신하고 있는데도 현실이 개선되지 않는 이유다. 대안적 혁신이란 이러한 전도 현상을 원래대로 되돌려 놓는 기획이다.

지켜야 할 것이란 무엇일까? 물론 저널리즘의 규범과 원칙이다. 디지털 시대에 기자라는 직업의 이름과 성격은 바뀔지 몰라도, 사실을 확인하고 권력을 감시하는 역할은 변함

없이 필요하다. 2016년 종이 신문 발행을 중단한 영국의 일간지 인디펜던트는 마지막 종이 신문 사설에서 "윤전기가 멈추고 잉크는 마르고 더 이상 종이 접히는 소리도 나지 않겠지만, 인디펜던트의 정신은 계속 이어질 것"이라고 말했다. '인디펜던트의 정신'은 곧 저널리즘의 원칙이다.

사회적 맥락이 바뀌면 저널리즘의 규범 체계도 그에 맞춰 변화해야 한다. 문제는 변화의 속도와 방향이다. 지금 이 시점에서 과연 우리가 저널리즘의 규범적 모델을 버려도 좋은가? 완전히 새로운 규범적 모델이 필요할 만큼 민주주의 체제가 근본적으로 바뀌었고 우리는 완전히 달라진 조건 속에서 살고 있는가? 저널리즘이 전통적으로 견지해 온 규범을 버리기 전에 우리는 이 질문들에 답해야 한다.

우리 사회는 지금 자본주의와 민주주의의 균형이 깨지고 경제적 양극화가 심화되면서 민주주의 정치 시스템이 흔들리고 있다. 이런 상황에서 우리가 할 일은 저널리즘의 규범적 토대를 굳건히 하여 민주주의를 되살리는 일이지, 민주주의의 위기를 핑계 삼아 저널리즘의 규범을 폐기하는 일이 아니다.

뉴스가 규범적 모델의 적용을 받지 않고 일반 소비재와 다를 바 없는 비경합적 상품이 된다면, 사회가 뉴스를 보호해야 할 이유도 없다. 혁신 담론은 산업 논리를 앞세워 규범적 모델을 비현실적이라고 폄하하지만, 저널리즘이 생존해야 할 필요성은 고유의 가치를 지키고 있을 때 비로소 발생한다는 점에서 이들의 주장이야말로 가장 비현실적이다.

지금 진행 중인 디지털 혁신을 성공적으로 마치면 광고가 쏟아져 들어오고 언론사의 수익이 늘어날까? 광고주들이 언론에 광고를 하지 않는 이유는 디지털 혁신이 더디기 때문이 아니다. 종이든 디지털이든 언론이 더 이상 시민들의 관심과 신뢰를 얻지 못하고 있기 때문이다. 아무리 획기적인 광고 전략을 마련하여 디지털 광고 수주를 늘린다 하더라도 언론에 대한 근본적인 신뢰가 회복되지 않는다면 종이 신문에 실리던 광고의 일부가 디지털로 옮겨 오는 수준에 그칠 수밖에 없다. 생존과 수익을 위해서라도 언론사들의 선택은 규범적 모델의 회복이 되어야 한다.

언론사들은 디지털 기술에 대한 면밀한 검토와 장기적 전망이 부재한 상태에서 어리석은 선택을 반복해 왔다. 그 결과로 우리는 지금 포털에 종속된 기형적 뉴스 생태계를 보고 있다. 아직도 언론사들은 눈앞의 작은 이익에 눈이 어두워 디지털을 단기적 수익 창출의 도구로만 활용하는 수준에서 벗어나지 못하고 있다. 정치와 언론에 대한 다양한 형태의 시민 참여를 증진시키는 디지털 기술의 잠재적 가능성을 고작 페이지뷰와 '좋아요'를 늘리는 차원의 경제적 관여에 가둬 놓고 있다.

이제 디지털 기술을 바라보는 시선이 바뀌어야 한다. 디지털 기술을 통해 구현하려는 목표를 전환해야 한다. 근시안적 접근에서 벗어나 디지털 기술의 가능성을 집중 분석함으로써 이용자들이 공적 이슈를 더 쉽게 이해하고 언론에 더 긴밀히 관여할 수 있도록 촉진하는 전략들을 고안해야 한다. 디지털 저널리즘의 역사 초기에 일시적으로 연결되었던 저널리즘의 가치와 디지털 기술 간의 고리를 복원해야 한다. 그러기 위해서는 디지털 기술의 대안적인 사회적 상상을 복원하고 상상을 현실로 바꾸어 나갈 필요가 있다.

저널리즘이 권력을 감시하고 시민 공중을 위해 봉사하는 데 디지털 기술이 어떻게 기여할 수 있을까? 블록체인과 저널리즘을 결합한 플랫폼 시빌Civil과 같은 해외의 실험은 디지털 기술의 대안적 상상을 현실화하려는 시도 가운데 하나다. 시빌은 외부 권력의 입김 때문에 정보가 왜곡되고 플랫폼에 종속되어 콘텐츠에 대한 적절한 보상이 이루어지지 않는 저널리즘 현실을 블록체인 기술을 활용해 해결하려는 시도다.

시빌의 아이디어는 다음과 같다. 언론인과 시민을 직접이어 주는 분산형 플랫폼을 기반으로 운영되는 뉴스룸에 소속된 기자들은 광고주나 플랫폼의 영향에서 벗어나 오로지 시민들을 위한 기사를 쓴다. 시민들은 암호 화폐를 통해 기자에게 취재와 기사 작성의 대가를 제공한다. 블록체인을 활용해 정보를 공유하고 보존할 수 있기 때문에 저널리즘을 흔드는 권력의 부당한 개입과 뉴스의 조작을 원천적으로 차단할 수 있다.

블록체인이 만병통치약은 아니다. 꼭 블록체인이어야 하는 것은 아니다. 아직은 시민 참여가 활발하지 않은 시빌의 앞날도 순탄하지만은 않다. 시민의 참여와 관심을 극대화하는 동시에 독립적인 권력 비판을 가능케 하는 수단으로 디지털 기술을 활용하는 새로운 해법들을 폭넓게 모색하자는 이야기다.

디지털 기술의 이용자는 소비자이기도 하지만, 민주주의 공동체의 시민이기도 하다. 지금까지의 디지털 저널리즘이 이용자를 오로지 소비자로만 규정해 왔다면, 앞으로의 디지털 저널리즘은 이용자에게 잃어버린 시민으로서의 정체성을 되찾아 주는 방향으로 진화해야 한다. 이것이 진정한 디지털 혁신이다.

무엇을 버릴 것인가

저널리즘의 본질과 무관한 모든 것은 디지털 전환의 과정에서 저널리즘이 버려야 할 것이다. 디지털 이전 시대에 업무를 편리하고 효율적으로 수행하기 위해 고착화된 조직 체계와 익숙한 관행들이 여기에 해당된다.

가령 출입처 제도는 언론사들이 오랫동안 유지해 온 관행이지만, 기자들의 업무에 칸막이를 만들고 비판의 칼끝을 무디게 한다는 지적을 받아 왔다. 매체 간 차별화가 중요해진 디지털 시대에는 모든 출입처에 기자를 보내야 한다는 강박에서 벗어나야 한다. 백화점식으로 모든 분야의 정보를 제공하던 종이 신문 시대의 방식을 디지털 시대에도 그대로 고집할 필요는 없다. 단순 정보 전달은 통신사에 맡기고 대다수 언론사는 각자 특화된 분야의 뉴스나 탐사 보도에 집중함으로써 시민들에게 언론의 존재 가치를 입증해야 한다. 선택과 집중이 필요하다는 얘기다. 탐사 보도를 전문으로 하는 뉴스타파의 성공에서 배워야 한다.

특종 또는 단독 보도에 과도하게 집착하는 뉴스룸과 기자 집단의 문화도 버려야 한다. 플랫폼을 통해 뉴스가 소비되는 디지털 환경에서 이용자들은 어느 언론사가 특종을 했는지 관심도 없을 뿐더러 알기도 어렵다. 복제가 쉽다 보니 특종의 수명이 짧아졌고 특종을 했다고 해서 수익이 늘지도 않는다.[71] 단독 경쟁은 기자들 또는 매체들 간의 의미 없는 자존심 싸움일 뿐이다. 이제 시민들과 괴리된 그들만의 리그를 끝내고 사회적 효용이 있는 뉴스를 만드는 데 집중해야 한다.

물론 새로운 사실을 발굴하는 일은 여전히 중요하다. 새로운 사실을 단독으로 보도하는 경쟁에 과도한 자원을 투입하고 뉴스 생산 과정의 보안을 지키는 데 에너지를 소모할 필요가 없다는 이야기다. 앞으로는 오히려 정보 교환과 공동 취재를 통한 언론사들 간의 협업을 활성화해야 한다. 각자가 가진 특장점을 살려 시민들에게 더 유익한 뉴스를 생산하는 일이 단독 보도보다 중요하다. 위디스크 양진호 회장의 폭행 영상이 진실탐사그룹 셜록과 뉴스타파의 협업을 통해 세상에 알려지고 이 보도를 계기로 두 독립 언론에 대한 관심과 지지가 높아진 사실은 의미심장하다.

나아가 언론사들은 두꺼운 커튼 뒤에서 이루어졌던 뉴스 생산 과정을 투명하게 공개하는 데 관심을 기울여야 한다. 지금까지 폐쇄적 뉴스룸 안에서 뉴스를 제작하고 편집하는 일이 용인되었던 것은 권력으로부터의 독립과 취재원 보호 때문이었지만, 외부와의 단절은 뉴스에 대한 편의적 조작을 가능케 하기도 했다. 언론사 내부 메커니즘에 대한 불필요한 오해도 양산됐다. 언론을 향한 시민들의 불신과 편견을 극복하는 유일한 길은 언론이 내부 시스템과 생산 과정을 투명하게 공개하고 시민들을 제작에 참여시키는 것이다.

기사 작성 스타일과 뉴스의 문법도 바꿔야 한다. 역피라미드 기사 작성법은 종이 신문 시대 이래로 기자들에게 가장 익숙한 글쓰기 방식이지만, 디지털 환경에서는 최선이 아니다. 모바일 이용자의 편의나 젊은 세대의 선호에 맞추면서도 심층적 정보를 정확하게 전달할 수 있는 새로운 내러티브가 다양하게 시도되어야 한다. 디지털 세대의 감성에 맞는 새로운 스토리텔링으로 비판적 이슈를 다뤄 주목받고 있는 미디어 스타트업 닷페이스가 전통적 저널리즘의 유산 가운데 무엇을 지키고 무엇을 버렸는지, 레거시 미디어들은 한 번쯤 생각해 볼 필요가 있다.

뉴스룸 조직의 구성과 운영 방식도 쇄신해야 한다. 정치부, 경제부, 사회부와 같이 취재 대상과 영역에 따라 조직을 나누는 방식은 더 이상 효율적이지 않다. 디지털 시대에는 지금까지 예외적이거나 한시적으로 운영되었던 특별 취재팀이나 탐사 보도팀을 중심으로 가동되는 뉴스룸이 월등한 경쟁력을 가질 수 있다. 늘 해오던 방식대로 뉴스룸을 설계하는 낡은 사고에서 벗어나야 한다.

연공서열에 따라 평기자에서 차장, 부장, 국장으로 승진하고 연차가 쌓이면 현장을 떠나 데스크를 보는 구태의연한 방식도 더 이상 통하지 않는다. 뉴스룸의 리더들은 더 젊어져야 한다. 30대 후반에서 40대 초반의 기자가 국장과 부장을 맡아 뉴스룸을 지휘하고, 연륜 있는 베테랑 기자들은 현장으로 돌아가야 한다. 뉴스룸은 기자들에게 편리한 방식이 아니라, 시민들에게 유익한 방식으로 운영되어야 한다.

플랫폼에서 언론을 구하라

포털은 여전히 저널리즘 현장의 뜨거운 감자다. 2018년 매크로를 활용한 네이버 댓글 조작 스캔들의 불똥이 엉뚱한 방향으로 튀면서 아웃링크 여부를 둘러싸고 포털과 언론사 간 날카로운 신경전이 벌어졌다. 언론사들은 일부 뉴스 서비스에 제한적으로 적용되는 아웃링크를 전면 도입해야 한다고 주장하며 '포털 때리기'에 나섰다.

아웃링크를 도입하면 저널리즘이 직면한 문제들이 일거에 해결될까? 2006년 네이버의 아웃링크 제도 도입, 2009년 뉴스캐스트 서비스 시행 직후의 역사적 경험을 돌이켜 본다면 그렇지 않을 가능성이 높다. 당시 언론사들은 눈앞의 트래픽 폭탄을 즐기며 선정적 가십과 자극적 제목을 앞세운 질 낮은 뉴스를 대량 양산하며 페이지 뷰를 늘리는 데만 집중했다.

지금 아웃링크를 법제화하여 강제로 시행한다면 똑같은 상황이 펼쳐질 것이다. 오랫동안 굶주린 언론사들이 또다시 앞다투어 트래픽 사냥에 나서지 말라는 법이 없다. 포털 공간은 아수라장이 되고, 저널리즘의 신뢰는 끝없이 추락하게 될 것이다. 논란을 지켜보는 이용자들의 반응도 냉담하다. 시민들에게 아웃링크 논란은 언론사와 포털 간의 밥그릇 싸움에 불과하다. 이미 언론에 대한 믿음을 내려놓은 시민들은 민주주의와 뉴스의 품질을 명분으로 내건 언론사들의 주장에 조금도 공감하지 못하고 있다.

언론사들은 자신들이 생산한 뉴스의 경쟁력과 차별성을 과대평가하고 있다. 언론사 홈페이지에서 전문적이고 객관적인 뉴스를 소비하는 것이 이용자들에게 바람직하다는 아웃링크 도입의 명분도 여기서 비롯된다. 하지만 시민들은 레거시 미디어의 뉴스와 신생 미디어의 뉴스가 질적으로 다르다고 느끼지도, 저널리즘이 고도의 전문성을 요구한다고 생각하지도 않는다. 네이버의 깔끔한 인터페이스에 익숙한 이용자들은 아웃링크를 통해 광고가 덕지덕지 붙은 레거시 미디어의 홈페이지를 통해 뉴스를 이용하는 것에 전혀 매력을 느끼지 않는다.

지금 상황대로라면 네이버가 물러난 공간에서도 언론사들이 발붙일 자리는 없을지 모른다. 이해관계의 상충을 극복하고 언론사들이 다 함께 네이버를 빠져나와 자체적으로 별도의 뉴스 플랫폼을 만들더라도, 이용자들은 포털에 남을 가능성이 높다.

논의의 초점을 '트래픽을 누가 가져갈 것인가'에 맞추는 것은 문제 해결에 도움이 되지 않는다. 시민들과 민주주의에 도움이 되는 방향에서 '어떻게 좋은 뉴스를 만들 것인가'를 기준으로 문제에 접근해야 한다. 지금의 포털 환경이 구조적으로 저질 뉴스를 양산할 수밖에 없는 시스템이라는 점은 분명하다. 포털에서 뉴스를 소비하는 구조를 지금 당장 바꿀 수 없다면, 포털 중심의 뉴스 생태계에서도 양질의 뉴스 콘텐츠 제작이 가능하도록 바꾸는 방안을 고민해야 한다.

포털 안에서의 밥그릇 싸움에서 벗어나 포털 자체를 일

정 부분 공적인 플랫폼으로 전환시키는 전략이 필요하다. 시민들의 뉴스 소비가 네이버에 일방적으로 집중되고 있는 상황은 시장에서 네이버가 갖는 독점적 지위를 의미하기도 하지만, 시민들이 네이버에 공적 가치를 요구할 수 있는 명분이기도 한다.

다른 제품과 달리 뉴스가 갖는 사회적 영향력과 공공적 가치를 고려할 때 뉴스 시장을 지배하고 있는 사업자는 공익을 목적으로 한 크고 작은 규제를 받아야 한다. 따라서 절대 다수의 사회 구성원들이 이용하는 포털도 공공성을 강화할 필요가 있다.

가령 네이버가 뉴스를 노출, 배열하고 추천하는 알고리즘의 제작과 관련된 의사 결정에 시민 사회가 개입하는 방안이 있다. 널리 알려진 신화와는 달리 알고리즘은 결코 중립적이지 않다. 알고리즘 자체는 가치 판단을 하지 않지만, 설계하고 제작하는 사람의 가치 판단이 알고리즘에 반영되기 때문이다. 네이버의 뉴스 편집 알고리즘은 네이버의 의도에 맞게 특정한 방향으로 편향된 뉴스를 제공한다고 볼 수 있다. 포털 뉴스 서비스가 공적 규제를 받아야 한다면, 이 알고리즘을 투명하게 공개하거나 시민 사회의 합의를 거쳐 저널리즘의 원칙에 부합하도록 제작한 알고리즘을 적용하도록 강제하는 방안을 검토할 수 있다.

이렇게 된다면 '좋은 뉴스'가 포털에서 이용자들에게 더 많이 노출되고 선택될 확률이 높아지면서 언론사들이 좋은 뉴스를 제작할 동기가 부여될 것이다. 어뷰징이나 가십 보도보다 팩트 체크를 거친 정확한 보도, 사회의 모순과 권력의 비리를 파헤치는 탐사 보도, 사회적 소수자의 권리에 초점을 맞춘 보도에 가중치를 두는 알고리즘은 그러한 뉴스의 제작을 북돋울 수 있다.

　　당장 자본주의 시장 원리에 맞지 않고 현실성도 없는 주장이라는 반론이 나올 것이다. 영업 기밀인 알고리즘을 공개하는 포털은 세계 어디에도 없으며, 저작권 등 법적 문제의 소지가 있다는 주장도 있을 것이다. 그러나 자본주의 사회에서 공익을 위해 시장 경제 원리나 재산권을 일부 제한하는 사례는 우리가 생각하는 것보다 훨씬 많다. 보건 의료, 교육, 대중교통, 부동산 등의 영역에서 시장 논리는 무제한으로 보장되지 않는다. 미디어 분야에도 공영 방송 등 탈상품화된 영역이 존재한다.

　　다양한 탈시장적 규제에는 사회적 합의가 있다. 포털의 공공성도 사회적 합의만 이루어진다면 얼마든지 강제할 수 있다. 적어도 커뮤니케이션과 저널리즘의 영역에서 자본주의의 원리보다 더 중요한 것은 민주주의의 원리다. 이용자들의 이해와 요구를 언제나 존재의 명분으로 내세워 온 포털이라면,

결국 이용자들의 민주적 명령에 따르지 않을 수 없을 것이다.

좋은 언론을 키우려면 온 사회가 필요하다

디지털 저널리즘은 사회 변동의 산물이다. 한국 디지털 뉴스 생태계의 진화는 한국 사회의 변화 과정과 긴밀한 관계를 맺고 있다. 디지털 저널리즘을 바꾸는 일은 언론사만의 노력으로는 불가능하다. 사회가 먼저, 그리고 함께 변해야 한다. 디지털 저널리즘의 문제가 애초부터 개별 미디어의 전략적 실패가 아닌 사회 구조적 모순에서 연원한 것이라면, 해결책 역시 사회적 차원에서 모색되어야 한다.

언론 정책의 필요성이 여기에 있다. '한 아이를 키우려면 온 마을이 필요하다'는 말처럼, 좋은 언론을 키우려면 온 사회가 필요하다. 단절과 분리의 길을 가고 있는 저널리즘과 민주주의를 다시 결합시키는 일은 개별 언론사 단위에서 실현할 수 없다. 언론사들이 대안적인 디지털 혁신을 통해 거듭나는 동안, 언론이 민주주의에 기여하는 뉴스를 만들 수 있도록 사회 공동체도 제도를 개선하고 후원해야 한다.

가장 시급한 일은 디지털 이후 심화된 뉴스의 상품성을 약화시키기 위한 기획이다. 뉴스의 상품으로서의 속성을 제거하거나 공공재로서의 속성을 강화해도 뉴스 미디어가 생존할 수 있도록 사회가 충분한 보상을 제공해 주어야 저널리즘의 가치에 충실한 탈상품화된 뉴스가 지속적으로 공급될 수 있다. 그런 점에서 이 문제는 이미 수명이 다한 저널리즘의 전통적 수익 모델을 대체할 새로운 수익 모델을 마련하는 일과도 밀접한 관련이 있다.

해외의 아이디어를 참고할 필요가 있다. 미국 학자 로버트 맥케즈니Robert McChesney는 모든 성인들에게 자신이 원하는 비영리 뉴스 미디어를 지정해 기부하거나 개별 뉴스에 후원금을 낼 수 있는 쿠폰을 정부가 제공하는 '시민 뉴스 바우처Voucher 제도'를 제안한다.[72] 프랑스 학자 줄리아 카제Julia Cagé는 뉴스 미디어의 소유 구조를 비영리 기관과 주식회사의 장점을 결합한 '비영리 미디어 주식회사' 형태로 전환하고, 시민들의 활발한 투자를 유도하되 이들에 기부 또는 참여하는 액수만큼 정부가 세액 공제를 해주는 제도를 권한다.[73]

이러한 아이디어들은 모두 뉴스를 돈을 주고 시장에서 사고파는 상품이 아닌, 공동체 구성원들 간의 호혜성에 바탕을 둔 공공재로 바꾸는 전략이라 할 수 있다. 뉴스가 가속화되고 있는 상품화의 흐름에서 벗어나고, 궁극적으로는 상품의 성격을 탈피해야 올바른 저널리즘이 가능하다는 문제의식이다.

다행스럽게도 한국 사회 구성원들은 '좋은 뉴스'에 대한 후원 의사가 강하다. 〈디지털 뉴스 리포트 2018〉에 따르면, '좋아하는 언론사가 비용을 충당하지 못한다면 기부에 참

여하겠다'고 응답한 비율은 한국이 29퍼센트로 조사대상 22
개국 중 1위였다. 사회 정의를 위해서라면 언론에 기꺼이 돈
을 지불할 의사가 있다는 것이다. 의지를 실천에 옮길 수 있는
방아쇠 역할을 정부가 맡는다면, 뉴스 미디어들이 품위와 원
칙을 지키는 저널리즘을 실현하는 데 큰 도움이 될 수 있다.

　　뉴스의 공적 성격을 강화하는 데는 막대한 공적 재원이
소요된다. 정부는 언론을 지원하는 목적의 '민주주의 펀드'를
조성하여 획기적인 기금을 확충할 수 있다. 해외 선진국에서
는 언론을 위한 기금 조성이 별난 일이 아니다. 2015년을 기
준으로 프랑스의 언론 지원 기금은 1700억 원 규모다. 인구
가 570만 명에 불과한 덴마크도 687억 원의 기금을 마련해
언론을 지원한다. 한국의 언론 진흥 기금은 400억 원이 채 안
되며, 그나마도 고갈 상태나 다름없다.[74]

　　불신의 대상인 언론을 위한 재원을 마련하는 데 국민의
혈세를 쓰는 일을 마뜩지 않게 여기는 시민들도 있을 것이다.
그러나 언론사 기업을 돕기 위한 목적이 아니라 언론을 매개
로 시민 민주주의의 유지와 발전을 이루기 위한 것이라 생각
한다면, 아까울 만큼의 거액이 필요한 것은 아니다. 양질의 저
널리즘으로부터 실질적인 도움을 받게 될 시민들이 정부를
향해 적극적으로 목소리를 내야 한다. 그것이 민주주의 사회
가 작동하는 원리이다.

우리가 결국 만들어 가야 하는 것은 언론과 시민 간의 건강한 파트너십이다. 민주주의 사회에서 언론과 시민은 본래 서로를 필요로 하는 상호 의존적 관계다. 디지털 기술은 둘을 전에 없이 긴밀하게 이어 줄 잠재력을 가지고 있다. 이제 디지털 저널리즘이 시민을 배반하는 언론, 언론을 외면하는 시민 사이에 놓인 벽을 허물고 민주주의를 위한 공생 관계를 구축해야 한다. 언론과 시민들의 힘찬 이인삼각을 기다려 본다.

주

1 _ 이현재, 〈포털 뉴스 서비스에서의 기사 어뷰징 사례와 전문가 인식 연구〉, 건국대학교 언론홍보대학원 석사 학위 논문, 2015.

2 _ 전통적 의미에서 저널리즘은 직업 저널리스트가 사회적 사실을 취재하여 대규모 조직의 게이트 키핑 과정을 거친 뒤 이를 신문과 방송 등 매스 미디어를 통해 수용자 대중에게 일방적으로 전달하는 콘텐츠나 그러한 콘텐츠를 생산하는 행위를 가리켰지만, 디지털 기술의 도입 이후 저널리즘의 경계와 범위는 모호해지고 있다. 다양한 생산 주체들이 팟캐스트, 유튜브, SNS 등을 기반으로 벌이는 새로운 실천들이 저널리즘의 외연을 확장시키고 있으며, 학계에서도 저널리즘의 개념을 이전보다 폭넓게 정의하는 추세다. 이 책에서는 이러한 변화를 반영하되, 논의의 초점은 주로 레거시 미디어(legacy media)들이 생산하는 전통적 의미의 뉴스에 맞추고자 한다. 현재까지 가장 많은 이들이 소비하고 사회에 미치는 영향력이 가장 큰 저널리즘 형태이기 때문이다.

3 _ 뉴스의 상품화는 현대 자본주의 사회에서 뉴스가 임금 노동에 의해 생산되고 시장에서 교환되는 형태로 변화하는 과정을 말한다. 이때 상품화는 비(非)상품에서 상품으로의 전환을 끝으로 완결되는 과정이 아니다. 자본주의의 발전이 계속되는 동안 끊임없이 상품의 속성을 강화해 나가는 지속적인 과정이다. 뉴스는 자본주의 발전의 정치 경제적 맥락 속에서 지속적인 상품화의 길을 걷게 된다. Dan Schiller, 《How to Think about Information》, University of Illinois Press, 2007.

4 _ Robert McChesney, 〈The problem of journalism: A political economic contribution to an explanation of the crisis in contemporary US journalism〉, 《Journalism Studies》, 4(3), 2003, pp.299-329.

5 _ John Nerone, 〈The historical roots of the normative model of journalism〉, 《Journalism》, 14(4), 2012, pp.446-458.

6 _ Wolfgang Streeck, 〈The crises of democratic capitalism〉, 《New Left Review》, 71, 2011, pp.5-29.

7 _ 이정훈, 〈한국 언론의 압축적 상업화: 1960년대 한국 언론의 상업화 과정에 대한 역사적 연구〉, 서강대학교 대학원 박사 학위 논문, 2011.

8 _ 김해식, 《한국 언론의 사회학》, 나남, 1994.

9 _ 차재영, 〈1950년대 미 국무성의 한국 언론인 교육 교류 사업 연구: 한국의 언론 전문직주의 형성에 미친 영향을 중심으로〉, 《한국언론학보》, 58(2), 2014, 219-245쪽.

10 _ 송건호, 《송건호 전집 8 - 민주 언론 민족 언론 1》, 한길사, 2002.

11 _ Pamela Taylor Jackson, 〈News as a contested commodity: A clash of capitalist and journalistic imperatives〉, 《Journal of Mass Media Ethics》, 24, 2009, pp.146-163.

12 _ Charles Taylor, 《Modern Social Imaginaries》, Duke University Press, 2004.

13 _ Robin Mansell, 《Imagining the Internet: Communication, Innovation, and Governance》, Oxford University Press, 2012.

14 _ 강상현, 《정보 통신 혁명과 한국 사회: 뉴미디어 패러독스》, 한나래, 1996.

15 _ 강상현, 같은 책, 1996.

16 _ 강상현, 같은 책, 1996.

17 _ 과학기술정보통신부, 〈ICT 실태 조사〉, 2003.

18 _ 한국 인터넷 정보 센터·전자 신문사 공편, 《인터넷 연감 2001》, 전자신문사, 2002.

19 _ 백욱인, 〈한국 정보 자본주의의 전개와 정보 자본주의 비판〉, 《문화과학》, 75, 2013, 23-44쪽.

20 _ 한국 인터넷 정보 센터·전자신문사 공편, 《인터넷 연감 2002》, 전자신문사, 2003.

21 _ 송희식, 〈인터넷은 사회 진보의 도구〉, 《월간 말》, 1996. 7.

22 _ 김동민, 《노무현과 안티 조선》, 시와 사회, 2002.

23 _ 예컨대 종속형 인터넷 언론의 기사들은 취재가 완료되는 즉시 게재된 것이 아니라 종이 신문의 기사 마감 시점에서야 함께 게재가 이루어졌으며, 지면의 제약으로 인해 분량과 내용이 제한되었던 종이 신문의 콘텐츠를 복사해 붙여 놓았다는 점에서 '시간과 공간의 제약이 없는' 인터넷 미디어의 특수성을 충분히 살리지 못하고 있었다. 석종훈, 〈뉴스 포털 사이트의 파급력〉, 《관훈저널》, 91, 2004, 34-42쪽.

24 _ 오연호, 《대한민국 특산품 오마이뉴스》, 휴머니스트, 2004.

25 _ 오마이뉴스, 〈'병역 비리' 보도하는 오마이뉴스 입장〉, 《오마이뉴스》, 2002. 8. 13. 오연호, 〈오마이뉴스 2천만 페이지 뷰 육박 독자 여러분의 성원에 감사드립니다〉, 《오마이뉴스》, 2002. 12. 24.

26 _ 오마이뉴스, 〈20~40대가 87%...한국을 움직이는 '젊은 여론 주도층'〉, 《오마이뉴스》, 2003. 12. 11.

27 _ 오연호, 〈오마이뉴스 2천만 페이지 뷰 육박 독자 여러분의 성원에 감사드립니다〉, 《오마이뉴스》, 2002. 12. 24.

28 _ 오연호, 《대한민국 특산품 오마이뉴스》, 휴머니스트, 2004.

29 _ 오연호, 〈오마이뉴스 2천만 페이지 뷰 육박 독자 여러분의 성원에 감사드립니다〉, 《오마이뉴스》, 2002. 12. 24.

30 _ 오연호, 《대한민국 특산품 오마이뉴스》, 휴머니스트, 2004.

31 _ 물론 당시 인터넷 뉴스 미디어들의 성공과 시민들의 참여적 실천이 대안적인 사회적 상상의 원형을 이상적으로 구현한 것은 아니다. 한국의 초기 디지털 저널리즘 혁신이 대안적 상상의 영향을 상대적으로 많이 받은 것은 사실이지만, 참여와 해방의 민주주의적 가치를 남김없이 실현했다고 보기는 어렵다. 그것은 대안적인 상상이 역사적 과정 속에서 타협하고 변형된 결과물에 가깝다. 따라서 2002년을 전후해 벌어진 디지털 저

널리즘 사례들을 이상화하는 접근은 곤란하다. 일례로 오마이뉴스만 하더라도 노무현으로 상징되는 개혁적 자유주의 진영을 일방적으로 지지하는 정파주의에 매몰되어 정파 간 갈등 구도 속에 수렴되지 않는 시민 사회의 다원화된 가치들을 담아내지 못했다는 비판에서 자유롭지 않다.

32 _ 진대제, 《열정을 경영하라: IT 카우보이 진대제가 밝히는 '블루칩 인재의 자기 경영법'》, 김영사, 2006.

33 _ 김석현, 〈제11장 과학 기술 정책, 성장론에 포획된 국가 혁신 체제〉, 《노무현 시대의 좌절》, 창비, 2008, 201-216쪽.

34 _ 전규찬, 〈뉴미디어 난개발 현장, 자본이라는 감독〉, 《문화과학》, 45, 2006, 173-182쪽.

35 _ 정지연·윤상호·박태희, 〈DMB 정책 과정에서 살펴본 디지털 미디어의 공공성(publicness)에 관한 연구〉, 《사이버 커뮤니케이션 학보》, 21, 2007, 153-196쪽.

36 _ 정영주, 〈IP TV 도입 정책에 대한 과정 평가 연구〉, 《언론정보연구》, 50(1), 2013, 230-275쪽.

37 _ 최현철·박천일·도준호, 〈위성 DMB 시장 예측 및 경제적 효과 분석〉, 《한국언론학회 심포지엄 및 세미나 발표문》, 2003, 95-118쪽.

38 _ 〈방송 통신 융합 서비스 산업 전망 분석〉, 한국전자통신연구원, 2007.

39 _ 최유리, 〈윤영찬 네이버 부사장 "빅데이터는 21세기 원유"〉, 《뉴스핌》, 2016. 11. 7.

40 _ 천세학, 〈골드러시, 빅데이터 산업과 비즈니스 응용〉, 《헬스케어 ICT 정책》, 6, 2017, 34-41쪽.

41 _ 문성호, 〈뜨거운 헬스케어 시장...기술 못 따라오는 규제에 '답답'〉, 《메디칼타임즈》, 2017. 7. 3.

42 _ 김선엽, 〈이병태 교수 "디지털 뉴딜 정책, ㈜대한민국 재점화"〉, 《뉴스핌》, 2016. 4. 12.

43 _ 김진방, 〈'재벌 개혁'의 내용과 성과〉, 《노무현 정부의 실험: 미완의 개혁》, 한울아카데미, 2011, 121~148쪽.

44 _ 이종보, 《민주주의 체제하 '자본의 국가 지배'에 관한 연구: 삼성그룹을 중심으로》, 한울, 2010.

45 _ 이병천, 《한국 자본주의 모델》, 책세상, 2014.

46 _ 김동원, 〈노무현 정부 노동 정책의 평가와 이명박 정부의 과제〉, 《한국 노사 관계 학회 정책 세미나 자료집》, 2008, 1~14쪽.

47 _ 김동춘, 《1997년 이후 한국 사회의 성찰 - 기업 사회로의 변환과 과제》, 길, 2006.

48 _ 특히 업계 대표 주자였던 NHN은 2003년 사상 최초로 연간 매출액 1000억 원을 돌파한 데 이어 2005년에는 처음으로 분기 매출액 1000억 원을 돌파했고, 2008년에는 인터넷 기업 최초로 매출 1조 원을 넘어선 기업이 되었다. 《한국 인터넷 백서 2004》, 한국 전산원, 2005.

49 _ 데이터의 소유자나 독점자 없이 누구나 손쉽게 데이터를 생산하고 인터넷에서 공유할 수 있도록 한 사용자 참여 중심의 인터넷 환경. 인터넷상에서 정보를 모아 보여 주기만 하는 웹 1.0에 비해 웹 2.0은 사용자가 직접 데이터를 다룰 수 있도록 만들어져 있다. 블로그(Blog), 위키피디아(Wikipedia), 딜리셔스(del.icio.us) 등이 이에 속한다. 〈웹 2.0〉, 《두산백과 - 네이버 지식백과》

50 _ 석종훈, 〈뉴스 포털 사이트의 파급력〉, 《관훈저널》, 91, 2004, 34~42쪽.

51 _ 이상기, 〈포털에 매달리고 방송만 바라볼 것인가?〉, 《신문과 방송》, 2007. 9., 150~154쪽.

52 _ 박지환, 〈온라인 특종으로 인지도 '쑥' 2001년부터 콘텐츠 유료화〉, 《신문과 방송》, 2011, 82~85쪽.

53 _ 송경재, 〈포털의 의제 설정 과정에 관한 연구: 네이버, 네이트, 다음 뉴스 서비스를 중심으로〉, 《사회 이론》, 29, 2006, 178-210쪽.

54 _ 오수정, 〈외형은 확대...저널리즘에 대한 고민은 적어〉, 《신문과 방송》, 2004. 7., 54-58쪽.

55 _ Jernej A. Prodnik, 〈A seeping commodification: The long revolution in the proliferation of communication commodities〉, 《Triple C》, 2014, pp.142-168.

56 _ 이병희, 〈노동 소득 분배율 측정 쟁점과 추이〉, 《노동 리뷰》, 118, 2015, 25-42쪽.

57 _ 남지원, 〈소득 상위 1퍼센트가 국민 전체 소득의 14퍼센트 차지 '역대 최고'〉, 《경향신문》, 2017. 2. 6.

58 _ 지병근, 〈한국인의 이념적 성향과 민주주의 인식〉, 《국가전략》, 19(1), 2013, 31-56쪽.

59 _ 정은주, 〈우린 민주주의를 모른다〉, 《한겨레》, 2017. 1. 30.

60 _ 볼프강 슈트렉(김희상 譯), 《시간 벌기: 민주적 자본주의의 유예된 위기》, 돌베개, 2015.

61 _ Christian Fuchs, 〈Capitalism or information society? The fundamental question of the present structure of society〉, 《European Journal of Social Theory》, 16(4), 2013, pp.413-434.

62 _ 〈뉴스 미디어의 미래를 위한 대토론회 보고서: 뉴스 생태계의 변화와 미래〉, 한국언론진흥재단, 2015.

63 _ 《2010 한국 언론 연감》, 한국언론진흥재단, 2010.
《2016 한국 언론 연감》, 한국언론진흥재단, 2016.

64 _ 배정근, 〈광고가 신문 보도에 미치는 영향에 관한 연구: 그 유형과 요인을 중심으로〉, 《한국언론학보》, 54(6), 2010, 103-128쪽.

65 _ 김고은, 〈떠나간 독자들 있는 곳이 디지털 세계...선택의 여지 없어〉, 《기자협회보》, 2014. 10. 8.

66 _ 강정수·이성규·최진순, 《혁신 저널리즘》, 박문각, 2015.

67 _ 손재권, 〈'136년 된 글쟁이'를 바꾼 힘 – 창조적 자신감〉, 《신문과 방송》, 2015. 9., 32-35쪽.

68 _ 김익현, 〈죽어 가던 워싱턴포스트 살린 '베조스'〉, 《ZDNet Korea》, 2015. 3. 17.

69 _ 강정수, 〈저널리즘 혁신을 위한 5개 테제〉, 《미디어오늘》, 2011. 6. 7.

70 _ 《한국의 언론인 2017》, 한국언론진흥재단, 2017.

71 _ 김세은, 〈디지털 시대 특종의 사회학: 특종의 지위 변화와 뉴스 생산 규범의 균열〉, 《한국방송학보》, 2017.

72 _ Robert McChesney, 《Digital Disconnect: How Capitalism Is Turning the Internet Against Democracy》, The New Press, 2012.

73 _ Julia Cagé, 《Saving the Media: Capitalism, Crowdfunding, and Democracy》, The Belknap Press of Harvard University, 2016.

74 _ 김영주, 〈덴마크 미디어 기금이 '민주주의 기금'으로 불리는 이유〉, 《한겨레》, 2018. 5. 14.

북저널리즘 인사이드   과거에서 미래를 발견하다

종이 신문과 생방송 뉴스를 챙겨 보지 않는 밀레니얼 세대에게 디지털 저널리즘은 저널리즘과 동의어다. 밀레니얼 세대가 뉴스를 접하기 시작한 2000년대 중반부터 포털 사이트는 뉴스의 창구로 자리 잡았다.

그러나 포털 뉴스 중심의 디지털 공간은 어뷰징abusing 기사들과 경쟁성 속보 더미로 오염되어 있다. 밀레니얼 세대는 같은 검색 키워드를 담은 천편일률적인 기사들이 초 단위로 쏟아지는 광경을 보며 자라 왔다. 이들에게 기자를 비하하는 '기레기'라는 말은 신조어가 아니라 언론에 대한 첫인상인 셈이다. 청년 세대가 언론에 비판적이고 뉴스 소비에 소극적인 배경 중 하나다.

디지털 저널리즘이 처음부터 지금과 같았던 것은 아니다. 저자는 인터넷 대중화 초기인 1990년대 후반부터 2000년대 초반을 되짚으면서 대안 저널리즘의 실험이 이뤄졌던 디지털 공간을 소개한다. 그리고 시민이 참여하는 새로운 공론장 역할을 했던 디지털 공간이 혼란에 빠지는 과정을 면밀하게 추적해 나간다. 인터넷이 새로운 산업으로 주목받으면서 디지털 공간은 소통의 광장에서 상업적 시장으로 급격하게 변모했다. 언론은 수익 창출을 위한 트래픽에 집중하기 시작했다.

결국 디지털 뉴스의 지금은 디지털의 속성 탓이 아니라 사회적 인식이 만들어 낸 것이다. 저자는 디지털 공간의 가치가 사회적 합의에 따라 달라질 수 있다고 지적한다. 디지털 공간을 광장으로 여겼던 시기에 시민 저널리즘이 시작됐고, 인터넷 산업이 육성된 시기에는 가십성 뉴스를 쏟아 내는 매체들이 급증했다. 디지털 공간을 어떻게 규정하느냐에 따라 완전히 다른 뉴스 생태계를 만들 수 있다.

이제 디지털은 우리 삶의 필수적 인프라가 됐다. 디지털 공간은 또 하나의 사회다. 디지털의 문제가 곧 사회의 문제라는 얘기다. 지금의 디지털 뉴스를 방치한다면 민주주의의 한 축인 저널리즘이 붕괴하는 사태를 맞을 수도 있다. 블록체인 등 새로운 기술이 등장하면서 공유와 신뢰의 디지털 세계에 대한 기대가 높아지고 있는 지금이야말로, 디지털 뉴스의 정상화를 논의할 적기다. 공론장을 꿈꿨던 과거의 디지털 뉴스는 새로운 세대가 만들어 갈 미래의 디지털 뉴스가 참고할 만한 모델이 될 수 있을 것이다.

한주연 에디터